Die schönsten Märchen der Welt

Die schönsten Märchen der Welt

Herausgegeben von Josef Guter

Cormoran

Für Magelone

Der Cormoran Verlag ist ein Unternehmen der Verlagshaus Goethestraße GmbH & Co. KG

Lizenzausgabe für den Cormoran Verlag, München 1999

Umschlaggestaltung: Heinz Kraxenberger, München
Printed in Austria by Wiener Verlag, Himberg
ISBN 3-517-09014-X

Inhalt

I. Von Prinzen, Bauern und Zwergen

Westeuropäische Märchenlandschaften

Der Hirtenjunge und der Zwerg

Es war einmal ein armer Hirtenjunge, der hieß Friedel. An einem heißen Sommertage hütete er seine Herde und da er von der vielen Sonne rechtschaffen müde geworden war, legte er sich unter einen kühlen Baum und schlief ein. Nach einem tiefen und langen Schlaf schlug er die Augen auf und sah ein Männchen vor sich stehen – ganz klein, mit einem eisgrauen Bart und einer roten Haube auf dem Kopf. Es war ein Zwerg, der aus seinem unterirdischen Reich ans Tageslicht gekommen war und nun plötzlich vor dem armen Friedel stand.

Friedel wollte aufspringen, aber das kleine Männlein legte den Finger an den Mund und sagte mit leiser Stimme: „Sei ganz ruhig und still! Du bist ein armes, aber ein braves Büblein. Wenn du willst, dann zeige ich dir einen Tag lang die Herrlichkeiten unseres Zwergenreiches!"

Nun heißt es wohl, jeder der mit den Zwergen gehe, komme verwandelt zurück, aber der Hirtenjunge wußte dies nicht und nickte dem Zwerg erwartungsvoll zu. Das Männlein mit dem eisgrauen Bart ging voran und führte den Jungen zu einem nahe gelegenen Berg. Mit einer Gerte schlug er an die Bergwand, und eine Öffnung tat sich auf wie ein großes Tor, durch das sie nun beide hindurchschritten. Sie kamen in einen langen dunklen Gang, den sie schnell durcheilten, und standen bald in einer weiten, herrlichen Halle mit weißen Marmorwänden, silbernen Bänken und drei goldenen Lampen, die von der Decke hingen. Sie verließen den Saal und traten hinaus in einen Garten, in dem die lieblichsten und farbenprächtigsten Blumen blühten und silberklare Wasser zu einem kleinen See zusammenströmten.

Der Zwerg führte Friedel zu einem Apfelbaum, von dem er sich einen Apfel pflücken durfte. Der Hirtenjunge hatte noch nie in seinem Leben einen solch schmackhaften Apfel gegessen.

Die größere Überraschung wartete aber erst auf ihn: Als die beiden in den Saal zurückkehrten, war dort eine Tafel gedeckt mit den köstlichsten Speisen und vielen erfrischenden Getränken. Alle Messer, Gabeln und Löffel waren aus Gold und Silber, selbst der große Suppenschöpflöffel war aus reinem Gold. Der Hirtenjunge mußte sich hinsetzen, und zu seinem Erstaunen sah er, daß ringsum viele Zwerge standen, die alle zu seiner Bedienung gekommen waren. Jeden Wunsch lasen sie ihm buchstäblich von den Augen ab.

Friedel aß und trank nach Herzenslust, und sein Staunen über all die Pracht nahm kein Ende. Auf einmal dachte er dann doch an seinen Vater und seine Mutter und an seine Geschwister, und er wurde traurig darüber, daß sie nicht auch am Tische saßen. Bald legte er deshalb Gabel und Messer hin und hielt nach dem Männlein Ausschau, das ihn in diesen Saal geführt hatte.

Der Zwerg kam und nickte.

„Es ist Zeit zum Abschied“, sagte er und führte Friedel wieder durch den langen dunklen Gang zu der Öffnung, die sich wieder beim Schlag mit der Gerte auftat. Friedel trat ans Tageslicht. Der Zwerg war verschwunden.

Hatte er geträumt? Er lag wieder an seinem alten Platz auf der Weide. Aber was war das? Das Gras um ihn stand meterhoch. Die Herde war verschwunden, der Baum, unter den er sich gelegt hatte, war viel, viel höher und hatte eine riesige Blätterkrone. Er stand kopfschüttelnd auf und ging auf das Dorf zu.

Alles kam ihm so anders und so unbekannt vor. Dennoch fand er aber den Weg ins Dorf, und er fand auch die Hütte seiner Eltern. Vor der Tür saß ein steinalter Mann und rauchte seine Pfeife.

„Wer seid ihr denn? Wo sind denn Vater und Mutter? Ich bin der Friedel! Und wo sind mein kleiner Bruder und meine Schwester?"

Dem alten Mann traten fast die Augen aus dem Kopf.

„Was, du willst mein ältester Sohn sein? Treib keinen Spott mit mir, der ist schon lange tot. Vor vielen, vielen Jahren ist er einmal von der Weide verschwunden und nie mehr nach Hause gekommen!"

Da blickte Friedel zum erstenmal an sich selbst hinunter – und er merkte, daß er ganz verändert war: Er war ein großer, starker Mann geworden mit einem struppigen Bart.

Im Garten goß ein altes Mütterlein gerade die Rosen, blickte auf und sah den fremden Mann vor der Tür stehen. Sie musterte ihn genau und schaute ihm dann geradewegs in die Augen. Und da erkannte das Auge der Mutter den Sohn, und sie schrie auf: „Friedel, mein Sohn!"

Und sie hielten sich weinend in den Armen.

Nun kamen aus der Nachbarschaft die Leute angelaufen und riefen: „Der Friedel ist da, der tote Friedel ist da!"

„Ich habe doch nur geschlafen", sagte Friedel, und mit Staunen vernahm er, daß es mehr als ein Menschenalter her war, daß man ihn auf der Wiese suchte und nicht fand. Friedel konnte sich aber auf gar nichts mehr besinnen, als die Leute fragten, wie es denn damals auf der Weide gewesen sei, und was denn passiert wäre...

Es hatte sich wieder einmal bewahrheitet: Wer mit den Zwergen geht, kommt verwandelt wieder.

Eins schlägt zwölf – zwölf schlagen neunundvierzig

Es war einmal ein König, der hatte eine wunderschöne Tochter. Von weit und breit kamen die Prinzen gezogen, um sie zu freien. Vom Heiraten hielt die Prinzessin aber ganz und gar nichts und trieb mit ihren Freiern nur ein schändliches Spiel.

Jedem, der kam und um ihre Hand anhielt, gebot sie, ihr ein Rätsel aufzugeben. Dem Prinzen nur wollte sie ihr Jawort geben, dessen Rätsel für sie zu schwer sei. Konnte sie es aber auflösen, so verfiel der waghalsige Freier dem Tode und wurde gehängt.

Ein Prinz in einem benachbarten Königreich hörte von der Prinzessin, von ihrer Schönheit und von ihren Rätseln – er wollte sein

Glück versuchen. In dieses Vorhaben weihte er nur seinen alten Diener ein, verbot diesem aber, dem König und der Königin etwas davon zu sagen. Der Prinz wußte nur zu gut, daß seine Eltern diesem Plane nie zustimmen würden.

Bereits am nächsten Morgen sollte die Reise losgehen. Der alte Diener aber war dem König treu ergeben und verriet den Plan des Prinzen. Der König ließ in der Nacht noch seinen Sohn rufen und wollte ihn von seinem Vorhaben abbringen. Der Prinz hörte aber nicht auf seinen Vater und war zur Abreise entschlossen.

Da nahm sich der alte König vor, seinen Sohn zu vergiften. Lieber sollte er daheim durch Gift als in der Ferne durch die Hand des Henkers sterben.

Der Prinz hatte vor, in aller Herrgottsfrühe das Schloß zu verlassen, ohne seinen Eltern Lebewohl zu sagen. So stand er am nächsten Morgen beim ersten Sonnenstrahl auf und bestieg sogleich das Pferd, das sein Diener ihm vorführte.

Der alte König hatte ebenfalls seine Vorkehrungen getroffen, erschien in der Tür und reichte dem Prinzen einen Abschiedstrunk. Dem Königssohn aber schwante schon Böses, er schüttete schnell den Inhalt des Bechers über den Kopf des Pferdes, rief seinem Vater noch einen Gruß zu und sprengte zum Tore hinaus, sein Diener hinter ihm her.

Einige Tage ritten sie ununterbrochen, sie verweilten kaum zu längerer Rast und kamen schließlich in einen großen Wald, der gar kein Ende nehmen wollte. Auf einmal machte das Pferd des Prinzen einen fürchterlichen Satz, so daß der Prinz das Gleichgewicht verlor und zu Boden fiel. Das Pferd aber stürzte tot nieder.

Nun sahen sich die beiden das Pferd genauer an: Das Gift hatte den Kopf und den Hals des Pferdes ganz durchfressen und ihm so den Tod gebracht. Nun mußten sich die beiden mit dem Pferd des Dieners behelfen. Viel langsamer ging es jetzt voran, aber sie reisten unentwegt weiter.

Nach mehreren Tagen kamen sie zu einer Waldlichtung und sahen dort eine Schar wild aussehender Männer um eine Grube her-

umstehen. Die Kerle waren bis an die Zähne bewaffnet. Der Prinz und sein Diener wollten schon zurücktreten und sich heimlich davonstehlen, aber die Männer hatten sie bereits bemerkt.

Da trat einer aus dem Haufen hervor und fragte ganz freundlich, woher sie kämen und wohin ihre Reise gehe.

Der Prinz berichtete ihnen wahrheitsgemäß, was er vorhabe. Die Räuber schlugen erfreut auf ihre Schenkel, lachten dem Prinzen ins Gesicht und trugen ihm an, bei ihnen zu bleiben. „Eben jetzt haben wir hier unseren Hauptmann begraben. Wenn du willst“, so sprachen sie, „kannst du an seine Stelle treten.“

Die Räuber hatten wohl gesehen, daß der Prinz unerschrocken und mutig war, und sie hatten gleich begriffen, daß er nicht mehr nach Hause zurückkehren wollte.

Der Prinz dachte sich, wer weiß, wozu das gut ist, und nahm den Auftrag an.

Die Bande bestand aus neunundvierzig Männern, die sich nun alle um ihn scharten.

Und so wählten die Räuber den Prinzen zu ihrem Anführer. Der Diener des Prinzen wurde gleichzeitig in die Bande aufgenommen. Danach zogen sie los, führten die beiden durch tiefe Wälder und zogen mit ihnen durch verschwiegene Schluchten, bis sie in ein wildes Tal kamen. Dort blieben sie vor einem Felsblock stehen. Einer der Räuber stellte sich auf die Zehenspitzen und drückte auf eine geheime Feder. Der Felsblock begann sich zu drehen, bewegte sich wie in Angeln und gab den Blick auf einen engen, niederen Gang frei.

Sie traten ein. Der Gang erweiterte sich immer mehr und war im Innern von vielen Fackeln und Lampen erhellt. Er mündete in eine geräumige Höhle, von der aus sich viele weitere Gänge abzweigten. Mitten in der Höhle stand ein langer Tisch, auf dem köstliche Speisen und Getränke standen. Die Räuber setzten sich an den Tisch, aßen sich satt, tranken nach Herzenslust und gingen dann in ihre

Gemächer. Einige der wilden Gesellen blieben bei dem neuen Hauptmann und zeigten ihm ihre Reichtümer. Da gab es Waffensäle und Vorratskammern, Gemächer mit viel Diebesgut und sogar eine regelrechte Schatzkammer. Sie nahmen ihn auch mit zu den Stallungen, denn die Räuber hielten auch Pferde in ihrem weitverzweigten Versteck.

Als sie ihm zutranken, mußte er schwören, sie nie zu verlassen. Am anderen Tag brachen die wilden Kerle zu einem ihrer Raubzüge auf, ließen aber den Prinzen und seinen Diener in der Höhle zurück.

„Die beiden brauchen noch etwas Ruhe von ihrer langen Reise", sagten sie und zogen davon.

Dem Diener war gar nicht so wohl in der großen Räuberhöhle. Er versprach dem Prinzen, bald wiederzukommen, und trat hinaus ins Freie, um sich erst einmal die Umgebung anzusehen.

Wie er so herumwanderte, kam er durch Zufall an die Stelle, wo der vergiftete Gaul lag. Neben dem Kopf des Pferdes lagen auch zwölf tote Raben. Die Vögel mußten von dem vergifteten Fleisch gefressen haben und dann verendet sein. Dem Diener kam ein Gedanke. Er nahm sein Weidmesser, schnitt die vergifteten Teile von dem eingegangenen Tier ab, steckte sie samt den toten Raben in seine Jagdtasche und eilte schnellen Schritts zur Höhle zurück.

„Wenn es mir gelänge, die Räuber zu vergiften", so dachte er, „dann wären mein Herr und ich von der sauberen Gesellschaft bald befreit."

In der Höhle angelangt, erzählte er seinem Herrn von seinem Vorhaben und richtete schnell das Jagdmahl zu. Für sich und seinen Herrn hatte er einige ungiftige Fleischbrocken gesotten und sie auf gesonderte Teller gelegt.

Bald kamen die Räuber von ihrem Beutezug nach Hause und

waren sehr erfreut, daß der Diener schon das Essen gekocht hatte. Den ganzen Tag waren sie auf den Beinen gewesen, hatten auch einen guten Fang gemacht und ließen sich nun müde und zufrieden in der Höhle nieder. Bald wurden sie zu Tisch gerufen, und eine große Schmauserei begann.

Die Räuber schmatzten und lobten den neuen Koch und tranken auf sein Wohl. Bald nach dem Essen aber krümmte sich erst der eine, dann der andere, sie bekamen heftige Bauchschmerzen und begannen zu stöhnen.

Der Hauptmann und der Diener hielten sich ebenfalls den Bauch und taten so, als ob sie auch heftige Schmerzen hätten. Einer nach dem anderen fielen die Räuber um, und es dauerte nicht lange, da lagen sie alle reglos da. Das Gift hatte gewirkt.

Als der Prinz sah, daß sich keiner mehr rührte, ging er zu den Stallungen und wählte für sich und seinen Diener die beiden schönsten Pferde aus. Den anderen Pferden im Stall streute er genügend Futter vor, damit die Tiere auf längere Zeit Nahrung hätten, falls sie nicht bald wiederkommen könnten. Die Leichen schafften sie aus der Höhle und warfen sie in einen reißenden Wildbach, der in der Nähe vorbeifloß. Dann verließen sie die Höhle, verschlossen sie sorgsam, schritten aus dem Tal durch den Wald und erreichten dann endlich wieder die freie Flur.

In der Ferne sahen sie jetzt das Ziel ihrer Reise, die große Stadt mit all ihren Türmen und Zinnen.

Nach ihrer Ankunft ließ sich der Prinz durch einen Diener beim König melden. Der König empfing den Prinzen freundlich und fragte nach seinem Begehr.

„Ich bin gekommen, der Prinzessin ein Rätsel aufzugeben“, entgegnete der Prinz und verbeugte sich angemessen. Da wurde der König sehr traurig und bat ihn inständig, von seinem Plan abzulassen. Der Prinz aber ließ sich sein Vorhaben nicht ausreden und bestand darauf, der Prinzessin gemeldet zu werden.

Die Königstochter ließ sich gleich von ihm ein Rätsel aufgeben.

Der Prinz sprach lächelnd: „Eins schlägt zwölf – zwölf schlagen neunundvierzig! Dies ist mein Rätsel. Sage mir, was heißt dies?“

Die Prinzessin überlegte, fand aber die Lösung nicht und bat um drei Tage Bedenkzeit. Der Prinz willigte ein. Man brachte ihn im Schloß in schön ausgestatteten Gemächern unter und wies seinem Diener eine einfache Stube zum Aufenthalt an.

Der Prinzessin war ein solches Rätsel noch nie untergekommen.

Lange sann sie darüber nach, aber sie kam nicht weiter. Da versuchte sie es mit einer List und schickte ihren Kammerdiener in die Stube zu dem Diener des Prinzen. Der Kammerdiener war ein durchtriebener Kopf, er nahm einen schweren Krug voll des kräftigsten Weines mit und begann mit dem Diener des Prinzen eine listige Unterhaltung. Dabei schenkte er ihm tüchtig ein. Er wollte, daß der Diener einen Rausch bekäme. So gedachte der Kammerdiener dem Begleiter des Prinzen die Auflösung des Rätsels zu entlocken. Der Diener des Prinzen trank den zierlichen Kammerdiener jedoch glatt unter den Tisch und schnitt dem Betrunkenen

dann seinen grauen Knebelbart ab. Nicht genug damit, er legte ihn auch noch wie einen ungezogenen Jungen übers Knie und versohlte ihn tüchtig. Mit vielen blauen Flecken auf seiner Hinterseite torkelte der schließlich aus der Stube.

Der Diener des Prinzen lachte schallend und steckte den abgeschnittenen Knebelbart in die Tasche, um später ein Beweisstück für die List der Prinzessin zu haben.

Die Prinzessin aber gab sich noch nicht geschlagen. Sie schickte nun ihren Kutscher los, einen riesigen Kerl, mit dem nicht zu spaßen war und der einen guten Schluck vertragen konnte. Der Diener des Prinzen drehte auch diesmal wieder den Spieß um und trichterte dem Kutscher mit dem herbeigebrachten Wein einen mächtigen Rausch ein. Als der große Kerl so richtig vollgelaufen war, verprügelte er ihn ordentlich, band ihm die Beine zusammen, scherte ihm mit dem Rasiermesser den Kopf kahl und warf ihn dann zur Tür hinaus. Den abgeschnittenen Haarschopf verwahrte er in seiner Westentasche und wartete gelassen auf den nächsten Besucher.

Die Prinzessin war eingeschüchtert und ärgerlich durch diese Wendung der Dinge und wollte daher selbst ihr Glück versuchen. Mit Schmeicheleien, notfalls mit beachtlichen Bestechungsgeldern wollte sie ihm des Rätsels Lösung entlocken.

Dem Diener des Prinzen aber kam dieses Vorhaben zu Ohren, so daß er glücklicherweise seinen Herrn vorher davon verständigen konnte.

Der Prinz tauschte nun mit dem Diener die Stube, zog dessen Kleider an und erwartete so die Prinzessin.

Kaum war die Königstochter durch die Tür getreten, da ward der Prinz von ihrer Schönheit so ergriffen, daß er hingerissen und verwirrt ihr auf geschicktes Befragen hin seine ganze Geschichte erzählte und ihr damit auch die Auflösung des Rätsels verriet.

Der Diener des Prinzen hatte besorgt eine ganze Zeit vor der Tür gestanden und angestrengt gehorcht. Mit einem Male stürmte er erbost ins Zimmer, hieb der Prinzessin eins mit der Peitsche über und nahm ihr einen kostbaren Ring vom Finger.

Er tat so, als wäre er der Prinz und rief: „Was will hier eine Kammerjungfrau bei meinem Diener? Los, hinaus!"

Der Schlaukopf tat so, als hielte er die Prinzessin für eine Kammerzofe. Recht unsanft schob er die Prinzessin zur Tür hinaus. Dann wechselten die beiden wieder die Kleider.

Der festgesetzte Tag kam heran. Der Prinz wurde in den Thronsaal geleitet, wo ihn der König mit seinen Räten und auch die Prinzessin erwartete.

Die Prinzessin nahm das Wort und sprach: „Du bist ein Prinz von einem benachbarten Königreich. Dein Vater wollte dich vergiften, aber du hast das Gift über dein Pferd geschüttet, das daran zugrunde ging. Von dem Pferd fraßen zwölf Raben und auch diese vergifteten sich daran. Mit diesen Raben hast du dann die neunundvierzig Räuber getötet. Das ist das ganze Rätsel. Habe ich recht?"

Der Prinz bejahte es.

Da trat der Diener des Prinzen hervor, zog den Knebelbart des Kammerdieners aus der Tasche, holte den Haarschopf des Kutschers aus der Weste und wies lächelnd den Ring der Prinzessin vor.

„Sie hat die Auflösung des Rätsels nur durch List erfahren. Hier sind die Beweise!"

Und der Diener berichtete genau, wie es dem Kammerdiener und dem Kutscher sowie der Prinzessin selbst ergangen war.

Wie der König nun hörte, daß der vorwitzige Kammerdiener und der polternde Kutscher eine gehörige Abreibung erhalten hatten, mußte er herzhaft lachen, und die Räte lachten ebenfalls.

Die Prinzessin war überführt, der Ring bewies es genauso wie der Knebelbart und der Haarschopf.

Da blieb keine Wahl, die Prinzessin mußte ihre Hand dem Prinzen versprechen.

Ob der Prinz aber die Prinzessin wirklich zur Frau genommen hat, das weiß ich nicht.

Der Prinz, der das Froschmädchen heiratete

Vor langer Zeit war einmal ein König, der hatte drei Söhne, die alle in einem Alter waren, in dem sie ans Heiraten denken konnten. Der König wollte nicht, daß bei der Auswahl der drei Bräute Streit zwischen seinen Söhnen entstehe und sagte daher zu ihnen: „Spannt eure Schleudern an und schießt sie zu gleicher Zeit ab! Wohin der Stein eines jeden fällt, dort wird er seine Braut finden!"

Die drei Söhne gehorchten und holten ihre Schleudern. Der älteste Sohn zielte hoch in die Luft, traf mit seinem Stein das Dach einer Bäckerei und gewann dadurch die Bäckerstochter. Der zweite Sohn traf das Haus eines Webers und holte sich damit die Weberstochter.

Der Stein des jüngsten Bruders aber fiel gar nicht allzuweit weg über einen Tümpel.

Sobald sie ihre Steine abgeschossen hatten, rannten sie los, um ihren Bräuten die Ringe zu bringen. Die Braut des Ältesten war ein hübsches dralles Mädchen, so süß und weich wie ein Kuchen. Die Braut des zweiten Sohnes war bleich und klein und so dünn wie ein Faden. Der jüngste Sohn aber kam zu dem Tümpel, schaute umher und fand schließlich einen weiblichen Frosch in den Binsen. Die drei Söhne gingen zurück zum König und erzählten ihm von ihren Erfolgen.

„Das ist gut so", sagte der König, „wer die beste Braut gefunden hat, der soll das Königreich erben. Wir wollen sehen, wie klug eure Mädchen sind!"

Um herauszufinden, welche von den dreien am besten spinnen konnte, gab er jedem seiner Söhne etwas Hanf und befahl ihnen, zu ihren Bräuten zu gehen. Die drei Mädchen sollten sich an ihre Spinnräder setzen, um in drei Tagen daraus Garn zu spinnen. Die drei Söhne machten sich auf den Weg und baten ihre Bräute, so gut und so schnell und so fein zu spinnen, wie es nur irgend möglich sei.

Der jüngste Sohn war sehr traurig. Mit dem Häuflein Hanf in seinen Händen ging er zum Ufer des Teiches und rief aus: „Frosch, wo bist du?"

„Wer ruft mich da?" hörte man die Antwort aus dem Tümpel.

„Hier ist dein Bräutigam, aber er liebt dich nicht."

„Wenn er mich auch jetzt nicht liebt, dann wird er mich lieben, wenn er erst sieht, wie schön ich bin."

Das Froschmädchen hüpfte aus dem Wasser und setzte sich auf ein großes Blatt. Der Königssohn gab ihm den Hanf und sagte, daß er in drei Tagen wiederkommen und das Garn abholen werde.

Nach drei Tagen gingen die beiden anderen Söhne zu des Bäckers Tochter und zu dem Webermädchen und holten das gesponnene Garn. Die Tochter des Bäckers hatte ihre Arbeit zwar gut gemacht, aber das Webermädchen hatte aus dem Hanf ein Garn gesponnen, das so fein war wie Seide selbst. Was aber war mit dem jüngsten Sohn?

Auch er ging nach drei Tagen zu dem Tümpel und rief: „Frosch, wo bist du? Frosch, wo bist du?"

„Wer ruft mich da?"

„Hier ist dein Bräutigam, der dich nicht liebt."

„Wenn er mich auch jetzt nicht liebt, dann wird er mich lieben, wenn er sieht, wie schön ich bin."

Das Froschmädchen hüpfte auf ein Blatt und trug dabei eine Nuß in seinem Maul. Als der Königssohn die Nuß sah, schämte er sich, damit zu seinem Vater zurückzukehren, aber er nahm sie schließlich doch und ging damit nach Hause.

Der König hatte inzwischen längst gesehen und bewundert, was die Tochter des Bäckers und die Tochter des Webers für Garn gesponnen hatten, und öffnete nun auch die Nuß seines jüngsten Sohnes.

Die beiden anderen Brüder lachten dabei schadenfroh. Sobald er aber die Nuß geöffnet hatte, kam ein Gewebe daraus hervor, das so fein war wie ein Spinnennetz, und je mehr der König daraus hervorzog und auseinanderfaltete, desto mehr Feingesponnenes kam ihm entgegen, erfüllte schließlich den ganzen Raum und schien fast endlos zu sein.

„Dieses Gewebe hat ja gar kein Ende", sagte der erstaunte König, aber als er diese Worte laut und deutlich aussprach, hatte er das Ende des Gewebes in den Händen.

Bei allem Erstaunen aber konnte sich doch der König bei dem Gedanken nicht ganz beruhigen, daß ein Froschmädchen einstmals Königin im Schloß werden sollte.

In der Zwischenzeit hatte die Jagdhündin des Königs drei kleine Hunde geboren, und diese gab er seinen Söhnen.

„Bringt euren Bräuten die kleinen Hunde und holt sie nach einem Monat wieder zurück ins Schloß. Königin allein soll das Mädchen werden, das am besten für das Hündchen Sorge tragen und es aufziehen kann."

Nach einem Monat war das Hündchen bei der Bäckerstochter zu einer großen und fetten Bulldogge herangewachsen, denn sie hatte dem Hündchen jeden Tag eine Menge Brot gegeben. Das Hündchen im Hause des Webers war nicht so gut gefüttert worden und war gerade deshalb ein bissiger Kettenhund geworden. Der jüngste Sohn aber kam mit einer kleinen Schachtel an. Der König öffnete sie, und ein kleiner Pudel sprang heraus. Das Hündchen hatte ein hübsches Fell, dichtes Haar, war gut gepflegt und hatte eine außergewöhnliche Spürnase. Der Pudel konnte auf seinen Hinterbeinen stehen und gehen, einige kleine Kunststücke vollführen und sogar ein paar Zahlen zusammenrechnen und mit der Pfote die richtige Zahl zeigen.

Der König sagte: „Da ist kein Zweifel mehr, mein jüngster Sohn soll König werden und das Froschmädchen die Königin!"

Die Hochzeit wurde für alle drei Söhne vorbereitet, und alle drei heirateten am selben Tage. Die beiden älteren Brüder holten ihre Bräute in Kutschen ab, die mit Blumen geschmückt waren und von vier Pferden gezogen wurden. Ihre lieblichen Bräute waren mit Pfauenfedern und Juwelen geschmückt. Der jüngste Sohn ging mit Herzklopfen zu dem Tümpel, wo das Froschmädchen bereits auf ihn wartete. Es saß in einer Kutsche, die aus einem Feigenblatt gemacht war und von vier Schnecken gezogen wurde. Kaum war der Königssohn erschienen, da ging die Fuhre auch schon los.

Der Bräutigam übernahm die Führung, und die Schnecken folgten ihm. So schnell sie konnten, zogen sie das Blatt, auf dem das Froschmädchen Platz genommen hatte, durch das Gras. Oft aber

mußte der Prinz innehalten und auf sie warten, denn das Gefährt kam doch nur langsam voran. Als er wieder ein gutes Stück vorangeschritten war und nun wartete, wurde er müde und schlief auf einer Wiese ein. Als er erwachte, stand eine goldene Kutsche vor ihm, die mit Samt ausgeschlagen war und von zwei Schimmeln gezogen wurde. In der Kutsche saß ein Mädchen, das so schön war wie die Sonne selbst. Das Mädchen trug ein smaragdgrünes Kleid.

„Wer bist du?" fragte der jüngste Sohn.

„Ich bin das Froschmädchen."

Der jüngste Sohn wollte dies gar nicht glauben, da öffnete aber das Mädchen eine juwelenbesetzte Schachtel, in der ein Feigenblatt, eine Froschhaut und vier Schneckenhäuser lagen.

„Ich bin eine Prinzessin, die in einen Frosch verwandelt worden war. Nur dann, wenn ein Königssohn mich heiraten wollte, ohne zu wissen, wie schön ich bin, nur dann sollte ich meine menschliche Gestalt wieder erhalten können. Dies ist nun geschehen!"

Der König war sehr glücklich und sprach zu den beiden eifersüchtigen älteren Söhnen: „Nur der verdient die Krone, der die beste Frau auszuwählen versteht!"

So wurden der jüngste Sohn und seine Frau König und Königin und lebten lange und in Freuden.

Der Königsschatz

Es war einmal eine Frau, die hatte drei Söhne. Alle drei lungerten im Hause herum und fanden auch keine Arbeit. Eines Tages beratschlagten sie sich und beschlossen, den königlichen Schatz zu rauben.

Sie gingen los, schlichen sich in die Schatzkammer und erbeuteten einen großen Batzen Geld. Der König, der ein kluger Mann war, ließ daraufhin ein Faß voll Teer in seiner Schatzkammer aufstellen. Wie er es schon geahnt hatte, die Diebe kamen ein zweites Mal. Der erste der Brüder schlich sich in der Dunkelheit herein, fiel in das Faß und blieb im Teer stecken. Seine beiden Brüder kamen ihm nach, sahen die Bescherung und wußten nicht, was sie machen sollten. Um nicht entdeckt zu werden, hieben sie ihrem Bruder den Kopf ab.

Am nächsten Tag entdeckte der König den Leichnam in dem Teerfaß. Da die Leiche ohne Kopf war, konnte er auch nicht feststellen, wer der Dieb war. Da ließ der König, der ein kluger Mann war, den Leichnam durch die Straßen schleifen. Durch jede Straße und durch jede Gasse schleppten die Schloßwachen den teerigen Rumpf ohne Kopf.

Die Mutter der drei Söhne stand eben am Fenster, als der Zug unten vorbeifuhr. Wie sie ihren Sohn in Teer erblickte, schrie sie laut auf und fiel in Ohnmacht. Die Schloßwachen sahen und hörten dies und eilten sofort herbei. Da sagte der eine Bruder zum anderen: „Verdammt, jetzt sind wir verloren!“

„Verloren?“ sagte der andere Bruder. „Nie und nimmer mehr! Ich werfe mich auf den Boden und strample mit den Beinen. Du aber mußt dann aufgeregt rufen: Hilfe, Hilfe, mein Bruder liegt im Sterben, Hilfe, mein Bruder liegt im Sterben!“

Die Schloßwachen kamen und fragten, was das für ein Geschrei sei, und was es denn gäbe. Da schlug der eine Bruder die Hände über dem Kopf zusammen und sagte ganz verzweifelt: „Mein Bruder hat einen Anfall. Es steht schlecht um ihn. Ich glaube, er stirbt. Unsere Mutter fiel in Ohnmacht, als sie den Umzug auf der Straße sah. Das war zuviel für meinen Bruder, und da bekam er einen Anfall.“

Die Schloßwachen hörten sich die Geschichte an, zuckten mit den Schultern und gingen wieder fort.

So hat der König, der ein solch kluger Mann war, nie erfahren, wer seinen Schatz geraubt hat. Die beiden Räuber waren eben noch klüger als er.

Der Herzog in Rom

Es war einmal ein Bauer mit seiner Frau. Im Stall hatten sie einen schönen großen Ochsen, der ein kluges Tier war. Man konnte wirklich meinen, der Ochse verstehe die Worte, die der Bauer mit seiner Frau im Stall und auf dem Feld wechselte. Da sie keine Kinder hatten, verwandten sie alle Sorgfalt auf ihren Ochsen und beschlossen schließlich, ihn studieren zu lassen.

Der Bauer machte sich auf in die Stadt und fragte dort einen Kaufmann um Rat. Der schlaue Kaufmann erkannte bald, wie dumm und einfältig der Bauer war. Er erzählte ihm, daß er seinen Ochsen sehr wohl bei einem seiner Freunde, einem Advokaten, in die Lehre geben könne.

Der Bauer war hocherfreut und war bereit, als Lehrgeld für den Ochsen 200 Taler zu berappen. Zu Hause freute sich seine Frau nicht minder, daß ihr Mann so schnell einen gelehrten Advokaten für den Unterricht gefunden hatte.

In der Stadt hatte inzwischen der Kaufmann mit seinem Freund, dem Advokaten, schmunzelnd abgestimmt, den Ochsen als Schüler aufzunehmen. Die beiden Freunde verabredeten, den Ochsen zu schlachten und die 200 Taler unter sich aufzuteilen. Dem dummen Bauern wollten sie schon etwas erzählen, damit er zufrieden sei.

Der Kaufmann sprach nach wenigen Tagen beim Bauern vor und berichtete ihm auch noch, daß der Advokat den Ochsen gut behandeln wolle.

Gleich am nächsten Morgen brachte der Bauer den Schüler in die Stadt zum Advokaten. Der gelehrte Mann tätschelte den Ochsen und sagte dem Bauern schmeichelnd, welch kluge Augen dieser Schüler hätte.

Kaum war der Bauer nach Hause gegangen, da schlachteten die beiden Schelme den Ochsen, teilten das Geld unter sich auf und schlugen sich vor Lachen auf die Schenkel.

Nach einiger Zeit kam der Bauer in die Stadt zum Advokaten und fragte nach, wie es dem Schüler gehe und ob er einmal sehen könne, welche Fortschritte in den Wissenschaften er schon gemacht habe. Der Advokat entgegnete, der Unterricht dürfe nicht gestört werden, er solle den Studenten am besten ganz in Ruhe lassen. Besuche würden ihn nur im Lernen zurückwerfen.

Da der Bauer aber immer wieder neugierig anklopfte, sagte schließlich eines Tages der Advokat, der Student habe sein Studium beendet und sei vor einigen Tagen Herzog in Rom geworden. Der Bauer war zwar erstaunt, aber hocherfreut und dankte dem Advokaten überschwenglich. Zu Hause erzählte er die Neuigkeit seiner Frau immer wieder von neuem und konnte sich über die Gelehrigkeit des Ochsen kaum beruhigen. Beim Pfarrer fragte er nach, wie weit es nach Rom sei, denn er wollte den gelehrigen Schüler auf jeden Fall besuchen. Der Pfarrer meinte, er müsse wohl ein ganzes Jahr reisen. Der Bauer setzte sich die Sache in den Kopf, besprach sich mit seiner Frau und beschloß, die Reise nach Rom zu machen, um den gelehrigen Schüler wieder nach Hause zu holen. Gar zu gern wollte er den Ochsen einmal den Nachbarn und allen Dorfbewohnern vorführen. Mit einem starken Ochsenstrick in der Reisetasche brach er auf zur Reise nach Rom. Er wanderte durch viele Länder und kam schließlich wohlbehalten in der großen Stadt an. Gekämmt und gewaschen hatte er sich schon lange nicht mehr, der Bart und die Haare waren ihm lang und wild gewachsen, und so sah er wirklich wie ein Unhold aus. Beim Stadttor angekommen, erkundigte er sich sogleich nach der Wohnung des Herzogs. Die Leute schickten ihn zu einem großen, schönen Palast, der ganz aus Marmor war; eine Wache stand davor. Der struppige Bauer sagte: „Ist der Herzog zu Hause? Ich will ihn wieder holen, denn Mutter und die Nachbarn haben ihn noch gar nicht gesehen." Der Wachsoldat sah den struppigen Bauern und glaubte, es wäre der Teufel höchstpersönlich. Mit einem Satz sprang er beiseite und ließ den Bauern in den Palast. Der Bauer schritt durch die große Tür und über die Flure und kam schließlich zum Zimmer des Herzogs. Der hohe Herr saß gerade an seinem Schreibtisch und schrieb einen Brief.

„Herrje, mein Öchslein, was bist du für ein hoher Herr geworden, und feine Kleider hast du! Mutter hat dich zu Hause noch gar nicht gesehen. Komm nur mit, wir machen uns auf den Heimweg!" Mit diesen Worten war der Bauer an den Herzog herangetreten, hatte ihm unbemerkt den Strick um den Hals gelegt und zerrte ihn nun durch die Stube, wobei er ihn aber gutmütig auf den Rücken tätschelte. Den Herzog hatte das helle Entsetzen gepackt. Er glaubte, der Teufel hole ihn und sei mit ihm jetzt auf dem Weg zur Hölle. Die struppigen Haare, die flackernden Augen, der wilde Bart und die unbekannten rauhen Laute des Bauern ließen tatsächlich an einen Teufel denken.

Die Wache hatte inzwischen Lärm gemacht und die Kunde vom Teufel im Schloß in der ganzen Stadt verbreitet. In hellen Scharen liefen die Leute zusammen und erschraken sehr, als sie sahen, wie der schwarze Kerl ihren Herzog am Strick durch die Straßen führte. Ein paar mutige Männer faßten sich schließlich ein Herz, warfen sich vor dem Teufel in den Staub und baten ihn, er möge doch ihren Herzog wieder freilassen.

„Nein", rief der Bauer, „Mutter soll ihn auch mal sehen!" Die

Leute konnten die Sprache des Bauern nicht gut verstehen und glaubten, der Herzog werde zu des Teufels Großmutter geführt. Einer kam schließlich auf den Gedanken, dem Teufel Geld anzubieten. Sie flehten und baten den Teufel, den Herzog bei ihnen zu lassen und nötigten ihm zuletzt einen ganzen Sack voll schöner blanker Silbertaler auf. Soviel Geld hatte der Bauer in seinem Leben noch nie gesehen. Er nahm den Leuten das Versprechen ab, seinem Ochsen immer schön zu gehorchen, lud den Geldsack auf den Rükken und machte sich auf die Heimreise. Die Leute wunderten sich zwar, daß der Teufel ihren Herzog als Ochsen bezeichnet hatte, aber sie waren froh und glücklich, daß es ihnen gelungen war, den hohen Herrn freizukaufen.

Nach langer Reise gelangte der Bauer schließlich nach Hause und schüttete die vielen Silbertaler mitten in der Stube aus. Die Bäuerin schlug die Hände über dem Kopf zusammen und konnte es gar nicht fassen, daß ihr Öchslein in einem Marmorpalast in Rom als Herzog wohnte. Der Sack voller Silbertaler machte sie zu reichen Leuten, und sie erzählten jedem die Geschichte vom Herzog in Rom, der aus ihrem Stalle stammte. Am meisten aber wunderten sich der Advokat und der Kaufmann in der Stadt. Sie hatten von der Reise des Bauern und von seiner Rückkehr gehört und hatten schließlich bei einem Besuch im Dorf den Sack mit den Silbertalern selbst gesehen. Immer wieder schüttelten sie ihren Kopf, sahen sich verwundert an und zuckten die Schultern. Und bis zum heutigen Tage können sie sich nicht erklären, wie sich die Geschichte mit dem Herzog in Rom verhält.

II. Von Riesen, Trollen und Räubern

Nordeuropas Märchenwelt

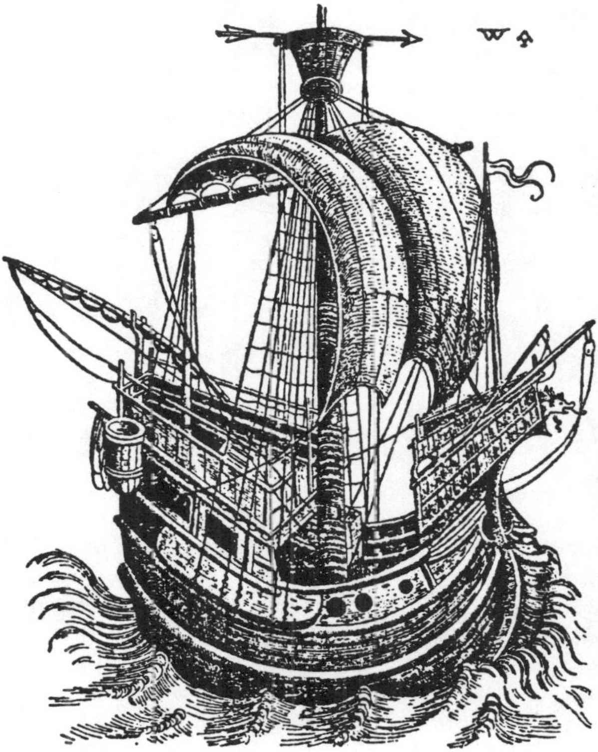

Der Fischer und der Riese

Zwischen Seen und Wäldern wohnte einmal ein Riese, der hatte viel Kraft und wenig Verstand.

Eines Tages kam ein Fischer in die Nähe des Riesen und störte den Unhold in seiner Mittagsruhe.

„Wenn du nicht gleich umkehrst, zerdrücke ich dich wie diesen Stein!" drohte der Riese und zerbröselte einen Granitstein zwischen seinen Fingern.

Der Fischer nahm einen Käse aus seiner Tasche, nahm ihn in eine Hand und drückte fest zu. „Da schau her, wenn du mich nicht in Ruhe läßt, dann drücke ich das Blut aus deinen Poren wie aus diesem Stein das Wasser!" Dabei ließ der schlaue Fischer das Wasser aus dem Käse rinnen.

Der Riese war nun herausgefordert und rief dem Fischer zu: „Dann laß uns kämpfen miteinander!"

„Zum Kampf gehört die richtige Stimmung", rief der Fischer, „und in Stimmung kommen wir am besten, wenn wir uns richtig beschimpfen!"

Der Riese lachte auf und schimpfte los: „Ha, wie ein Kaninchen werde ich dich durch die Luft schleudern. Die Heringe kannst du wohl bändigen, aber doch nicht mich!"

„Du bist ein fauler Siebenschläfer, dazu noch dumm, ein Unhold ohne Hirn!" Mit diesen Schimpfworten jagte der Fischer dem Riesen gleichzeitig einen Pfeil in den Bauch, verbarg aber den Bogen und den Köcher geschwind hinter einem Busch.

„Au, au", rief der Riese, „was ist das? Au, au, das tut ja weh!" Dabei zerrte er an dem Pfeil, der in seinem dicken Bauche steckte.

„Das war eines meiner Schimpfwörter", lachte der Fischer.

„Und warum geht dieses Schimpfwort nicht mehr heraus?"

„Es ist in deinem Bauche festgewachsen!"

„Tun Schimpfwörter immer so weh?" fragte vorsichtig der Riese.

„Das wirst du gleich spüren", rief der Fischer und jagte dem Riesen gleich noch einen zweiten Pfeil in den Bauch, während dieser noch mit dem ersten beschäftigt war und ihn herauszuziehen versuchte.

„Au, au, Hilfe, au!" rief da der Riese.

„Wollen wir weiterschimpfen?" fragte lachend der Fischer.

„Nein, nein, wir wollen uns lieber vertragen. Du kannst gerne hier fischen, wenn du das willst!" Der Riese stapfte davon und ward in dieser Gegend auch nie mehr gesehen, er hatte wohl Angst vor Schimpfwörtern.

In den unberührten Seen aber fing der Fischer so schöne und große Fische wie nie zuvor in seinem Leben.

Der Troll und das Bierfaß

Eines Tages feierten die Trolle Hochzeit. Ihr unterirdisches Gewölbe im Berg hallte wider vom fröhlichen und ausgelassenen Toben der kleinen Hochzeitsgäste. Die Trolle aßen nach Herzenslust und tranken viel Bier dazu. Da wurde erzählt und getanzt und zugeprostet, aber gegen Mitternacht war das Bier ausgegangen.

Die kleinen Männer hatten aber noch keine Lust, aufzubrechen und schon nach Hause zu gehen, und so schickten sie einen von ihnen nach oben zu den Menschen. Der Troll sollte sehen, ob er nicht ein Faß Bier besorgen könnte.

Ein Bauer, der seinen Hof bei einem grünen Hügel stehen hatte, hörte zwar in mancher Nacht das Rumoren und Poltern der Felsenzwerge, aber gesehen hatte er noch keinen von ihnen. Man erzählte sich, daß sie im Berge hausten, mit kleinen Pickeln und Schaufeln auch schon da und dort gesehen wurden und Gold und Silber in den tiefen Adern des Berges schürften.

Der Bauer wachte kurz nach Mitternacht auf, als es am Fenster seiner Schlafkammer laut und vernehmlich dreimal klopfte. „Ja, wer ist da, der Teufel oder der Schutzengel?" rief der Bauer, als er ganz verschlafen aus seinen Kissen hochkam.

„Ein Nachbar! Ich komme von einer Hochzeit, und das Bier ist ausgegangen, kannst du uns vielleicht ein Faß Bier leihen?"

Der Bauer hatte inzwischen den Fensterladen aufgemacht und sah in die Dunkelheit hinaus. Er konnte aber niemanden erblicken.

„Wer ist es denn?" rief der Bauer. „Wo bist du denn, Nachbar?"

„Hier bin ich!" sagte der Troll und zog höflich seine Mütze vom Kopf. Da bemerkte der Bauer einen Felsenzwerg unter seinem Fenster, der nicht einmal bis zum Gesimse reichte. Da ging ihm ein Licht auf und er wußte, daß er einen Troll vor sich hatte.

„Dich hab' ich zwar noch nie gesehen", sagte der Bauer, „aber geh ruhig in den Keller und hol dir ein Fäßchen Bier!"

„Ich bring's auch nach der Hochzeit wieder, es soll nur geliehen sein", sagte der Troll.

„Schon gut, schon gut!" sagte der Bauer und legte sich wieder ins Bett. Er hatte einmal gehört, daß es ein gutes Zeichen sei, wenn ein Troll zu Besuch komme. Man solle sie aber sonst in Frieden lassen, ihnen nichts wegnehmen und von ihnen auch nichts verlangen. Darüber dachte der Bauer noch ein wenig nach und schlief bald wieder ein.

Der Troll war inzwischen in den Keller gegangen und hatte ein anständiges Fäßchen Bier die Treppen hochgestemmt. Dann wälzte er es zum Berg und brachte es über einen versteckten Eingang zu den Hochzeitsgästen in den unterirdischen Felsensaal. Dort wurde der Troll mit Jubel empfangen, und das Fest ging bis in die frühen Morgenstunden.

Nach einer Woche klopfte es bei dem Bauern wieder an das Fenster.

„Wer ist da, der Teufel oder der Schutzengel?“ rief der Bauer, kroch aus dem Bett und öffnete das Fenster.

„Ich bin's, dein Nachbar aus dem Felsen!“ antwortete da der Troll, den der Bauer gar nicht sehen konnte, weil er nicht einmal bis zum Fenstergesimse reichte.

„Ja, was soll ich tun? Brauchst du noch Bier?“ rief der Bauer, der nun begriffen hatte, daß der Troll wieder vor seinem Fenster stand.

„Nein, nein, recht schönen Dank!“ rief der Troll, „ich habe dir heute das Fäßchen Bier zurückgebracht, das ich vor einer Woche geliehen habe. Es steht schon wieder in deinem Keller. Zapfen kannst du es, aber hineinschauen darfst du nie!“

„Schon gut, schon gut", sagte der Bauer, legte sich wieder ins Bett und schlief weiter.

Als der Bauer nach einigen Wochen das Fäßchen im Keller anzapft, kommt bestes Bier aus dem Hahn, so gut und schmackhaft, wie es weder der Bauer noch einer der Knechte je getrunken hatten. Und siehe, das Bier wurde nicht weniger. Man konnte davon abzapfen, soviel man wollte, das Bier floß in Strömen.

Gästen und vorbeikommenden Wanderern mundete das Bier vorzüglich, am meisten aber dem Gesinde und dem Bauern selbst.

„Hineinsehen darf keiner!" hatte der Bauer den Knechten und Mägden eingeschärft, und diese hielten sich wohlweislich daran.

Eines Tages aber wurde eine neue Magd eingestellt, ein junges, flinkes Ding, das sehr anstellig war.

Im Sommer gab es auf dem Bauernhof viel zu tun, und der Bauer vergaß, ihr die Geschichte mit dem Faß zu erzählen – und später glaubte er, dies habe er längst getan und die Magd wisse Bescheid.

Bei der Heuernte wurde viel getrunken, bei der Getreideernte noch mehr, und so zapfte die Magd den einen um den anderen Krug aus dem Bierfäßchen ab. Da fiel ihr auf, daß das Bier daraus ständig floß und kein Ende nahm. Neugierig machte sie das Fäßchen auf und sah hinein.

Ein Schrei gellte durch den Keller. Das Faß war gefüllt mit Schlangen, Kröten, Fröschen, Eidechsen und Molchen.

Was immer auch der Bauer später unternahm mit dem Faß, der Zauber war gebrochen. Er ließ es neu beschlagen und neu füllen, es kam immer nur soviel Bier wieder heraus, wie man vorher hineingetan hatte.

Der reuige Räuber

Es war einmal ein grimmiger und im ganzen Land gefürchteter Räuber, der saß in einem großen Wald und erschlug jeden, der dort vorbeikam. Dieser schreckliche Mann hatte zu Hause seine Eltern erschlagen und war dann in den Wald entwichen.

Dort saß er lauernd im Gebüsch nahe der Straße und ließ keinen Menschen lebend hindurch.

Eines Tages mußte ein Knabe auf seinem Weg nach Hause an diesem Wald vorbei. Er hatte gewaltige Angst und sang daher unterwegs ganz laut:

„Besser ist's, in Staub zu zerfallen, als dem Teufel zu kommen in seine Krallen!"

Das hörte der Räuber, erschrak bei diesem Gesang bis ins Innerste und sah sich selbst schon in den Krallen des Teufels bis in alle Ewigkeit.

Da verstellte er zwar dem Knaben den Weg, tat ihm aber nichts zuleide, sondern bat nur um seinen Rosenkranz. Der Knabe gab dem Räuber seinen Rosenkranz und durfte weitergehen.

Nicht lange Zeit danach fuhr ein Priester in einer Kutsche vorbei: Der Räuber trat ihm in den Weg und forderte ihn auf, ihm die Beichte abzunehmen. Der Priester wußte, mit wem er es zu tun hatte, war ganz verängstigt, wollte Zeit gewinnen und im günstigen Augenblick davonfahren, deshalb sprach er zu dem Räuber: „Hole auf den Knien Wasser aus der Quelle, bringe es in deinem Mund hierher und begieße damit diesen Stecken!"

Bei diesen Worten steckte der Priester einen dürren Ast in die Erde und fuhr fort: „Begieße diesen Ast so lange, bis er grünes Laub trägt, dann komme ich und nehme dir die Beichte ab."

Als der Räuber sich tatsächlich auf den Boden niederließ und auf den Knien Wasser aus der Quelle holte, fuhr der Priester schnell mit seiner Kutsche ab.

Der Räuber ging nun Tag für Tag auf den Knien zur Quelle, nahm mit der hohlen Hand Wasser in seinen Mund und trug es zu dem dürren Ast.

Wochenlang, monatelang, jahrelang begoß er den dürren Stekken. Die Haut ging dem Räuber von den Knien ab, nur noch Blut und Knochen waren zu sehen.

Und siehe, nach vielen Jahren grünte der Ast, ein hoher Apfelbaum wuchs heran, und an dem Baum reiften prächtige Äpfel. Der Räuber konnte sich nun schon gar nicht mehr bewegen. Er setzte sich unter den Baum und weinte bitterlich, denn er sah, es hingen so viele Äpfel zwischen den Zweigen, wie er Menschen erschlagen hatte.

Mit seinen Tränen allein begoß er nun den großen Apfelbaum.

Nach langer, langer Zeit fuhr wiederum derselbe Priester durch den Wald. Der Priester hatte in all den Jahren den reuigen Räuber längst vergessen. Von weitem schon wehte ihm der herrliche Duft der Äpfel entgegen.

Wie er sich näherte, sah er den Baum und darunter einen steinalten Greis, der mit seinen Tränen den Baum begoß.

Der Priester fragte ihn, warum er weine.

„Vor langer, langer Zeit", sprach der Greis, „kam hier einmal ein Priester vorbei und versprach, mir die Beichte abzunehmen. Er steckte einen Ast in die Erde und befahl mir, ihn zu begießen, bis er Blätter triebe.

Der Ast ist zu diesem Baum geworden. Er hat Blätter getrieben, aber ich kann kein Wasser aus der Quelle mehr holen. Nur meine

Tränen habe ich noch, mit denen ich den Baum benetzen kann. Ich bin alt geworden, aber der Priester ist noch nicht erschienen."

Da fiel es dem Priester wie Schuppen von den Augen, er erbleichte und bekannte, dieser Priester selbst zu sein. Und er kniete sich nieder, dem Räuber die Beichte abzunehmen.

Als dieser gestand, einen Menschen erschlagen zu haben, fiel ein Apfel herunter vom Baum. Mit jedem neuen Geständnis fiel ein Apfel zur Erde, nur zwei blieben ganz oben noch in den höchsten Ästen hängen.

Der Priester drang in den Räuber und fragte ihn, ob er ihm nicht noch etwas verheimliche.

Da gestand der Räuber, Vater und Mutter erschlagen zu haben. Und da fielen auch die beiden letzten Äpfel aus dem höchsten Wipfel zur Erde.

Der Priester erließ dem reuigen Räuber alle seine Sünden.

Gott selbst sandte seinen Engel, um die Seele des Büßers zu holen.

Der Räuber fiel nieder und wurde zu Staub. Der Apfelbaum verdorrte wieder, und man sah wie ehedem nur noch einen dürren Ast am Waldesrand liegen.

Der treue Svend

Es waren einmal ein alter Mann und seine Frau, die hatten einen Sohn, der hieß Svend. Bevor der Vater zum Sterben kam, ermahnte er seinen Sohn, mit den Fröhlichen zu lachen und mit den Betrübten zu weinen, wenn er einmal in die Welt hinausziehen sollte. Die Mutter aber sagte zu ihm: „Gehe nie an einer Kirche vorüber auf allen deinen Wegen, tritt immer dort ein und nimm den Segen mit dir!"

Svend zog bald darauf in die Welt und diente fleißig und treu bei einem Edelmann. Bald war er der vertrauteste Diener seines Herrn. Die anderen Diener wurden deswegen neidisch und verleumdeten Svend bei dem Edelmann. Einer von den Dienern war so neidisch und böse, daß er zu dem Edelmann sagte, Svend betrüge ihn heimlich mit der Edelfrau. Da wollte der Herr Rache nehmen und beschloß, Svend mit einem Auftrag zu einer Ziegelbrennerei zu senden, die zum Edelhof gehörte. Den Arbeitern der Ziegelei ließ er heimlich den Befehl zukommen, sie sollten den ersten, der mit einem Auftrag von ihm käme, ergreifen und in den glühenden Ziegelofen werfen.

Auf dem Weg zur Ziegelei kam Svend an einer Kirche vorbei, erinnerte sich an die Mahnung seiner Mutter, ging hinein und betete um den Segen Gottes. Inzwischen hatte sich der böse Diener, der Svend verleumdet hatte, neugierig auf den Weg gemacht, er wollte sich überzeugen, ob Svend nun auch wirklich umgekommen sei. Er eilte an der Kirche vorbei, kam zuerst bei der Brennerei an, wurde sofort ergriffen und in den glühenden Ofen geworfen.

Svend brach nach seinem Gebet in der Kirche auch gleich wieder zu dem Ziegelofen auf, kam als zweiter Bote dort an, richtete seinen Auftrag aus und kehrte unversehrt und ahnungslos wieder nach Haus zurück.

Der Herr war sehr erstaunt, als Svend wieder zum Edelhof kam. Svend wurde von ihm über alles befragt, und der Herr erkannte bald, daß Svend ein treuer und braver Diener sei. Der Verleumder aber hatte seinen verdienten Lohn bekommen.

Seit dieser Zeit nannte der Herr ihn immer nur den treuen Svend. Er nahm ihn mit auf seine Reisen und sah, daß er sich in allem auf ihn verlassen konnte.

Eines Tages nun kam zu dem Edelmann ein fremder Gutsherr auf Besuch. Die beiden unterhielten sich lange am Abend und kamen auch auf die Treue der Diener zu sprechen. Der fremde Gutsherr behauptete, alle Diener seien Spitzbuben, man könne sich auf keinen verlassen, und mit der Wahrheit nähmen sie es alle nicht genau, vor allem, wenn ein Vorteil dabei herausspränge. Das wollte der Gastgeber nicht gelten lassen. Er verwies auf seinen treuen Diener Svend und sagte, er habe nie gelogen und er werde auch nie von der Wahrheit abweichen, ob es nun zu seinem Schaden oder zu seinem Nutzen sei. Der fremde Gutsherr stritt dies alles ab, ereiferte sich gar sehr dabei und bot seinem Gastgeber eine Wette an. Jeder von den beiden setzte seinen Hof aufs Spiel. Es galt, die Treue oder die Untreue von Svend zu beweisen. Die beiden Wettbrüder dachten sich ein ganz besonderes Spiel mit Svend aus.

Dann wurde der Diener gerufen, in den besten Anzug seines Herrn gesteckt und mit dem besten Pferd aus dem Stall zu der Frau des fremden Gutsherrn in Marsch gesetzt. Er sollte ihr einen Brief überbringen, am selben Abend aber wieder heimkehren. In dem Brief war genau beschrieben, wie man Svend aufnehmen und was man mit ihm anstellen sollte.

Kaum war Svend auf dem fremden Gutshof angekommen, da wurde er dort mit großen Ehren empfangen, so als sei er selbst der Herr. Mit der gnädigen Frau mußte er sich zu Tische setzen, und ein leckeres Mahl wurde gereicht. Bald stießen alle an der langen Tafel auf seine Gesundheit an, tranken ihm zu und ließen ihn hoch-

leben. Bald wurde Karten gespielt, es wurde tüchtig aufgetrumpft, und Svend mußte mitspielen. Der treue Diener merkte nicht, daß alle es nur darauf angelegt hatten, ihn betrunken zu machen. Bald fiel sein Kopf schwer auf die Tischkante. Das Gesinde zog ihm die feinen Kleider aus und legte ihn in den Stall, damit er seinen Rausch ausschlafe.

Am nächsten Tag sagte man ihm, er habe beim Kartenspielen nicht nur sein Pferd, sondern auch noch seine Kleider verspielt. Man gab ihm einen alten Dienerrock und schickte ihn zu Fuß nach Hause.

Svend konnte sich über den ganzen Hergang keinen klaren Gedanken machen. Er klagte sich selbst an, denn er sah sehr wohl, daß am ganzen Unglück er allein die Schuld habe.

„Was wird wohl mein edler Herr sagen, wenn ich ohne das Pferd und ohne die guten Kleider nach Hause komme? Kann ich ihm überhaupt erzählen, was vorgefallen ist?"

Vor allem bei dem Gedanken, seinem Herrn schildern zu müssen, daß er alles beim Kartenspielen verloren habe, war ihm gar nicht wohl. Svend überlegte hin und her. Sollte er erzählen, er sei im Wald von Räubern überfallen und ausgeplündert worden? Diesen

Gedanken verwarf er aber bald wieder, denn er wußte genau, daß dann sein Herr Leute ausschicken würde, die nach den Räubern suchen sollten. Bald würde dann die Geschichte aufkommen und er als Lügner dastehen. Sollte er zu Hause erzählen, er habe sich verirrt, sei in ein Moor geraten und sein Pferd dort versunken? Er schüttelte den Kopf und verwarf auch diesen Gedanken, denn der Edelmann würde sicherlich bald Leute zum Moor senden, diese aber würden überhaupt keine Pferdespur dort finden. Dann stünde er wieder als Lügner da.

Bangen Herzens stolperte Svend heimwärts. Seinen alten Hut tief ins Gesicht gezogen, betrat er zitternd den Edelhof.

„Zum Teufel, Svend, wo ist mein Pferd geblieben, und was hast du da für einen alten Rock an?" fuhr ihn barsch sein Herr dort an. Der fremde Gutsherr stand daneben mit neugierigem und lauerndem Gesicht. Svend hatte sich für diesen peinlichen Augenblick ein paar Worte ausgedacht und sagte nun mit niedergeschlagenen Augen:

„Der Abend war schwül, der Met stark gegoren,
so habe ich alles beim Karten verloren."

Und er erzählte treuherzig, wie alles gekommen sei, wie er sich betrunken habe und im Spiel alles losgeworden sei.

Voller Freude umarmte ihn da sein Herr: „Du hast das Spiel gewonnen, treuer Svend!" Und in Anwesenheit des fremden Gutsherrn sagte der Edelmann: „Der Hof, den ich gewann, gehört dir. Ein treuer Diener wird bestimmt auch ein guter Herr sein!"

Und so zog der treue Svend auf den fremden Gutshof. Oftmals aber kam er zu Besuch zu seinem Herrn von damals. Und wenn einer ihnen erzählen wollte, Wahrheit und Treue seien auf der Erde ausgestorben, so schüttelten sie immer nur den Kopf, denn die beiden wußten es besser.

Der Meisterdieb

Es war einmal ein armer Mann, der hatte drei Söhne. In dem kleinen Häuschen, das sie bewohnten, fehlte es an allem. Der Mann konnte seine Söhne auch kein Handwerk lernen lassen, denn er konnte das Lehrgeld nicht bezahlen. Eines Tages sprach er zu seinen Söhnen: „Macht euch auf in die Welt und versucht euer Glück, mehr als meinen Segen kann ich euch nicht mitgeben!"

Die drei zogen los, und der Vater begleitete sie noch ein Stück, bis sie zu einem dreifachen Kreuzweg kamen. Da gab der Vater jedem die Hand und verabschiedete sich von ihnen. Ein jeder schlug nun einen anderen Weg ein.

Die beiden älteren Brüder fanden bald in den Nachbardörfern Arbeit und Brot, der jüngste Bruder aber zog weit umher in der Welt und wanderte durch viele Dörfer und Städte.

Eines Nachts streifte er durch einen großen Wald und wurde von einem gewaltigen Unwetter überrascht. Der Sturm blies durch die Äste und fauchte durch die Zweige, daß er kaum die Augen offenhalten konnte. Er kam vom Pfad ab, verirrte sich und konnte weder Weg noch Steg mehr finden. Endlich sah er in der Ferne ein Licht durch die Bäume schimmern. Er ging und ging und kam schließlich zu einem großen Haus im Wald, schaute durch die Fenster und sah drinnen eine alte Frau am hellen Herdfeuer sitzen.

Der Bursche klopfte an, trat ein und wünschte der Alten „Guten Abend" und fragte sie, ob er bei dem abscheulichen Wetter eine Unterkunft finden könnte. Die Alte grüßte ihn freundlich und sagte ihm, er solle am besten gleich wieder das Weite suchen, wenn ihm sein Leben lieb sei.

„Wenn die Leute heimkommen, die hier wohnen, und sie treffen dich hier im Hause an, dann bringen sie dich um – und am Ende mich noch dazu", sagte die Alte.

„Was für Leute sind das denn?" fragte der Bursche.

„Es ist eine ganze Räuberbande, die hier wohnt", berichtete die Alte, „ich wurde von der Bande schon geraubt, als ich noch ein

Kind war, und seither muß ich den Räubern den Haushalt führen."

Der junge Bursche war sehr müde und wollte nicht mehr hinaus ins Unwetter.

„Es mag kommen, was da will, ich bleibe hier über Nacht", sprach er, gähnte und legte sich schnurstracks in das große Bett, das in der Stubenecke stand. So müde er auch war, zu schlafen getraute er sich aber doch nicht.

Es dauerte nicht allzu lange, da ward die Tür aufgetan, und die Räuber kamen herein. Die alte Frau zeigte auf das Bett und berichtete, daß der fremde Wanderer bei dem Unwetter Schutz gesucht und sich hundemüde in das Bett gelegt habe.

„Ich konnte reden, soviel ich wollte, er ging nicht wieder weg", sagte die Alte zu den Räubern.

„Hat der Kerl Geld in der Tasche gehabt?" fragten die Räuber.

„Geld?" meinte die Alte. „Er hatte kaum Kleider auf dem Leib, es ist bestimmt ein ganz armer Schlucker."

Da steckten die Räuber die Köpfe zusammen und beratschlagten, was sie mit dem Fremden in ihrem Hause anfangen wollten. Plötzlich setzte sich der Bursche im Bett auf, grüßte die Räuber freundlich und fragte sie, ob sie nicht einen Knecht brauchen könnten, er sei auf der Suche nach Arbeit und wollte gern bei ihnen anfangen.

„Wenn du unser Handwerk erlernen willst, dann kannst du hierbleiben", sagten die Räuber, „zuerst mußt du aber ordentlich das Stehlen lernen, dann sehen wir schon weiter."

„Ja, euer Handwerk möchte ich gern erlernen", meinte der Bursche und erhielt von den Räubern die Erlaubnis, erst einmal diese Nacht in ihrem Hause verbringen zu dürfen.

Am anderen Morgen nahmen ihn die Räuber in ihre Mitte und sagten zu ihm: „Hör zu, wer bei uns in den Dienst treten will, der muß zeigen, was er kann, denn das Handwerk ist gefährlich, und man kann nicht jeden brauchen. Wir haben im Nachbardorf erfahren, daß heute früh ein Bauer mit einem Ochsen durch den Wald kommen wird. Er will in die Stadt zum Markt damit und muß hier durch diesen Wald. Wenn du es fertigbringst, den Ochsen zu stehlen, ohne daß der Bauer es merkt, dann nehmen wir dich als Lehrling an. Der Bauer darf dich dabei aber nicht sehen!"

Der junge Bursche meinte, das sei eine Kleinigkeit, erbat sich von den Räubern einen Schuh mit silberner Schnalle, den er unter dem Beutegut im Hause gesehen hatte und machte sich damit auf den Weg. Den Schuh stellte er dann auf dem Waldweg an einer Stelle nieder, wo die Frühsonne hinschien und die Silberschnalle richtig glänzte. Er selbst verbarg sich in der Nähe hinter einem Gebüsch.

Bald kam der Bauer mit seinem Ochsen daher, sah den Schuh, blieb stehen und dachte bei sich: „Ein schöner Schuh, aber leider nur einer! Wenn meine Frau zu Hause nicht so böse und streitsüchtig wäre, dann wollte ich ja gern diesen einen mitnehmen. Komme ich aber mit diesem einen nur zu Hause an, so wird sie mich noch tüchtig ausschimpfen, da ich kein ganzes Paar mitbringe."

So dachte er bei sich, ließ den Schuh stehen und zog mit seinem Ochsen weiter.

Da trat heimlich der Bursche hinter dem Gebüsch hervor, nahm den Schuh, eilte im Wald ein gutes Stück dem Bauern voraus und stellte den Schuh schnell wieder an einem sonnigen Plätzchen auf den Weg.

Der Bauer sieht den Schuh, stutzt, bindet sofort seinen Ochsen an einem Baum fest, eilt zurück und will den anderen Schuh holen, den er weiter hinten gesehen hatte.

„Das wird ein schönes Paar Schuhe für meine Frau. Da wird sie aber Augen machen! Damit wird sie endlich zufrieden sein und mit ihrem ewigen Schimpfen aufhören", dachte der Bauer und suchte den Schuh, fand ihn aber nirgends, so weit er auch den Weg zurückeilte.

Kopfschüttelnd und enttäuscht kehrte er wieder um.

Der junge Bursche hatte unterdessen den Ochsen losgebunden und war mit ihm längst zu dem Räuberhaus im Wald unterwegs.

Wie nun der Bauer auch den Ochsen nirgends mehr finden kann, fängt er laut zu klagen und zu jammern an, denn wie soll er seiner Frau erzählen, daß ihm der Ochse im Wald abhanden gekommen sei.

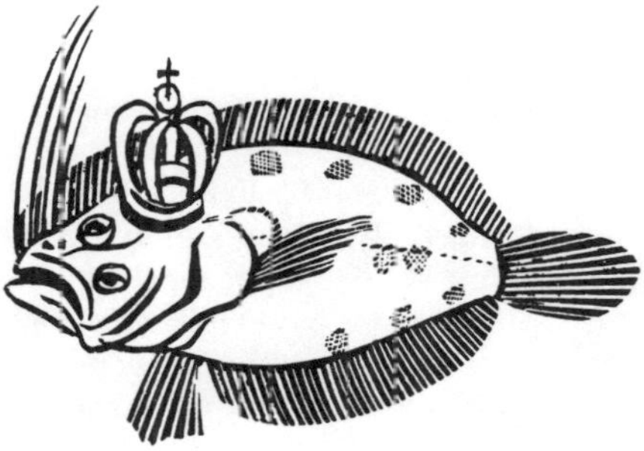

Wie er nun heulend auf dem Waldwege hin und her lief, kam ihm der Gedanke in den Sinn, er könnte ja den zweiten Ochsen zu Hause unbemerkt aus dem Stall holen und auf dem Markt verkaufen. Dann, meinte er, sehe es ja so aus, als sei der Ochse während seiner Abwesenheit von einem Dieb gestohlen worden.

Die Räuber, die sich im Walde versteckt hielten, beobachteten genau, wie der Mann nach Hause rannte, bemerkten alsbald, daß er mit einem zweiten Ochsen durch den Wald gezogen kam.

Die Räuber klopften dem Jungen auf die Schulter und sagten ihm, er habe es fürs erste zwar ganz gut gemacht. Aber als einen der Ihren könnten sie ihn erst dann anerkennen, wenn er unbemerkt auch den zweiten Ochsen stehle.

Das sei nicht allzu schwierig, meinte der Junge, nahm einen längeren Strick und verschwand in dem Wald.

Auf dem Waldwege hängte er sich dann an einem starken Ast unter den Armen auf, so daß es aussah, als hätte er seinem Leben selbst ein Ende gesetzt.

Der Bauer mit seinem Ochsen mußte geradewegs unter dem Baum vorbei und sah die leblose Gestalt am Aste hängen. Bei diesem Anblick ward es ihm doch etwas bange, er machte schnell, daß er weiterkam und dachte bei sich: „Lebendig machen kann ich den Galgenvogel doch nicht mehr, er wollte es wohl so, also soll er auch hängen bleiben!"

Nach einer Weile, als der Bauer außer Sichtweite war, löste der Bursche den Strick unter seinen Armen, sprang vom Baum herunter, lief im Wald ein gutes Stück voran und hängte sich wieder an einem Baum am Wege auf.

„Ist das ein Spuk oder ist es Wirklichkeit, da hängt ja schon wieder einer. Zwei Erhängte gleich an einem Morgen, das ist allerhand und verheißt nichts Gutes für den Tag", dachte sich der Bauer und zog schnell weiter.

Der listige Bursche machte sich bald darauf wieder frei, kletterte vom Baum, eilte voraus und hängte sich an eine hohe Fichte am Wege, unter der in kürzester Zeit der Bauer mit seinem Ochsen entlangkommen mußte.

Der Bauer sah die Gestalt schon von weitem an dem Aste hängen und erschrak zutiefst.

„Sehe ich denn Gespenster? Oder ist es Wirklichkeit? Da hängt wieder einer!"

Nun jagte dem Bauern doch ein Schauder über den Rücken. Er war sich nicht klar darüber, ob ihn ein Spuk narre oder ob sich da wirklich drei Männer im Walde aufgehängt hatten. Er beschloß, der Sache auf den Grund zu gehen und meinte, wenn er die beiden anderen Gestalten nicht mehr hängen sehe, dann sei alles nur ein Geisterspuk am Vormittag gewesen. Er band seinen Ochsen an einen Baum und schritt den Weg zurück.

Der Bursche indes kletterte etwas weiter den Ast entlang, so daß dieser sich unter der schweren Last zu neigen begann. Der Bursche ließ sich daran herunterhängen und sprang dann vollends auf den Boden. Schnell ergriff er den Ochsen am Strick, verschwand mit ihm im Wald und führte ihn auf Umwegen zu dem Haus der Räuber.

Bald kam der Bauer aber den Waldweg zurück und sah, daß sein Ochse verschwunden war. Er rannte den Weg hin und her, er suchte im Walde, er rief, der Ochse blieb verschwunden. Verzweifelt setzte er sich an den Waldesrand und weinte bitterlich. Es war aber weniger der Verlust des Ochsen, der ihn schmerzte, als vielmehr die Furcht vor seiner Frau, die ihn nun ergriff. Er konnte sich nie und nimmer mehr nach Hause trauen.

Als er sich ein wenig beruhigt hatte, beschloß er, sofort aufzubrechen und aus dem Stall zu Hause den dritten Ochsen zu holen. Er hoffte, den dritten Ochsen dann so teuer verkaufen zu können, daß alles wieder ins Lot kommt.

Die Räuber, die hinter den Bäumen saßen und ihn heimlich beobachteten, errieten sofort sein Vorhaben, liefen in ihr Haus zurück und sagten zu dem Burschen, er könne ihr Anführer und Hauptmann werden, wenn er den dritten Ochsen auch noch stehle, ohne daß der Bauer es merke.

Der Bursche nickte nur und verschwand im Wald.

Inzwischen hatte der Bauer den dritten Ochsen zu Hause aus dem Stall geholt, ohne daß seine Frau auch nur das Geringste davon ahnte und merkte. Bald kam er mit seinem dritten Ochsen den Waldweg entlang. Der Bursche saß nicht weit davon bereits hinter Bäumen und Büschen, legte die Hände vor den Mund und fing an, wie ein Ochse zu brüllen, so täuschend ähnlich, daß der Bauer erfreut aufhorchte und dachte, seinen Mastochsen nahe im Wald zu hören.

„Ist einer da, so wird der zweite auch nicht weit sein", dachte er bei sich, band den dritten Ochsen fest und ging auf die Suche in die Richtung, aus der das Gebrüll gekommen war.

Der Bursche war aber längst aus seinem Versteck hervorgeschlüpft, hatte sich in einem Bogen von hinten an den dritten Ochsen herangeschlichen, hatte ihn schnell losgebunden und war eilends mit ihm im Wald verschwunden.

Bald kam er mit dem starken Tier bei dem Haus der Räuber an und brachte ihn dort in den Garten hinter dem Haus.

Die Räuber waren sprachlos. Nun mußten sie den jungen Burschen als ihren Hauptmann anerkennen. Sie taten's, aber sie taten's widerwillig, denn sie hatten nicht geglaubt, daß der Bursche die Aufgaben lösen könnte.

Der Bauer war inzwischen weit im Walde umhergerannt, hatte überall nach seinem Ochsen gerufen, aber nichts gefunden. Als er mit Mühe und Not zu der Stelle an dem Waldweg zurückkehrte, traute er seinen Augen nicht. Der Gehängte war vom Baum verschwunden und sein dritter Ochse war ebenfalls nirgends mehr zu sehen. Da fing er laut zu weinen und zu klagen an und verlor fast den Verstand. Als er sich wieder etwas beruhigt hatte, ging er zwar nach Hause, versteckte sich aber über dem Stall im Heu, da er sich vor dem Zorn seiner Frau mächtig fürchtete. Er wollte erst einmal abwarten, bis sie ihn vermißte. Dann würde sie wohl überall nach ihm suchen und nach ihm rufen. Erst dann wollte er ein Lebenszeichen geben.

Im Haus der Räuber war der junge Bursche nun Hauptmann und konnte den Räubern alles befehlen, was er wollte. Er wies sie an, das Haus sauberzumachen, den Zaun zu flicken, den Hof zu kehren und Arbeiten zu verrichten, die noch nie ein Räuber getan hatte. Wie sie merkten, daß er keine Nachlässigkeiten duldete und keine Faulenzerei, da wollten sie ihm einen Streich spielen und verabredeten sich, alle zusammen heimlich wegzugehen und ihn allein zu Hause zu lassen.

Der junge Bursche aber kam ihnen hinter die Schliche und merkte genau, was sie vorhatten. Er ließ sie alle aus dem Hause gehen, sah ihnen aus einer Dachluke nach und überzeugte sich genau, ob sie auch alle wirklich verschwunden waren.

Nach einer Weile ging er hinaus, band die drei Ochsen los, führte sie auf den richtigen Weg, bis sie allein davontrotteten und dem heimatlichen Stall zustrebten.

Die Ochsen kamen bald zu Hause an, gingen allein in den Stall und brüllten dort aus Leibeskräften, da sie inzwischen Hunger bekommen hatten.

Der Bauer, der über dem Stall saß, kam hocherfreut aus dem Heu hervor, konnte sich nicht erklären, woher die Ochsen plötzlich kamen, sah aber, daß dies kein Spuk war, sondern, daß sie alle drei leibhaftig im Stall standen und nach Futter schrien. Er warf ihnen gehörig Heu vor. Seine Frau, die die Ochsen schon gehört hatte, kam zu ihm in den Stall, und er hatte den glücklichen Gedanken, ihr zu erzählen, die Preise für Ochsen auf dem Markte seien gefallen. Er habe den Ochsen wieder nach Hause gebracht und sie beide damit vor einem großen Verlust bewahrt. Die Frau lobte ihren Mann, machte ihm ein gutes Mittagessen und war fortan längst nicht mehr so bissig, da sie vor einem so umsichtigen Mann nun doch einige Achtung bekommen hatte.

Der junge Bursche im Hause der Räuber hatte inzwischen alles durchsucht und alles gefunden, was die Bande von ihren Raubzügen mit nach Hause gebracht hatte. Er belud die Pferde der Räuber

mit Gold und Silber und mit allen Kostbarkeiten, die er fand, band die Pferde zu einer Karawane an langen Leitseilen zusammen, trug der Alten noch einen schönen Gruß an die Räuber auf und trabte mit den Pferden schnellstens davon.

Erst als er in die Nähe seines Vaterhauses kam, machte er halt. Er hatte auch eine schmucke Uniform unter dem Räubergut gefunden und mitgenommen. Die Uniform hatte einem alten General gehört, den die Räuber eines Tages bestohlen hatten. Diese Uniform kramte er nun hervor und zog sie an. Silberne und goldene Sterne prangten jetzt an seiner Brust. So ritt er vor sein Vaterhaus, stieg ab und fragte an, ob er nicht für eine Nacht Herberge bekommen könnte. Der Vater erkannte seinen Sohn nicht und sagte zu ihm: „Wie könnte ich einen so hohen und vornehmen Herrn beherbergen? Ich habe nur ein altes, elendes Bett und das ist ganz durchgelegen."

„Ein harter Mann, der nicht einmal seinem eigenen Sohn ein Unterkommen gibt", sagte daraufhin der Bursche in seiner Uniform. Der arme Mann fuhr zusammen, sah dem General forschend ins Gesicht und erkannte seinen jüngsten Sohn. Voller Freude umarmte er ihn und fragte, wie er denn in so kurzer Zeit ein so hoher Herr geworden sei. Da lachte der Bursche und meinte gutgelaunt: „Du hast mir beim Abschied deinen Segen gegeben und hast gesagt, ich soll mein Glück versuchen. Und ich hab's versucht! Bei Räubern bin ich gewesen. Sie wollten mich in die Lehre nehmen, aber ich habe ihnen gezeigt, wie man die Lehre an einem Tag hinter sich bringt. Nun bin ich Meisterdieb und habe eine ganze Karawane Güter bei mir. Schau dir die Lasten auf den Pferden an! Aber sei getrost, keinem Menschen ist durch mich ein Leid geschehen. Alles, was ich hier mitbringe, stammt aus dem Hause der Räuber. Da keiner mehr weiß, wem all dieses Gold und Silber und die vielen Kostbarkeiten gehören, so gehören sie eben uns."

Der Vater kam aus dem Staunen nicht mehr heraus. Nun waren sie reich und brauchten nicht mehr zu darben.

Die Räuber aber haben nie erfahren, wohin der junge Bursche mit ihren Pferden und all ihren Schätzen gezogen war.

III. Von Schlauköpfen und Drachentötern

Die Märchentruhe des Balkan

Die Schlangenbraut

Es war einmal ein Bauer, der hatte drei Söhne. Der älteste Sohn hätte schon lange gern eine Frau gehabt, aber er traute sich nicht, seinem Vater von diesem Wunsch zu erzählen. Auch der mittlere Bruder wollte gern heiraten, und so taten sich beide zusammen, schnürten ihr Ränzlein und wollten in die Welt hinausziehen, um sich eine Frau fürs Leben zu suchen.

„Wir sind arme Leute, wie wollt ihr denn beide zugleich zwei Frauen finden? Zuerst gehe du, mein Sohn!" sprach der Vater zum Ältesten. Und er meinte, wenn es ihm gelänge, eine Frau zu finden, dann solle auch der zweite Sohn auf Suche gehen.

Der älteste Sohn brach sofort auf und kam bald in einen großen Wald. Bei dem Gedanken, bald eine Frau nach Hause zu führen, sang und pfiff er in einem fort. Nach langer Wanderschaft durch den dichten Wald kam er zu einem kleinen Häuschen, in dem ein alter Mann von 107 Jahren lebte.

„Du singst und pfeifst so schön, wohin bist du denn unterwegs, mein Söhnchen?" fragte ihn der alte Mann.

„Ich bin auf dem Wege, mir eine Frau zu suchen. Zwar bin ich arm, vielleicht aber finde ich doch eine, die mich zum Mann nimmt."

Da sprach der alte Mann zu ihm: „Gott wird es geben. Bleibe nur auf diesem Wege, dann kommst du bald aus dem Wald und findest ein Häuschen. Dort klopfe an, dann wird dein Glück dir winken."

Der älteste Sohn bedankte sich für den guten Rat, wanderte auf dem Wege weiter und fand tatsächlich ein Häuschen am Waldesrand. Dort klopfte er an und sagte getreulich, daß er auf Brautschau sei. Er gewahrte drei hübsche Mädchen im Hause, auf die die Mutter nun zeigte und ihn fragte, welche von den dreien ihm am besten gefalle. Der älteste Sohn suchte sich die größte der drei Töchter aus, bekam von der Mutter den Segen dazu, und so war er am dritten Tag schon wieder zu Hause bei seinem Vater. Die beiden anderen Brüder staunten nicht schlecht, als der Älteste eine Frau mit sich brachte.

Nun hielt es den mittleren Bruder nicht mehr länger. Der Vater gab ihm die Erlaubnis zur Abreise, und bald kam auch er zu dem Greis mit 107 Jahren im Wald. Der alte Mann schickte ihn zu dem Häuschen am Waldesrand, und dort durfte sich der mittlere Bruder von den beiden Mädchen eine zur Frau aussuchen. Nach drei Tagen schon klopfte auch er, mit einer Frau im Arm, wieder beim Hause seines Vaters an.

Da nun zwei Frauen im Haus waren, hielt es auch den jüngsten Sohn nicht mehr. „Ich will auch heiraten, auch wenn ihr mich für einen Dummkopf haltet. Mich wird schon noch eine nehmen, auch wenn ich längere Zeit suchen muß." Der Vater wollte ihn zuerst zurückhalten und versuchte, ihm die Sache auszureden. Er sah aber bald ein, daß dies vergeblich sei, und gab auch dem jüngsten Sohn seinen Segen.

Fröhlich pfeifend schritt der jüngste Sohn über die Felder. Bei einer alten Weide am Wegesrand vernahm er plötzlich eine helle, unbekannte Stimme: „Michel, was pfeifst du so fröhlich, wohin gehst du denn?"

„Ich wandere hinaus in die Welt und will mir eine Frau suchen."

„Diesen Wunsch kann ich dir sofort erfüllen", antwortete die unbekannte Stimme, „du brauchst nur mich zur Frau zu nehmen!" Michel schaute sich überall um, konnte aber nichts entdecken und rief: „Wo stehst du denn, wer bist du denn, woher kennst du meinen Namen?"

„Ich bin die Schlangenkönigin. Tritt näher her zur Weide und schau einmal herein!" Michel hatte es jetzt ganz deutlich gehört, die Stimme kam aus der hohlen Weide. Er trat näher und blickte in die Höhlung. Da zuckte er zurück, erschrak gewaltig und ließ vor Schrecken seinen Wanderstab fallen. In der hohlen Weide lag eine lange, scheußliche Schlange, die auf ihn zukroch und ihm mit ihrer gespaltenen Zunge entgegenzischte.

„Du brauchst dich nicht zu fürchten, ich tue dir nichts Böses. Du hast dein Glück jetzt in der Hand. Höre mich an und befolge, was ich sage. Ich gebe dir jetzt dieses Schlüsselchen, mit dem du dir viele Wünsche erfüllen kannst. Drehst du es dreimal in der Tasche um und sprichst einen Wunsch dabei aus, so werde ich dir diesen Wunsch sofort erfüllen. Mache dich schnell auf den Heimweg und bereite das Hochzeitsmahl vor. Dann komme mit einem Leiterwagen zur Weide und hole mich ab. Zuvor aber fange sieben Geier ein, sechs schwarze und einen weißen. Diese sieben Geier sollen auf dem Wagen sitzen, wenn du mich holst."

Michel nahm kopfschüttelnd das Schlüsselchen an sich und merkte gleich, daß es von purem Gold war. Schnell eilte er nach Hause und erzählte alles seinem Vater und seinen Brüdern, was er auf seinem Weg erlebt hatte. Der Vater wiegte den Kopf hin und her und sagte schließlich: „Dann versuche es einmal mit dem goldenen Schlüssel. Wir werden ja sehen, ob der Zauber wirkt."

Michel hatte inzwischen tüchtig Hunger bekommen, drehte das goldene Schlüsselchen dreimal in der Tasche um und rief: „Eine Schüssel Strudel auf den Tisch!"

Kaum hatte er diese Worte ausgesprochen, da standen auch schon duftende, frisch gebackene Strudel auf dem Tisch des Hauses. Da Michel auch ganz gehörigen Durst bekommen hatte auf seiner Reise, drehte er wieder das goldene Schlüsselchen dreimal um und rief: „Drei Kannen Wein dazu!" Und siehe, da standen auch schon drei Kannen Wein auf dem Tisch.

Der Vater, die Brüder und die Schwägerinnen wunderten sich sehr und konnten sich vor Staunen kaum fassen. Sie langten richtig zu, und als die Speisen und der Wein ihnen gar köstlich schmeckten, beschlossen sie, noch am selben Tage die sieben Geier zu fangen und am nächsten Morgen mit dem Leiterwagen zu der hohlen Weide zu fahren.

Am anderen Tag brachen sie früh mit ihrem Wagen auf und fuhren hinaus aufs Feld. Auf dem Wagen saßen sieben Geier. Bei der Weide angekommen, waren sie alle doch recht furchtsam und wagten nicht näher zu treten. Der Bräutigam Michel aber trat bis zu der Höhlung der Weide und hatte keine Furcht vor der Schlange, die mit ihrer gespaltenen Zunge und mit heller Stimme zu reden begann: „Fürchte dich nicht, Michel. Alles wird gut werden. Vor mir braucht niemand Angst zu haben!“ Mit diesen Worten kroch die Schlange auf den Wagen und schlängelte sich an die rechte Seite ihres Bräutigams. Zu Hause wartete das Hochzeitsmahl. Der Bräutigam nahm am Tische Platz, und neben ihm lag unter dem Tisch die Schlange, die immer wieder ihren Kopf über den Tisch erhob und sich an ihren Bräutigam schmiegte. Die Hausgenossen und die geladenen Gäste setzten sich ein gutes Stück weit von dem Brautpaar entfernt an den Tisch. Alle hatten schreckliche Angst. Die beiden älteren Brüder unterhielten sich grinsend über Michel, der so eine Frau mit nach Hause gebracht hatte. Das leckere Hochzeitsmahl ließen aber auch sie sich gut schmecken. Nach langem Essen und Trinken schlug es Mitternacht. Mit jedem Schlag der Glocke barst die Haut der Schlangenbraut mehr entzwei, und plötzlich saß ein wunderschönes Mädchen neben dem Bräutigam am Tisch. Es war in goldene Gewänder gekleidet und trug ein goldenes Krönchen auf dem Kopf.

„Mein lieber Michel", sprach da die schöne Braut, „du hast mich als Schlange zur Frau genommen und hast mich dadurch erlöst. Nun bin ich dein und werde dein bleiben. Auf dieser Welt können nur Hacke und Schaufel uns trennen."

Da wurde ein brausendes Fest gefeiert, viele Schüsseln Strudel wurden leergegessen und viele Kannen Wein leergetrunken.

Michel und seine Frau aber lebten als glückliches Paar. Vielleicht leben sie noch heute, denn nur Hacke und Schaufel können sie trennen.

Der Weg ins Paradies

Es kam einmal ein Bettler in ein fremdes Dorf und suchte nach einem Nachtlager. Er führte einen alten Gaul mit sich, der einen klapprigen Karren zog. Im Freien konnte er nicht mehr übernachten, denn das Land war schon mit einer leichten Schneedecke überzogen, und es war empfindlich kalt geworden. Er klopfte an die Türen der großen Bauernhöfe, aber die reichen Bauern sagten, in ihre Ställe passe kein Gaul mehr hinein, das Vieh dränge sich ohnehin schon an den Krippen.

Ein armer Bauer sah, wie der Bettler überall abgewiesen wurde, hatte Mitleid mit ihm und nahm ihn auf.

„Bei meinem Esel und bei meinen wenigen Kühen wird auch noch Platz für deinen Gaul sein!" sagte der Bauer und holte den Bettler in die warme Wohnstube. Getreulich teilte er mit ihm das Abendbrot und schenkte ihm auch noch das letzte Viertel Wein ein, das er in einem Kruge aufbewahrt hatte. Neben dem Ofen richtete er seinem Gast dann ein bequemes Nachtlager her; auf einigen Garben weichen Strohs breitete er sorgsam die Decken aus, mit denen er in kalten Winternächten selbst seinen Esel zudeckte!

„Da kannst du hinunterkriechen und brauchst nicht zu frieren in der Nacht", meinte der Bauer und versorgte im Stall auch noch den Gaul des Bettlers.

Bald nach Sonnenaufgang am nächsten Morgen nahm der Bettler Abschied. Fest drückte er die Hand des Bauern und sagte: „Sei vielmals bedankt für deine Gastfreundschaft. Besuche mich bald in meinem Hause und sei dann mein Gast, ich bitte darum!"

Der Bauer lachte und meinte: „Wo ist denn dein Zuhause? Ich finde da kaum hin, denn ich weiß nicht, woher du gekommen bist."

„Das ist leicht zu finden", antwortete der Bettler, „du brauchst nur der Spur meines Wagens nachzugehen, dann findest du schon hin."

Der Bauer versprach ihm, einmal einen Besuch bei ihm abzustatten, wenn seine Arbeit es ihm gerade erlaube. Der Bettler rumpelte alsbald mit seinem klapprigen Wagen zum Tor hinaus.

Der Bauer ging in den Stall, um nach seinem Esel und nach seinen Kühen zu sehen. Was war das? Da glänzten im Mist, da wo der Gaul des Bettlers gestanden hatte, vier silberne Hufeisen.

„Ein Bettler und silberne Hufeisen, wie ist das möglich?" fragte sich der Bauer, hob sie auf und beschloß, die Hufeisen gleich dem Bettler nachzutragen.

„Wie kann der arme Mann bloß seinen Gaul mit silbernen Hufeisen beschlagen lassen?" sinnierte er vor sich hin, als er auf dem Hof seinen Esel einspannte.

Dort aber, genau da, wo der alte Karren des Bettlers gestanden hatte, lagen zwei silberne Schrauben.

„Wo will der Mann all das Silber herhaben?" rief der Bauer aus. „Das muß ja ein Fürst im Bettlerkleid gewesen sein!"

Der Bauer trug alles zusammen, legte es an einen sicheren Platz und überlegte, ob es nicht besser sei, dem Bettler alsbald einen Besuch abzustatten. Der Bauer, der ein fleißiger Mann war, entschloß sich aber dann doch, zuerst seiner Arbeit nachzugehen und die Reise etwas zu verschieben. Auf seinem Weg durchs Dorf und durch die Felder entdeckte er, daß der Karren des Bettlers eine silbern glänzende Spur auf dem eingeschneiten Weg hinterlassen hatte. Der Bauer schüttelte seinen Kopf über diesen seltsamen Bettler und konnte sich das alles nicht erklären.

In den nächsten Tagen gab es viel Arbeit im Wald, in den folgenden Wochen im Stall und in den nächsten Monaten auf den Feldern, und so kam der Bauer nie dazu, einmal seinen Esel einzuspannen und den Bettler aufzusuchen. Da wurde auch noch seine Frau krank, er mußte für die kleinen Kinder sorgen und hart arbeiten, damit er die hohe Pacht für die Felder bezahlen konnte.

Sturm und Hagel beeinträchtigten ihm in einem Jahr die Saaten, Feuer in einem anderen Jahr die Ernte in der Scheune. Krankheiten im Stall brachten Unglück, und er hätte lange schon einen neuen Esel kaufen sollen.

Der Bauer aber war ein gutherziger Mensch und gab dem alten Esel das Gnadenbrot, Geld für einen zweiten Esel hatte er nicht. So kam er ganz von seiner Reise ab, nur die silbernen Hufeisen und Schrauben verwahrte er immer noch an einem sicheren Platz in seinem Haus.

Die Jahre zogen ins Land, die Kinder zogen aus dem Haus, und als auch noch seine Frau starb, da war er ganz allein auf seinem kleinen Hof. Und wie er so an all die Jahre zurückdachte, da fiel ihm beim Nachdenken auch der seltsame Bettler mit seinem Gaul und seinem klapprigen Karren ein.

Gleich sah er nach, ob die Hufeisen und die Schrauben noch an ihrem Platze lagen. Alles war getreulich verwahrt, und das Silber blinkte und glänzte ihm entgegen. Er ging hinaus aufs Feld und schritt mit seinem Esel den Weg entlang, den der Bettler damals gefahren war – und da leuchtete ihm silbrig die Wagenspur aus dem Gras entgegen.

Der Bauer beschloß, noch am selben Tag aufzubrechen. Über Berge und Täler ging er der Spur nach, in der Nacht fand er seinen Weg durch den Silberglanz, der durch Steine, Gräser und Büsche aufschimmerte. Er entfernte sich immer weiter von seinem Haus, an fremden Städten kam er vorbei, und er wanderte durch viele unbekannte Dörfer. Als er an einen tiefen Fluß kam, führte eine kleine Holzbrücke darüber. Der Bauer betrat sie, und als er mit seinem Esel am anderen Ufer angekommen war, kam ihm alles noch unbekannter vor, und er wußte nun, daß er in einem ganz fernen Land angekommen war.

Nach geraumer Weile gelangte er zu einer zweiten eisernen Brücke, die gar hoch in den Himmel hinaufzusteigen schien. Voller Staunen zog der Bauer seinen Esel mit hinüber und war nun ganz verblüfft, denn in diesem Land stand alles schon in Blüte, obwohl bisher überall Winter gewesen war. Der Bauer kam schließlich an eine dritte Brücke, die aus klarem, hellem Silber gefertigt war. Das Silber schien in Gold überzugehen und glänzte wie die Sonne. Er mußte seine Augen bedecken, denn ein solcher Glanz ging von dieser Brücke aus. Er zog seinen Hut tief über die Augen und schritt mit seinem Esel vorsichtig über die Brücke. Nach längerer Wanderung gelangte er zu einer langen, langen Mauer aus Marmor, die in allen Farben schimmerte. Die Steine, aus denen das Tor gemauert war, schienen ihm kostbare Edelsteine zu sein.

Und siehe, durch dieses wunderbare Tor lief die silberne Wagenspur. Nun war kein Zweifel mehr möglich, hier mußte der sonderbare Bettler von damals wohnen. Der Bauer tätschelte seinen Esel zufrieden und glücklich und ließ ihn auf der Wiese bei dem Tor weiden. Mit den silbernen Hufeisen und Schrauben in der Tasche trat er ans Tor und drückte den goldenen Griff hinunter. Was war das? Vor ihm öffnete sich ein Land wie das Paradies selber. Täler und Berge überblickte er, Quellen und Bäche plätscherten zwischen den

Wiesen. Über den Bäumen sangen Vögel mit dem buntesten Gefieder. Endlos dehnten sich da Blumenfelder in den zartesten Farben. Der Gesang der Vögel war wie Musik in seinen Ohren, über das Land zog der Duft von goldenem Wein. Wie weit er auch durch dieses Blütenland wanderte, er verspürte weder Hunger noch Durst.

Da – mit einem Mal – trat ihm unter den blühenden Fruchtbäumen der Bettler von damals entgegen. Voller Freude begrüßten sie sich, und der Bauer sagte: „Es war ein langer Weg zu dir. Ich danke Gott, daß er mich schließlich zu dir geführt hat. Hier, nimm, das sind die Hufeisen und die Schrauben, die du bei mir vergessen hast."

Der Bettler nahm sie ihm ab und legte sie vorsichtig ins Gras. Da fragte ihn der Bauer, wo er denn nun eigentlich sei, und wie das Land heiße, in dem er sich befinde. Der Bettler lächelte freundlich, aber bevor er antworten konnte, rief der Bauer aus: „Herrje, ich habe meinen Esel noch vor dem Tor. Er weidet dort. Ich will ihn holen, und dann kannst du mir alles erklären!"

Der Bettler begleitete den Bauern bis zum Tore. Dort verabschiedeten sie sich.

„Heute abend sehen wir uns wieder. Ich erwarte dich", sagte der Bettler und hielt die Hand des Bauern lange in der seinen.

Wo der Bauer auch suchte, seinen Esel konnte er nirgendsmehr finden. Durch alle Gärten und Blumenfelder lief er, über alle Hügel und Berge und über die drei Brücken. Nirgendwo fand er den Esel. Nach langer vergeblicher Suche machte er sich schließlich auf den Heimweg, zumal ihm die Landschaft auch schon bekannt nun vorkam. In seinem Dorf angekommen, fand er sich kaum zurecht. Die Häuser schienen ihm neu zu sein, die Menschen waren ihm fremd, ja, er erkannte seine eigenen Kinder und Enkel nicht mehr. Jeder sah ihn verwundert an. Auf seine Fragen konnte ihm niemand antworten.

So glaubte der Bauer allmählich, er träume einen tiefen Traum. Er spürte eine schwere, ihm bisher unbekannte Müdigkeit und er mußte sich hinlegen, da er seine Augen nicht mehr offenhalten konnte. Er fühlte, wie Menschen sich um ihn versammelten. Er versuchte immer wieder, die Augen aufzumachen, aber er merkte, daß eine kühle Hand ihm die Augen schloß. – Plötzlich fand er sich wieder in dem wunderbaren Land unter den Fruchtbäumen, bei denen der Bettler schon auf ihn gewartet hatte. Sein Gastgeber nahm ihn bei der Hand und führte ihn in sein stattliches Haus. Von dieser Stunde an blieb der Bauer bei dem Bettler. Das Land, in das die silbrige Wagenspur ihn geführt hatte, war das Paradies selbst.

Die kleine Vila

Es war einmal ein König, der in seinem Reiche gerecht herrschte und von allen Untertanen sehr geliebt wurde. Eines Tages sprach er zu der Königin: „Frau, es ist Zeit, daß wir unseren Sohn verheiraten."

Die Königin stimmte sogleich zu, denn sie hatte schon lange den gleichen Gedanken. Obwohl die beiden nur den einen Sohn hatten, wollten sie doch seine Hochzeit noch zu einer Zeit ausrichten, in der sie selbst noch beide rüstig waren.

So wurde ein großes Fest veranstaltet, zu dem die reichsten und vornehmsten Mädchen aus dem ganzen Lande eingeladen wurden.

Das Schloß erstrahlte von Gold, Silber und Edelsteinen, und an der langen Festtafel brannten tausend Kerzen. Die Mädchen waren in wundervollen Kleidern erschienen und wie Blumen anzusehen. Am Abend spielten die Musikanten zum Reigen auf. Die Mädchen faßten sich an den Händen und schritten und tanzten anmutig durch Schloß und Garten. Dabei sahen sie alle mit verliebten Blikken den Königssohn an und wollten ihn gar nicht mehr aus den Augen lassen.

Erst gegen Mitternacht endete das Fest, und die Gäste brachen auf. Dem Königssohn war noch nicht nach Schlafen zumute. Er ging in den Garten, der im leuchtenden Schein des Mondes dalag und in dem man nicht nur die Wege, sondern auch die einzelnen Blumen und Gräser ganz deutlich sehen konnte.

Ein köstlicher Blütenduft erfüllte den nächtlichen Garten. Der Königssohn war noch erfüllt von all den wundervollen Stunden des Festes; viele schöne Mädchen hatte er gesehen, aber für keines von ihnen hatte er sich entschließen können. In Gedanken versunken, ging er durch den mondhell erleuchteten Garten.

Was war das? Vor ihm auf dem Wege stand plötzlich eine kleine wundersame Gestalt, so klein nur wie eine Zwiebel. Ein Mädchen war es mit langem Haar und einer goldenen Krone auf dem Köpfchen. Sein Kleidchen war aus feinstem Leinen und kunstvoll mit Gold bestickt. Da war kein Zweifel möglich: Dies mußte eine Vila sein, wie sie in hellen Mondnächten manchmal den Menschen erschien. Der Königssohn blieb staunend stehen und betrachtete entzückt die kleine Gestalt. Da war es, als klinge ein Glöckchen, denn mit so heller Stimme hob nun die Vila zu sprechen an: „Schöner Königssohn, ich war heute zu Gast bei deinem Fest, es war sehr schön. Aber ich hielt mich unter einer Blume im Garten verborgen und trat nicht in den Reigen mit den Mädchen, denn ich bin so klein. Ich mache dir lieber hier meine Aufwartung, da der Schein des Mondes mein Sonnenschein ist."

Die ganze Erscheinung und die glockenhelle Stimme bezauberten den Königssohn. Er trat zu der kleinen Vila und faßte sie an ihrer kleinen Hand. Da trat der Mond eben hinter eine Wolke – und die kleine Vila war verschwunden. Dem Königssohn aber war ein kleiner Handschuh in der Hand geblieben, so winzig, daß er kaum seinen kleinen Finger damit bedecken konnte.

Kopfschüttelnd kehrte er ins Schloß zurück, sprach aber mit niemandem über seine nächtliche Begegnung.

Kaum war in der kommenden Nacht der Mond wieder aufgegangen, da trat der Königssohn auch schon in den Garten, um nach der kleinen Vila Ausschau zu halten. Er suchte alle Wege ab, blickte unter jede Blume und unter jeden Strauch, aber die kleine Vila war nirgends zu entdecken. Da nahm er voller Wehmut und Sehnsucht den kleinen Handschuh aus der Tasche und küßte ihn. Und siehe, da stand die kleine Vila auch schon vor ihm. Dem Königssohn schlug das Herz höher, er war überglücklich. Leise plaudernd gingen sie lange im Garten spazieren. Mit ungläubigem Staunen zuerst, dann mit wachsender Neugier, bemerkte der Königssohn, daß das Mondscheinmädchen immer größer wurde, während er sich mit ihm unterhielt. Als sie endlich voneinander Abschied nahmen, da war sie gut noch einmal so groß wie zur Stunde ihrer Begrüßung. Der kleine Handschuh, den ihr der Königssohn zurückgab, paßte nun nicht mehr an ihr Händchen.

„Du kannst ihn als Andenken behalten", sagte die kleine Vila. Der Königssohn küßte den Handschuh und sprach: „Ich werde ihn immer bei mir behalten und an meinem Herzen tragen."

Seit diesen Abend trafen sie sich nun jede Nacht im Garten beim Schein des Mondes. Der Königssohn konnte es kaum erwarten, bis es Abend wurde. Rastlos und voller Sehnsucht wanderte er durch den Palast, war kaum ansprechbar und hielt immer wieder Ausschau, ob sich nicht bald die Sichel des Mondes am Himmel zeige.

Jede Nacht spazierten sie zusammen im Garten, und mit jeder Nacht gewann der Königssohn die kleine Vila noch lieber.

In jeder Nacht wuchs das zauberhafte Mädchen ein Stückchen – und nach neun Nächten war sie so groß geworden wie der Königssohn selbst.

Nun stand der Vollmond rund und schön am Himmel. Voller Entzücken sah der Königssohn auf das schöne Mädchen. Voller Liebe sagte die Vila zu ihm: „Wir können heute lange beisammen sein – und solange der Mond in den nächsten Tagen den Garten erhellt, solange komme ich zu dir!"

„Nein, nein", rief da der Königssohn, „nicht nur, solange der Mond scheint, ich will dich immer bei mir haben, ohne dich kann ich nicht mehr leben. Du mußt meine Frau werden, und eines Tages sollst du die Königin in diesem Lande sein!"

Da antwortete die Vila mit glockenheller Stimme: „Auch ich habe dich von Herzen gern. Deine Frau will ich aber nur dann werden, wenn du mir versprichst, nur mich allein das ganze Leben liebzuhaben!"

„Nur dich allein will ich lieben", rief da der Königssohn und umarmte voller Freude die schöne Vila.

„Gut", sagte das schöne Mädchen, „ich werde deine Frau; aber merke dir, nur so lange werde ich an deiner Seite sein, wie du dein Wort hältst!"

Mit vielen Küssen verscheuchte da der Königssohn die letzten Zweifel der schönen Vila.

Der König und die Königin hatten mit Sorgen die Veränderung wahrgenommen, die in den vergangenen Tagen mit ihrem Sohn vor sich gegangen war. Blaß sah er aus, übernächtigt und voller Unrast war er. Wie glücklich waren sie nun, als er ihnen eine so schöne Braut vorstellte.

Eine glanzvolle Hochzeit wurde gerichtet. Alle Gäste waren erstaunt, welche schöne und kluge Braut an der Seite des Prinzen an der Tafel saß.

Sieben Jahre lebten sie glücklich und einträchtig, da sie in großer Liebe einander zugetan waren.

Da starb der alte König an einer kurzen, aber unheilbaren Krankheit. Aus dem ganzen Reich kamen viele Leute zusammen, um ihm das letzte Geleit zu geben. Die Totenwache hielten die schönsten Töchter des Landes, es waren Töchter großer Herren des Reiches.

Eine davon, mit schwarzen Augen und rotem Haar, sah bei der Totenwache aber weniger auf den toten König als vielmehr auf den jungen Königssohn. Er sah es genau, inmitten ihrer Gebete blickte sie immer wieder verstohlen zu ihm herüber. Dies gefiel dem Königssohn sehr wohl, denn das Mädchen war außerordentlich schön.

Bei dem großen Trauerzug zur Grabstätte schritt der Königssohn mit seiner Frau am Arm hinter dem Sarg. Auf diesem Wege blickte er dreimal zu dem rothaarigen Mädchen hinüber, das seine Blicke sofort erwiderte. Da stolperte seine Frau über ihr Kleid und fiel hin, so daß er ihr aufhelfen mußte.

Die Frau des Königssohns flüsterte ihm ins Ohr: „Schau nur, mein Kleid ist zu lang!"

Und siehe, sie war ein gutes Stück kleiner geworden, aber der Königssohn bemerkte es nicht.

Nach der feierlichen Bestattung ging das rothaarige Mädchen Seite an Seite mit dem Königssohn zurück ins Schloß zum Toten-

mahl. Er konnte es nicht unterlassen, sie immer wieder anzublikken. Dabei bemerkte er gar nicht, daß seine Frau immer kleiner und kleiner wurde.

Kaum waren sie im Schloß angekommen, da war seine Frau ganz verschwunden.

Der Königssohn wurde nach dem Totenmahl zum König ausgerufen und war nun Herrscher im Reiche.

Da nahm er das verführerische Mädchen mit den schwarzen Augen und den roten Haaren zur Frau und machte sie zur Königin.

Das Glück mit ihr währte aber keine drei Tage. Zuerst verlangte sie ein Bett, das mit Diamanten besetzt sein sollte, dann wollte sie goldene Schuhe mit silbernen Nägeln nicht nur für sich, sondern für die ganze Dienerschar. Immer fielen ihr neue Dinge ein, die nicht einmal ein König beschaffen konnte. Erfüllte ihr Gemahl aber nicht gleich ihre neuen Wünsche, dann stritt sie mit ihm und beschimpfte ihn.

Bald konnte er es nicht mehr ertragen und schließlich jagte er sie davon.

Da erst kam er wieder zur Besinnung und sah ein, daß er seinen Schwur von damals gebrochen hatte. Nun erinnerte er sich genau wieder an die Worte der kleinen Vila, als sie ihm damals im Garten ihr Jawort gegeben hatte.

Kaum war die Sichel des Mondes am Himmel erschienen, da wanderte der König rastlos in seinem Garten auf und ab, und man konnte ihn jede Nacht klagend nach jemand rufen hören.

Nacht für Nacht rief er die gute und treue Vila und beschwor sie, zu ihm zurückzukehren. Wieder und wieder wechselte der Mond, und die Jahre zogen ins Land. Der König wurde ein alter Mann. Aber so lange er auch wartete, die Vila kehrte nie mehr zurück.

Die zwölf Brocken

Es war einmal ein Zar, dem seine allzufrüh verstorbene Frau einen kleinen Knaben hinterlassen hatte – ein liebes Kind, das aber viel weinte. Als der Zar einmal auf die Jagd gehen wollte, hing sich der Kleine an seinen Hals und weinte und weinte. Der Zar sah ein, daß er dem Kleinen bald wieder eine Mutter geben müßte, und beschloß deshalb, sich wieder zu verheiraten. Mit vielen Worten beruhigte er das Kind und ritt aus zur Jagd. Auf dem Weg in waldige Jagdgründe traf er im Gebirge eine schöne und stattliche Frau, die aus einer Quelle Wasser in zwölf Kürbisflaschen schöpfte. Der Zar hielt inne und fragte die Frau, warum sie das tue.

„Ich ernähre mich damit", antwortete die Frau, „denn für jede Flasche mit Quellwasser bekomme ich einen Brocken Brot. Jeden Tag verdiene ich auf diese Weise zwölf Brocken." Da meinte der Zar, ob sie mit zwölf Brocken überhaupt satt werde. Die Frau entgegnete ihm: „Das reicht nicht nur für mich aus, sondern auch noch für meine Tochter, die sich zuerst von dem Brot satt essen darf." Der Zar hörte dies alles zu seiner Verwunderung. Die junge Frau gefiel ihm sehr, und er dachte bei sich, sie könnte für seinen Knaben eine gute Mutter und für den ganzen Hof eine gute Herrin sein. So gab er sich zu erkennen und fragte die Frau, ob sie Zarin werden wolle. Die Frau gab ihm sogleich ihr Jawort, er führte sie heim in seinen Palast und ließ die Hochzeit richten.

Nun hatte das Zarensöhnchen eine Gespielin. Die Tochter der Zarin war noch jünger als der kleine Knabe, aber die Kinder gewannen sich sehr lieb und vertrugen sich gut miteinander. Bekam der Zar etwas besonders Schönes, so gab er es den Kindern weiter, die das Geschenk wiederum redlich unter sich teilten.

Die junge Zarin jedoch sah dies alles mit Neid und Mißvergnügen. Sie gönnte es dem Zarensohn nicht, daß er neben ihrer Tochter Geschenke erhielt und ersann einen bösen und heimtückischen Plan, um Vater und Sohn zu verfeinden. Sie erzählte dem Zaren immer wieder von schrecklichen Träumen. In diesen Träumen, so berichtete sie, habe sie genau gesehen, wie der Zar von seinem Sohn vom Thron gestoßen und zum Bettler gemacht wurde. Zuerst schlug der Zar diese Erzählungen in den Wind. Dann aber geriet er allmählich in Unruhe, und als seine Frau ihm immer wieder von solchen Träumen erzählte, entschloß er sich eines Tages, seinen Sohn aus dem Palast zu jagen. Der Prinz, der inzwischen zum Jüngling herangewachsen war, mußte Bettlerkleider anziehen und den Königshof verlassen. Bitter war es für ihn, in die Fremde gehen zu müssen, aber noch bitterer, daß ihm dies alles sein Vater antat.

Wie er so durch die Welt wanderte, kam er auch an einer Höhle vorbei, in der ein alter, weißbärtiger Einsiedler lebte. Es war schon Mitternacht, als der Zarensohn in diese Gegend kam, und so erschrak er sehr, als er aus der Höhle lautes Wehklagen hörte. Der Prinz überlegte, was dies bedeuten könnte, und dachte sogleich, daß jemand in großer Not sein müsse. Er drang in die Höhle ein und sah den Einsiedler krank und hinfällig auf seinem Lager liegen. Der Mann hatte die Schritte vor der Höhle gehört und in seinem Elend vor Durst laut gerufen. Der Zarensohn lief schnell hinunter zu einem Bach, hatte aber keinen Becher und schöpfte daher das Wasser in seine hohle Hand. Schnell stieg er wieder zur Höhle hinauf, fiel aber auf dem Wege hin und verletzte sich das Knie. Es gelang ihm jedoch, dem Alten noch etwas Wasser in der hohlen Hand an die Lippen zu führen. Erfrischt und erfreut sprach da der Einsiedler zu ihm: „Mein Sohn, höre mich an! Ich bin zwar krank und durstig, aber ich seufze vor allem deswegen, weil ich weiß, wieviel Elend und Bosheit es in dieser Welt gibt. Nun aber sehe ich, daß es noch mitfühlende Menschen gibt. Dies ist mir eine große Freude. Ich will dir geben, was du verlangst; es ist dein, wenn ich es habe und dir geben kann." Der Zarensohn setzte sich zu dem Alten ans Lager und sagte ihm, daß ihn ein großer Kummer getroffen habe.

„Wenn du dagegen ein Mittel weißt, so bitte ich dich um Hilfe", brachte der Prinz mit leiser Stimme hervor. Da holte der Einsiedler eine kleine Flöte unter seinem Lager hervor und sprach zum Prinzen: „Ich glaube, ich kann dir helfen. Diese Flöte wird dich für dein ganzes Leben froh machen. Wenn du auf ihr spielst, wird dein Herz vor Freude tanzen! Und du wirst es bald erleben, daß alle Lebewesen um dich herum zu tanzen beginnen, wenn die Flöte ertönt. Und du wirst sehen, daß sie nicht zu tanzen aufhören, solange du auf ihr spielst."

Der Prinz bedankte sich bei dem alten Mann und nahm von ihm Abschied. Kaum konnte er es erwarten, die Flöte an die Lippen zu setzen. Er wollte aber dabei ganz allein sein und entfernte sich daher ein großes Stück von der Höhle. Endlich war er ganz allein im Wald und konnte zu spielen beginnen. Wundersame süße Töne entlockte er dieser Flöte. Das Herz tanzte ihm vor Freude im Leib. Verwundert sah er, wie in der Ferne ein Eichhörnchen nach diesen Tönen tanzte. Frohgemut wanderte der Prinz weiter und kam schließlich zu einem wohlhabenden Bauern, bei dem er seine Dienste anbot. Auf der Weide bei den Schafen durfte er die Flöte allerdings nicht spielen, denn die Schafe hörten dann zu weiden auf und tanzten alle auf der Wiese herum.

Eines Abends zog er mit seiner Herde nach Hause. Von weitem hörte er einen merkwürdigen Klagegesang. Kaum war er zu Hause angekommen, da sah er, welch ein Unglück geschehen war. In der vergangenen Nacht nämlich war der Bauer auf einen Elfentanzplatz geraten. Das dulden die Elfen niemals, und so hatte die Elfenkönigin ihm beide Augen ausgestochen. Der Bauer, seine Familie und sein Gesinde sangen darum herzergreifend Klagelieder. Der Zarensohn beschloß, sofort zu dem Elfentanzplatz aufzubrechen und die Augen seines guten Herrn zu suchen. In eine Tasche tat er Brot, Salz und Zwiebeln hinein, steckte die Flöte dazu und ging genau den Weg entlang, den sein Herr in den Klageliedern beschwor. Keinem Menschen erzählte er etwas von seinem Vorhaben. Auch seine Schafe ließ er zurück. Als er ins Gebirge kam, klopfte ihm doch sein Herz im Leibe, denn er sah, daß sich die Elfenkönigin auf einer Lichtung niedergelassen hatte. Zwölf Elfen lösten und flochten ihr das Haar, das im Mondschein golden leuchtete. Er schlich sich noch näher an den Tanzplatz heran. Da hörten die Elfen plötzlich auf, das Haar zu flechten. Die Königin, die halb geschlafen hatte, schlug plötzlich die Augen auf. Blitzschnell zog der Prinz die Flöte aus der Tasche und fing an, auf ihr zu spielen. Erst spielte er leise, dann stärker und endlich mit lauten klaren Tönen. Große Angst stand er dabei aus, aber die Elfen blickten sich an, lachten, stellten sich zum Reigen auf und fingen zu tanzen an. Zuerst tanzten sie sanft und langsam, dann immer schneller, und zuletzt flogen sie rasend im Reigen herum. Der Prinz flötete ohne Unterlaß. Den Elfen ging bald der Atem aus. Da rief die Königin: „Ach, ach, ich kann nicht mehr! Ich kann nicht mehr!"

Der Prinz hörte aber vor lauter Angst nicht mit dem Flötenspiel auf. Die Elfen konnten ihn während des Tanzes nicht erkennen und riefen in die Nacht hinaus: „Wer du auch bist, höre auf zu spielen, wir bitten dich!" Da antwortete der Prinz: „Dann sagt mir zuerst, wo die Augen meines Herrn sind."

Die Elfenkönigin sagte, damit habe sie nichts zu tun, und schwor bei Himmel und Erde, daß sie von diesen Augen nichts wisse. Der Prinz aber glaubte ihr nicht, ließ sich nicht auf die Täuschung ein und spielte weiter. Endlich hieß ihm die Elfenkönigin, zu jener Tanne zu gehen, über welcher der Mond am hellsten scheint. Von dieser Tanne solle er eine goldene Umhängetasche herabschütteln. In dieser Tasche sei eine silberne Dose, und darin werde er die Augen finden, die er suche. Der Prinz ging vorsichtig Schritt für Schritt zurück, wandte aber keinen Blick von den Elfen. Sobald sie sich rührten und den Reigen auflösen wollten, fing er wieder an zu flöten. Kaum erklangen die ersten Töne, da setzten auch schon die Elfen den Reigen fort. Schritt für Schritt näherte sich der Prinz der Tanne. Unter ihr angekommen, schüttelte er schnell die goldene Umhängetasche herab. Wie die Elfenkönigin es beschrieben hatte, fand er darin eine silberne Dose mit den Augen seines Herrn.

Voller Freude spielte er nun die Flöte auf seinem ganzen Weg nach Hause. Der Bauer wollte es gar nicht glauben, daß er sein Augenlicht wiedergewinnen sollte, aber der Flötenspieler übergab ihm die Augen, und er konnte mit einem Mal wieder sehen. Überglücklich umarmte der Herr seinen Diener und wollte ihn mit Gold und kostbaren Geschenken überhäufen. Dieser aber ließ sich nur ein schnelles Pferd und gute Waffen schenken, dann nahm er Abschied. Gut gerüstet, zog er nun hoch zu Roß durch die Lande. Bald ging ihm der Ruf voraus, er sei ein Held, bekämpfe das Böse und beschütze die Armen. Immer wieder kamen Leute zu ihm und riefen ihn zu Hilfe. Eines Tages erreichte ihn ein solcher Ruf auch vom Zaren, seinem Vater. Der Zar schickte Boten zu ihm und ließ ihm sagen: „Unbekannter Held, wir haben von dir und von deinen Taten gehört. Wir bitten dich, hilf uns um Gottes willen! Ein feuriger Drache ist in unser Land gekommen und begehrt unsere Tochter und unser ganzes Reich."

Der Zarensohn sagte seine Hilfe zu. Er dachte bei sich, daß die Tochter des Zaren das kleine Mädchen sein müsse, das damals seine Stiefmutter mit ins Haus brachte und mit der er immer so schön gespielt hatte.

Ohne zu zögern ritt er in das Reich seines Vaters und kam bald vor den Palast des Zaren. Alles war so, wie er es verlassen hatte. Er kannte noch jeden Weg und Steg, aber aus den kleinen Büschen waren hohe Hecken geworden und aus den niedrigen Tannen hohe Bäume. Das Gesicht seines Vaters zeigte tiefe Runzeln, auch seine Stiefmutter und alle Diener waren sehr gealtert. Ein wunderhübsches Mädchen, das er damals nicht gesehen hatte, stand neben dem Thron. Er erkannte aber noch die lieben Züge und wußte, das es seine Spielgefährtin aus Kinderzeiten war. Kaum war der junge Mann vor den Thron des Zaren getreten, als auch schon ein feuriger Drache in den Saal hineinschnaubte, auf ihn losfuhr und ihm zurief: „Da bist du ja, dich suche ich schon lange!" Mit fürchterlichem Geschnaube wollte sich der Drache auf den Zarensohn stürzen. Blitzschnell warf der junge Mann seine Lanze auf das Ungetüm, sie prallte aber von der Drachenhaut ab und brach mitten entzwei. Alle Waffen, die der junge Held gegen den Drachen anwandte, konnten nichts ausrichten, und bald stand er mit leeren Händen da. Der Drache lachte, daß der Thronsaal dröhnte und wollte den Zarensohn ergreifen. Da zog der junge Mann schnell seine Flöte aus der Tasche und begann darauf zu spielen. Alle, die im Saal waren, fingen sofort zu tanzen an. Der Drache war augenblicklich fest gebannt, dann zischte er, dann fing er an zu zittern und zu beben, und mit jedem Ton der kleinen Flöte schrumpfte er mehr und mehr ein, bis auf dem Boden des Thronsaales nur noch eine kleine Blase auf und ab sprang. Mit einem Satz war der Zarensohn hinter der Blase her, setzte seinen linken Fuß darauf und ließ sie nicht mehr los. Da zerplatzte sie mit entsetzlichem Zischen und Knallen. Alle Teufelsmacht hatte nun ein Ende. Da kamen die Leute aus ihren Schlupfwinkeln hervor, freuten sich und bedankten sich immer wieder bei ihrem Retter. Der Zar erhob sich vom Thron, ging auf den jungen Mann zu, umarmte ihn und fragte ihn, wer er sei und woher er komme. Nun konnte der Zarensohn nicht mehr an sich halten und gab sich zu erkennen. Alles erzählte er, was er erlebt hatte, die ganze lange Geschichte, seitdem er vom Königshof verbannt worden war. Der Zar hörte ihm staunend und mit Erregung zu, begriff plötzlich, welche Schuld er auf sich geladen hatte, und fuhr voller Zorn auf seine Frau los. In seiner Wut wollte er sie gleich töten lassen, aber sein Sohn setzte sich bei ihm für ihr Leben ein. Der Zar verwies das böse Weib sofort des Hofes und riet ihr, wieder in das Gebirge zu gehen, aus dem er sie einst geholt hatte. Dort könne sie wieder zwölf Kürbisflaschen mit Quellwasser füllen und sich täglich zwölf Brocken Brot damit verdienen.

Daraufhin vermählte der Zar seinen Sohn mit der wunderhübschen Tochter der verstoßenen Frau und setzte ihn zu seinem Erben im Reiche ein.

Die Schicksalsfrauen

Es war einmal ein reicher Mann, der sich von Herzen einen Sohn wünschte. Es half aber alles nichts, seine Frau gebar ihm nur Mädchen. Der Mann war so traurig darüber, daß er sein Haus von oben bis unten mit schwarzer Farbe anstrich. Als seine Frau dann wieder schwanger war, schwor er, sie zu töten, wenn sie ihm keinen Sohn schenkte. Die Frau hörte das in großer Angst und versteckte sich vor ihrem Mann.

Die älteste Tochter hatte gesehen, daß sich die Mutter in einen abgelegenen Winkel verkroch, ging ihr nach und sah, wie sie traurig war und weinte. Das Mädchen nahm die Mutter bei der Hand und flüsterte ihr zu: „Komm, Mutter, wir gehen ins Gebirge, dort kannst du das Kind zur Welt bringen. Wenn es ein Sohn ist, so kehren wir zurück. Ist es aber wieder ein Mädchen, so bist du in Sicherheit."

Die Mutter nickte unter Tränen und ging mit ihrer ältesten Tochter in die Berge. Eisig kalt war es auf ihrem nächtlichen Gang in die Felslandschaft. Die Mutter stöhnte, denn ihr Kreuz tat ihr weh, und ihr Herz schmerzte. Um Mitternacht, in tiefer Finsternis, brachte sie das Kind zur Welt. Es war ein Junge. Da war die Freude bei beiden groß. Wie sie sich umschauten, wo sie sich wärmen könnten, sahen sie in der Ferne einen Lichtschein.

„Vielleicht haben die Schäfer hier oben ein Feuer angezündet und wärmen sich daran", sagte die Tochter und ging gleich fort, um etwas Feuer zu holen. Holz gab es im Gebirge genug; sie konnten dann ein Feuer entfachen und alle drei, vor allem das neugeborene Kindlein, konnten sich daran wärmen.

Schon bald sah das Mädchen, daß keine Hirten an dem Feuer saßen, sondern drei Frauen. Die erste saß an einem Spinnrocken und spann, die zweite hielt den Faden in der Hand, und die dritte schnitt mit einer Schere immer wieder den Faden durch.

Das Mädchen verlangsamte seine Schritte, trat leise auf und hörte nun genau, worüber die drei Frauen sich unterhielten. Nach einer kleinen Pause sagte die erste: „Heut' ist einem reichen Mann, der nur Töchter hatte, auch ein Sohn geboren worden; schreibt auf, welches Lebensschicksal er haben soll und wie lange er leben wird!"

Die erste meinte, er könnte ja ein Jahr am Leben bleiben. Die zweite war dafür, daß er länger leben sollte. Die dritte aber machte den Vorschlag, sie sollten ihn zwanzig Jahre leben lassen.

„Kurz vor seiner Heirat aber, im zwanzigsten Lebensjahre, soll er auf dem Weg zur Hochzeit sterben, noch ehe er seinen Fuß auf die Schwelle seines Hauses setzt!"

Die älteste Tochter war nun ganz sicher, es waren die drei Schicksalsfrauen, die da vor ihr am Feuer saßen. Kaum hatte die dritte ihre letzten Worte gesprochen, da nickten die beiden anderen, und sie schnitt den Faden mit der Schere durch.

Das Mädchen blieb zuerst wie angewurzelt stehen, drehte aber dann auf dem Absatz um, eilte unbemerkt davon und kehrte schnell zu ihrer Mutter zurück. Was sie gehört und was sie gesehen, das merkte sie sich gut, aber ihrer Mutter wollte sie davon kein Wort erzählen. Sie sagte ihr, sie hätte sich vor Räubern gefürchtet und sei nicht bis zu dem Feuer gekommen. Mit den Worten der Schicksalsfrauen über das neugeborene Knäblein wollte sie die Mutter verschonen.

Als der Morgen graute, hüllten sie das Kind in Tücher ein und machten sich froh auf den Weg nach Hause.

Der Vater war außer sich vor Freude und konnte sich an dem neugeborenen Knaben kaum satt sehen. Von nah und fern lud er alle Verwandten, Bekannten und Freunde ein und feierte mit ihnen ein großes Fest. In aller Eile hatte er Kalk heranschaffen lassen, ließ das Haus kalken und weißen und in verschiedenen Farben streichen. Alle sollten an seiner Freude Anteil haben.

Der Knabe gedieh prächtig, wuchs heran und war der Stolz seiner Eltern. An seinem zwanzigsten Geburtstag, so hatte der Vater es bestimmt, sollte er mit der Tochter eines reichen Mannes aus einer anderen Stadt verheiratet werden. Der junge Mann traf mit seinen Eltern die Vorbereitungen zur Hochzeit, und gemeinsam wollte man die Braut abholen. Auch die Schwestern des Bräutigams wollten mit in die andere Stadt reisen, um das Brautpaar zu begleiten.

Die älteste Tochter, die den Schicksalsfrauen am Feuer im Gebirge zugehört hatte, zog Männerkleider an und schlüpfte in lange Stiefel, die ihr bis zu den Knien reichten. Keiner Menschenseele hatte sie bisher etwas von dem Spruch der Schicksalsfrauen gesagt. Zuerst hatte sie versucht, ihren Vater davon abzubringen, den Bruder schon mit zwanzig Jahren zu verheiraten. Da der Vater über diese Sache nicht mit sich reden ließ, dachte sie sich einen klugen Plan aus. Verkleidet als Mann wollte sie selbst auf ihren Bruder aufpassen, daß ihm ja nichts zustoße, bevor er im elterlichen Hause angekommen war. In der großen Schar der Knechte ging sie mit auf die Reise und wußte sich geschickt immer in der Nähe des Bräutigams aufzuhalten.

Auf dem Heimweg war es sehr heiß. Die Hochzeitsgäste legten sich in der Mittagshitze für ein Stündchen in den Schatten der Bäume am Wegesrand und ruhten sich aus. Der Bräutigam legte sich ein wenig abseits unter einen großen Ahornbaum zum Schlafen nieder. Die als Knecht verkleidete Schwester zog ihre Stiefel aus, blieb aber ganz in der Nähe ihres Bruders und hielt Wache.

Mit einem Male züngelte eine Schlange vom Baum herab und wollte sich auf den Bräutigam stürzen. Die älteste Schwester sprang schnell hinzu, ließ die Schlange in ihren Stiefel fallen und drückte den Stiefelschaft zu, so daß die Schlange darin gefangen war. In aller Eile ließ sie den erschrockenen Bruder in die Hochzeitskutsche einsteigen und die Fenster schließen. Die Knechte machten in einiger Entfernung ein großes Feuer an und warfen den Stiefel mit der Schlange hinein. In der Hitze kam die Schlange aus dem Stiefel heraus und begann ganz fürchterlich zu zischen und zu züngeln. Der Bräutigam hörte dieses seltsame Geräusch und wollte nachsehen, wo es herkam. Kaum hatte er die Fenster der Kutsche geöffnet, da schnellte die Schlange hoch, kroch in das Gefährt und biß den Bräutigam in die Schläfen.

Der junge Mann taumelte vor Schmerz, fiel um und starb auf der Stelle.

Da erst erzählte die Schwester ihren Eltern und der ganzen Hochzeitsgesellschaft, was sie von den drei Schicksalsfrauen im Gebirge gehört hatte. Sie erzählte alles so, wie es gewesen war. Sie berichtete, daß ihr Vater ihre Mutter töten wollte, wenn ihm kein Sohn geboren würde. Sie erzählte genau, wie sie mit der Mutter in die Berge gegangen war. Sie schilderte ausführlich, wie dort ihr Bruder zur Welt kam und beschrieb dann in allen Einzelheiten ihre Begegnung mit den Schicksalsfrauen.

„Aus diesem Grunde habe ich heute Männerkleider angezogen. Ich wollte immer um ihn sein und ihn vor seinem Schicksal bewahren. Alles aber war umsonst."

Lange schwieg die Hochzeitsgesellschaft, und der Vater blickte betroffen zu Boden. Dann aber sagten ihm alle, daß sich das Schicksal des Menschen unwiderruflich erfüllt. Das Leben endet dort, wo die Schicksalsfrau den Faden abgeschnitten hat.

Die junge Frau konnte es gar nicht fassen, daß ihr Hochzeitstag auch schon ihr Trauertag sein sollte. Alle begleiteten sie nun zu ihrem Vater in die Stadt zurück.

Dann fuhr die Hochzeitsgesellschaft schweigend nach Hause, aus dem Hochzeitsmahl war nun ein Totenmahl geworden.

Kein Mensch hat seither je wieder am Spruch der Schicksalsfrauen zu rütteln versucht.

Die zwölfte Taube

Es war einmal ein König, der nur eine einzige Tochter hatte. Das Mädchen hatte keine Gespielin und ging auch nicht aus dem Hause. Den ganzen Tag saß sie in ihrer Stube und stickte. Die Mutter lag ihr Tag für Tag in den Ohren und drängte sie, sich zu verheiraten.

„Mein liebes Kind, du solltest endlich einen Mann nehmen. Du kannst einen jungen Prinzen heiraten oder einen Fürsten, der etwas älter ist, aber suche dir einen Mann."

Die Königstochter aber wollte nichts vom Heiraten wissen und schüttelte nur den Kopf.

Eines Tages saß sie wieder in ihrer Stube und stickte. Da kam ein Täubchen zum Fenster hereingeflogen und setzte sich auf ihren Stickrahmen. Die Prinzessin fing das Täubchen, liebkoste es und wollte es gar nicht wieder loslassen. Da begann das Täubchen zu sprechen und fragte die Prinzessin: „Hast du mich lieb?"

Die Königstochter antwortete: „Ja, ich hab' dich sehr lieb." Da sagte das Täubchen zur Prinzessin: „Wenn du mich wirklich lieb hast, so stelle mir morgen eine Schüssel Milch hin, dann wirst du bald sehen, was für ein stattlicher Mann ich bin."

Nachdem das Täubchen dies gesagt hatte, flatterte es durch das Fenster hinaus und flog davon.

Die Prinzessin befahl am nächsten Morgen einem Hirten, ihr einen Eimer voll Milch zu bringen. Sie schüttete die Milch in eine Schüssel, stellte sie auf den Boden und wartete. Bald flatterte das Täubchen durch das Fenster, flog zu der Schüssel hin und tauchte mit all seinen Federn ganz in die Milch ein. Das Täubchen schüttelte sich, und aus der Milchschüssel stieg ein Jüngling heraus. Er war so schön und stattlich, daß die Prinzessin ihn vor Freude umarmte und ihn küssen wollte. Da sprach der junge Mann: „Setze dich hin, Prinzessin, und höre mich an. Du darfst mich nicht küssen, bevor ich dir nicht meine Bedingungen gesagt habe."

Da setzte sich die Prinzessin auf ihren Stuhl und lauschte neugierig den Worten des Jünglings: „Zum ersten darfst du deinen Eltern niemals meine wahre Gestalt verraten. Zum zweiten mußt du drei Jahre warten, bis ich zurückkehre. Wenn du dein Geheimnis vorher verrätst, dann komme ich nie mehr wieder."

Die Prinzessin schwor ihm, niemandem das Geheimnis zu verraten und alles getreulich zu befolgen. Daraufhin wechselten sie ihre Ringe, küßten einander und wurden Mann und Frau. Gleich danach aber tauchte der Jüngling wieder in die Milch ein, kam als Taube aus der Schüssel hervor und flog davon.

Jeden Tag kam nun die Taube durch das Fenster geflogen, badete sich in der Milch, stieg als Jüngling hervor, koste mit der Prinzessin und flog dann als Taube wieder aus dem Fenster. Zwei Jahre gingen darüber hin, und ein Tag war für die Prinzessin schöner als der andere. Die Königin lag in dieser Zeit ihrer Tochter ständig in den Ohren und drängte sie immer mehr, sich endlich zu verheiraten. Die Prinzessin wehrte lange Zeit standhaft die Bitten ihrer Mutter ab und blieb bei ihrer Weigerung. Die Vorhaltungen ihrer Mutter konnte sie aber eines Tages nicht mehr hören und nicht mehr aushalten und rief daher verärgert aus: „Was quälst du mich denn. Mütterchen, was soll ich denn mit einem Bräutigam? Ich habe bereits einen Mann, wie es ihn auf der Welt nicht ein zweites Mal gibt."

Seit dieser Stunde kam die Taube nicht mehr geflogen. Die Prinzessin wartete von einem Tag auf den anderen, von einer Woche zur anderen, von Monat zu Monat, aber die Taube kam nicht wieder. All ihr Warten war vergebens, denn die Prinzessin hatte das Geheimnis verraten. In großer Trauer klagte und weinte sie am Tage und in der Nacht und sprach zu ihrem Vater: „Schafft mir mein Täubchen her oder ich sterbe vor Kummer."

Der Vater strich ihr über das Haar, suchte sie zu trösten und sagte: „Mein Kind, schlag dir doch deinen Taubenmann aus dem Kopf. Du brauchst doch nicht zu verzweifeln, denn Fürsten und Prinzen verlangen nach dir. Nimm einen von den Großen unseres Reiches und werde mit ihm glücklich."

Die Prinzessin stampfte auf die Erde und rief: „Nein, nein, nie und nimmer, ich will den Mann, den ich liebe, oder ich sterbe. Ich will mich aufmachen und ihn suchen. Laß mir drei Stäbe machen und drei Paar eiserne Schuhe. Damit ziehe ich, wenn nötig, bis ans Ende der Welt, und ich werde nicht ruhen, bis ich ihn gefunden habe."

Der Vater schüttelte traurig seinen Kopf, und die Mutter versuchte mit vielen Worten ihre Tochter umzustimmen. Als sie aber sahen, daß ihr Wille groß und stark war, ließen sie ihr drei Stäbe und drei Paar eiserne Schuhe machen und gaben sie ihr unter Tränen. Da zog die Prinzessin in die Welt hinaus, wanderte drei Jahre lang ohne Unterlaß und suchte nach dem Mann, den sie liebte. Wem sie auch immer auf ihrem Wege begegnete, den fragte sie nach dem Täubchen. Keiner aber hatte das Täubchen gesehen, und nach drei Jahren kehrte sie unendlich traurig wieder in ihr Vaterhaus zurück.

Der König hatte inzwischen aus Kummer um seine Tochter den königlichen Palast ganz schwarz anstreichen lassen. Als die Prinzessin endlich abgemagert und sonnenverbrannt nach Hause zurückkehrte, schloß sie sich zuerst ganz allein in ihre Stube ein. Da kam ihr Vater an die Tür, klopfte an, und nach einer Weile wurde ihm geöffnet. Die Prinzessin sprach: „Lieber Vater, mein Kummer ist groß: Laß ein großes Badehaus bauen, worin sich alle Leute, arme und reiche, baden können. Im ganzen Land laß dann bekanntmachen, daß jeder, der baden will, mir eine Geschichte erzählen müsse. Ich glaube wohl, daß mein Kummer dann vergeht."

Der Vater war sehr froh, daß seine Tochter nach Hause zurückgekehrt war, und tat alles, was sie verlangte. Er ließ ein großes Badehaus bauen und durch einen Herold im ganzen Land verkünden, daß alle Leute kommen könnten, um darin zu baden. Viele kamen, Arme und Reiche, Große und Kleine, und ein jeder erzählte der Prinzessin seine Geschichte.

In der Stadt des Königs lebte auch eine alte, bettelarme Frau mit ihrer Tochter. Dieses Mädchen bat seine Mutter, auch zum Bad gehen zu dürfen. Die Mutter wollte zuerst nichts davon wissen und sagte zu ihrer Tochter: „Wir sind ganz arme Leute, da kannst du dich gar nicht sehen lassen." Das Mädchen aber bat und bat, bis die Mutter sie endlich gehen ließ.

Das Mädchen war ein braves Kind und sorgte gut für seine Mutter. Damit die Mutter zu trinken habe, ging sie zuerst mit einem Wasserkrug zur Quelle, um Wasser zu holen. Auf dem Weg zur Quelle bemerkte sie einen bunt schillernden Hahn, der vor ihr herschritt und Holzschuhe an den Füßen trug. Das Mädchen wunderte sich sehr, wurde von Neugierde ergriffen und folgte dem Hahn mit dem Wasserkrug auf dem Rücken. Der Hahn ging zuerst in einen Garten und brach von allen Gewächsen und Früchten des Gartens ein wenig ab und legte es in einen Korb: Zwiebeln, Knoblauch, Salatblätter, Apfelsinen und andere Früchte. Als der Korb voll war, verließ der Hahn den Garten und trug seinen Korb nach Hause. Das Mädchen folgte dem Hahn, schlich schnell hinter ihm ins Haus und versteckte sich in einem dunklen Winkel. Da sah das Mädchen, daß in der Mitte der Stube ein großer Bottich voller Milch stand. Das Mädchen verhielt sich ganz ruhig und sah nach einer Weile elf Tauben durch das Fenster fliegen. Sie alle tauchten ihre Federn in die Milch ein und stiegen als junge, stattliche Männer heraus. Sie waren anzusehen als wie die Engel im Himmel selbst. Nach einer Weile kam auch die zwölfte Taube durch das Fenster, flog aber nicht zu dem Bottich hin, sondern setzte sich abseits in eine Ecke. Die Jünglinge sprachen zu der Taube: „Ja, wenn deine Braut dein Geheimnis nicht ausgeplaudert hätte, so könntest du dich auch wie wir verwandeln. Aber was geschehen ist, ist geschehen." Die zwölfte Taube antwortete: „Meine Braut hat das Geheimnis verraten. Dafür mußte sie vergebens drei Jahre in der ganzen Welt umherwandern und hat mich nicht gefunden. Ihr Vater hat das Schloß zu Hause schon schwarz gefärbt und in ihr Herz ist Trauer eingezogen."

Das Mädchen hörte in seinem Winkel jedes Wort des Gesprächs, schlich in einem günstigen Augenblick durch das Haus und eilte nach Hause.

„Mutter, liebe Mutter, nun weiß ich eine sehr schöne Geschichte für die Prinzessin!"

Mit diesen Worten verabschiedete sie sich und lief schnell zum Schloß.

Viele Badegäste waren bei der Prinzessin angekommen. Das Mädchen mußte im Schloß übernachten und wurde erst am anderen Morgen vor die Prinzessin geführt.

„Hohe Frau, gestern trug sich vor meinen Augen und Ohren ein Ereignis zu, das ich nun als Geschichte erzählen will." Die Prinzessin neigte sich huldvoll zu dem Mädchen: „Erzähle nur, ich höre, mein Kind." Das Mädchen erzählte haarklein die Geschichte, die es selbst mit angesehen und gehört hatte. Die Augen der Prinzessin wurden immer größer, und als das Mädchen geendet hatte, rief sie freudig aus: „Mein Kind, es ist großartig, daß du zu mir gekommen bist. Schnell, komm mit mir und führe mich in das Haus der Tauben!"

Da führte das Mädchen die Prinzessin zu dem Hause der zwölf Tauben. Vorsichtig versteckte sich die Prinzessin hinter der Tür und wartete, bis die Tauben zum Fenster hereinflogen. Zuerst kamen elf Täubchen, flogen zu dem Bottich, tauchten ihre Federn in die Milch und verwandelten sich in elf Jünglinge, die so schön waren wie die Engel im Himmel selbst. Zuletzt kam die zwölfte Taube und setzte sich abseits in einen Winkel. Da hörte die Prinzessin, wie das Täubchen von den anderen gescholten und bemitleidet wurde. Die Prinzessin sprang hervor, umfaßte das Täubchen mit ihren Händen und liebkoste es. Da nahm auch die zwölfte Taube wieder Menschengestalt an. Ein stattlicher Jüngling und eine schöne Prinzessin hielten sich umschlungen und küßten sich. Nun heirateten sie endgültig und zogen in das Königsschloß. Dort lebten sie glücklich bis auf den heutigen Tag.

Ein Brotlaib von Maria

Eines Tages wurde an der Mauer der Dorfkirche ein kleines Kind gefunden, von dem man nicht wußte, woher es kam und wem es gehörte. Ohne Zweifel war das Kind ausgesetzt worden. Das Knäblein war sehr hübsch, hatte helle Augen und war auch sonst ganz aufgeweckt. Ein Gutsherr nahm den Kleinen auf, holte ihn auf seinen Hof und ließ ihn mit den anderen Kindern aufziehen. Dem Kleinen gefiel es auf dem Gutshof und bald war er ein Kind des Dorfes wie alle anderen auch. Nicht weit von dem Gutshof stand die alte Dorfkirche. Das Bild der Mutter Gottes mit dem Jesuskind auf den Armen grüßte die Gläubigen schon bei der Kirchentür. Denn dort stand ein Kreuz, und darauf war das Bild Marias mit dem Kinde gemalt. Als der Findling nun zum ersten Mal zur Kirche kam und dort das Bild des Jesusknaben sah, glaubte er, dies sei ein lebendiger Junge wie er selbst. Nach jeder Mahlzeit lief der Kleine von da an zur Kirchentür und teilte sein Essen mit unserem Herrn Jesus Christus.

„Da, Kleiner, du wirst hungrig sein, nimm und iß!" So sprach der Findling und reichte dem Jesusknaben ein Stückchen Brot hoch, und siehe, der Jesusknabe streckte sein rechtes Händchen aus und nahm das Brot. Dies geschah nun täglich. Nach einigen Wochen bemerkte der Gutsherr, daß der Kleine nach jeder Mahlzeit mit etwas Brot vom Tische ging und den Weg zur Kirche einschlug. Der Mann wunderte sich darüber und fragte den Kleinen eines Tages, was er denn mit dem Brote mache und wohin er denn laufe.

„Der da drüben ist so hungrig, ich teile es mit dem Kleinen bei der Kirchentüre!" Der Gutsherr glaubte, bei der Kirche bettele ein Dorfjunge, der den Findling dazu gebracht habe, sein Brot mit ihm zu teilen. Darüber ärgerte er sich und sagte: „Von nun an soll die Sache ganz anders gehen! Bei mir bekommst du nichts mehr zu essen, jetzt soll dir der Kleine da drüben von seinen Mahlzeiten geben!"

Der Knabe sah, daß sein Pflegevater böse auf ihn war und ihm nichts mehr zu essen geben wollte. Er fing an zu weinen und lief sogleich zur Kirche hinüber. Weinend kam er bei dem Jesusknaben an und rief: „Mein Vater gibt mir nichts mehr zu essen, und ich bin doch so hungrig! Ich habe dir all die Tage etwas von meinem Brot und von meinen Mahlzeiten gegeben, jetzt, Kleiner, gib du mir etwas zu essen!" Dabei liefen ihm die Tränen über seine Wangen. Wie er nun mit seinen verweinten Augen zu dem Bild aufsah, da blickte er in die Augen der Mutter Gottes, die sich liebend zu ihm hinunterneigte. Sie hielt ein Weizenbrot in den Händen, reichte es dem Jungen und sagte: „Da, mein Knäblein, nimm! Denn dem, der gibt, wird gegeben. Du hast meinem Kind gegeben, und ich reiche dir eine Gabe zurück. Damit hast du für längere Zeit zu essen!" Das Weizenbrot war weiß, und es war so groß wie das Rad eines Pfluges. Der kleine Junge hätte dieses Brot wohl kaum tragen können, aber das brauchte er auch nicht. Das Brot lief vor dem Knaben her und schlug von selbst den Weg zum Gutshof ein. Voller Freude lief der Junge hinterher. Nun hatte aller Ärger ein Ende. Der Gutsherr sah, daß er dem Knaben Unrecht getan hatte und bat ihn um Verzeihung. Ein Wunder war geschehen. Der Gutsherr konnte es nicht fassen und schüttelte verwundert immer wieder den Kopf. Sieben Jahre aß der Junge von dem Brot, aber es nahm kein Ende. Schnitt er eine Scheibe ab, so wuchs sie gleich wieder nach: weiß, schön und schmackhaft. Und die Leute wundern sich heute noch.

Das Wunder in der Pfanne

Ein Wanderer kam einmal auf seinem weiten Weg bei Sonnenuntergang zu einem ärmlichen Dorf. Die Nacht brach schnell herein, und er konnte seinen Weg nicht mehr fortsetzen. Im Wald oder auf dem Feld wollte er nicht übernachten, so klopfte er beim Hause eines Bauern an und bat um ein Nachtlager.

Der Bauer nahm ihn bei sich auf und schickte ihn aufs Stroh in den Stall. Der Wanderer hatte unterwegs alle seine Vorräte aufgezehrt und fragte daher den Bauern, ob er ihm etwas Eßbares verkaufen könne. Der Bauer war mißtrauisch und geizig und sagte, er habe nichts, aber auch rein gar nichts im Hause und sei bettelarm. Der Wanderer, der großen Hunger hatte, konnte dies nicht gut glauben, da der Bauer wohlgenährt und auch die Bäuerin nicht ganz dürr war. Wie sein Magen nun zu knurren anfing, fiel dem Wanderer eine List ein, und er sprach zu dem Bauern: „Sagtest du nicht, Väterchen, daß ihr nichts im Hause habt?" „Ja, genauso ist es, unsere Vorräte sind zu Ende gegangen." „Gut, dann muß mein alter Zauberspruch helfen. Bringe schnell den Jochbolzen herbei, dann kann ich mir selbst ein Essen bereiten."

Der Bauer, der wie sein Weib sehr neugierig war, schaffte eilends den Jochbolzen herbei, und war gespannt, was der Wanderer nun beginne.

Der Fremde war inzwischen auf den Hof getreten, hatte einige Holzspäne und dürre Zweige dort gesammelt, hatte ein Feuer angezündet und darüber den Dreifuß gestellt. Der Bauer sah mit großen Augen seine Frau an und seine Frau den Bauern – und beide konnten sie vor Ungeduld kaum mehr erwarten, was sich da nun begeben sollte.

„Nun gebt mir einen Kessel mit Wasser her und tut etwas Salz hinein!" sprach der Wanderer und hängte den Kessel an den Dreifuß. Dann ließ er sich eine Pfanne geben und setzte diese aufs Feuer. Dabei starrte er unverwandt in die Glut und forderte, ohne aufzusehen, eine Handvoll Maismehl.

„Bald will ich euch etwas zeigen, daß ihr euch vor Staunen bekreuzigen werdet."

Die neugierige Bäuerin lief sofort in die Mehlkammer und brachte gleich zwei Hände voll Maismehl mit. Der Wanderer schüttete das Mehl langsam in den Kessel, rührte gut um und sprach mit raunender Stimme: „Nun ein wenig Butter, es braucht nicht allzuviel zu sein!"

Der Bauer gab seiner Frau ein Zeichen und bedeutete ihr, ein gutes Stück Butter herbeizuholen. Die Bäuerin lief in die Kammer und schleppte gleich den ganzen Buttertopf heran. Sie ließ es sich nicht nehmen, eigenhändig einen schönen Klumpen in das Pfännchen zu geben.

Unverwandt starrte der Wanderer in die Glut, schnalzte mit den Fingern und rief: „Jetzt ein paar Eier, dann werde ich hier etwas bereiten, wovon man weit und breit noch lange sprechen wird."

Die Frau rannte sofort in den Hühnerstall, durchstöberte die Legenester und brachte vier Eier herein. Der Wanderer nahm die Eier, schlug sie in die Pfanne und sprach zu dem Ehepaar: „Nun setzt euch hin und seht euch das Wunder an!"

Dabei rührte der Wanderer den Maisbrei ruhig und langsam in die Pfanne, richtete eine vorzügliche Eierspeise an, ließ sie etwas abkühlen und begann dann, mit Genuß zu essen.

Dem Bauern kam dies nun doch etwas merkwürdig vor und ihm dämmerte, daß er überlistet worden war.

„Und wo ist das Wunder mit dem Jochbolzen?" fragte der Bauer, wobei ihm das Wasser im Mund zusammenlief.

„Das Wunder ist in der Pfanne", antwortete der Wanderer, aß mit Behagen den Rest vollends auf, zog einen Groschen aus der Tasche, drückte ihn dem Bauern in die Hand, sagte gute Nacht, verschwand zu den Tieren in den Stall und schlief gut gesättigt auf seinem Lager aus Stroh schnell ein.

Fuchs und Wolf als Hochzeitsgäste

Eines Tages hörten Fuchs und Wolf, daß bei den Bauern im Dorf Hochzeit gefeiert wird. Da dachten sie an die leckeren Speisen, an die vielen Würste und Schinken, und allein schon bei diesem Gedanken lief ihnen das Wasser im Munde zusammen. Gleich nach der Dämmerung machten sie sich auf den Weg. Die Hunde im Dorf waren an diesem Abend nicht wachsam genug, da sie sich in der Nähe der Küche herumtrieben, und so kamen Fuchs und Wolf ungehindert beim Kellerloch hinein.

So eine Fülle guter Dinge hatten sie überhaupt noch nie gesehen. Eine Kuh und ein Schwein waren geschlachtet worden, eine ganze Reihe Hühner hing gerupft an der Stange, Schmalz war in großen

Schüsseln zu finden, Honig in vielen Töpfen, Met und Wein in zahlreichen Krügen.

Der Wolf war ganz traurig, daß er nicht gleich alles mit einem Male verschlingen konnte, aber er begann sogleich, sich gierig den Bauch vollzuschlagen und trank unmäßig viel Wein dazu. Der Fuchs verspeiste nur zwei junge Hühner und probierte immer wieder, ob er auch noch durchs Kellerloch passe.

„Was schlüpfst du denn immer wieder nach draußen?" fragte der Wolf.

„Ich schaue nur nach, ob die Luft rein ist und ob wirklich niemand kommt!"

„Du bist ein Hasenfuß", rief da der Wolf und machte sich unverzüglich über das Schweinefleisch her. Fünf Krüge Wein trank er gleich noch hinterdrein. Der Wein stieg ihm zu Kopf, er wurde fröhlich und rief: „Füchslein, komm, laß uns singen!"

Der Fuchs nieste und sagte: „Ich habe einen Schnupfen, Gevatter, ich kann heut' nicht singen. Sei still, sonst hört man uns am Ende noch hier unten im Keller."

„Füchslein", lallte der Wolf, „mir ist so nach Singen zumute!" Und er fing an, ganz wolfsmäßig zu heulen.

„Ullulluh, Jutujuh, ullulluh", sang der Wolf.

Die Hochzeitsleute hörten dies, erkannten das Geheul des Wolfes und eilten mit Prügeln und Stöcken in den Keller. Der Fuchs hörte die Leute kommen und sprach zum Wolf: „Hört, da kommen welche, den Takt zu schlagen, jetzt könnt Ihr gleich aus voller Kehle singen!"

Und, schwupp, da war der Fuchs zum Kellerloch hinausgeschlüpft.

Der Wolf sah nun die Bauern und Knechte zur Kellertür hereinstürmen und wollte ebenfalls schnell entweichen, aber er war viel zu vollgefressen, er paßte nicht mehr durchs Kellerloch. Da schlugen ihn die Männer halb tot. Endlich konnte er sich, mit aller Kraft und letzter Anstrengung, hindurchzwängen und gelangte wankend und ganz zerschlagen ins Freie.

Wie er da draußen den Fuchs herumschleichen sah, geriet er in großen Zorn, denn er glaubte nun, der Fuchs habe schuld an all seinem Unglück. Der schlaue Fuchs merkte dies wohl und tat, als sei er schon am Sterben. Er röchelte nur so und stammelte, die Hunde hätten ihn arg zerzaust, er aber habe sie auf sich gezogen und damit von ihm, dem Wolf, abgelenkt.

„Nun müßt Ihr mich tragen, Gevatter, sonst muß ich hier eines elenden Todes sterben. Gelitten habe ich ganz allein für euch!"

Der Wolf ließ sich überreden und trug den Fuchs übers Feld. Er schwankte gehörig unter seiner Last und hatte schwer daran zu tragen.

Der Fuchs mußte lachen und murmelte grinsend vor sich hin: „Der Geschlagene trägt den Ungeschlagenen!"

„Was redest du da, Fuchs?“ schrie der Wolf.

„Mich hat die Fieberhitze gepackt, ich rede so vor mich hin“, antwortete der Fuchs. Kaum war der Wolf schweißtriefend einige Schritte weitergewankt, da überfiel den Fuchs ein unbändiges Lachen, und er konnte es sich nicht verkneifen, wieder zu sagen: „Der Geschlagene trägt den Ungeschlagenen.“

„Was hast du da gesagt?“ schrie wiederum der Wolf.

„Das ist das Fieber, Gevatter, da redet man so vor sich hin.“ Und bald lachte der Fuchs auf dem Wolfsrücken ein drittes Mal, schüttelte sich vor Schadenfreude und sagte triumphierend: „Der Geschlagene trägt den Ungeschlagenen.“

„Was habe ich da gehört?“ fragte der völlig erschöpfte Wolf nun

zum dritten Mal, aber er bekam wieder dieselbe Auskunft und wurde vom Fuchs bedrängt, ihn bis zu seiner Höhle im Wald zu tragen. Der Wolf war nun selbst mit all seinen Kräften am Ende und sagte zum Fuchs, daß es jetzt an ihm sei, ihn nach einer kleinen Ruhepause auf den Rücken zu nehmen und nach Hause zu tragen. Da sprang der Fuchs behend vom Rücken des Wolfes, lachte schallend und verschwand in seiner Höhle. Der Wolf warf sich vor Zorn herum und konnte den Fuchs gerade noch am Schwanz fassen, der aus der Öffnung herauslugte. „Halt, Bursche, so haben wir nicht gewettet, komm schnell wieder heraus, ich habe dich fest am Schwanz!"

„Ha", lachte da der Fuchs, „Ihr habt nicht meinen Schwanz, sondern eine Baumwurzel." Der Wolf, in seinem Zorn, ließ nun den Schwanz los und packte statt dessen eine wirkliche Baumwurzel. Der Fuchs schlüpfte tiefer in seine Höhle und begann den Wolf erst recht zu foppen und zu verspotten. Der Wolf zog und zerrte an der Baumwurzel, bis der Schweiß ihm aus allen Poren brach. „Au, oh weh, au, au!" winselte und jammerte der Fuchs und verstellte sich sehr geschickt. „Au, mein Schwanz, au!" heulte er erbärmlich in seiner Höhle. Der Wolf zog und zog und triefte dabei vor Schweiß. Dabei aber zog er nur an einer Baumwurzel. Endlich lachte der Fuchs hell auf und rief aus der Höhle: „Nun geht nach Hause, Gevatter, und erzählt Eurer Frau, was für ein Dummkopf Ihr seid. Und erzählt ihr auch genau, daß Ihr eine Viertelstunde lang an einer Baumwurzel gezogen habt."

Da hätte der Wolf den Fuchs in tausend Stücke reißen können, aber er konnte ihn nicht erwischen, denn in ein Fuchsloch paßt nie und nimmer ein Wolf. Seit dieser Zeit nimmt der Fuchs schnell seinen Schwanz zwischen die Beine, wenn er einen Wolf kommen sieht, und schlüpft eilig in seinen Bau.

Die Lerche

Es war einmal ein junger Hirte, der mit seiner Schafherde auf den saftigen Waldwiesen im Gebirge umherzog. Eine treue Hündin wachte sorgsam über die Herde. Viroana hieß das treue Tier. Der Hirte war ein guter und rechtschaffener Mensch, aber er überließ seine Arbeit ganz seiner treuen Hündin. Er selbst streifte all die Tage im Wald umher und suchte nach Vogelnestern.

Eines Tages saß er im Schatten und blies auf seiner Flöte. Zu den Flötentönen ließ sich plötzlich aus dem Wald eine süße Stimme vernehmen. Der Hirte hob den Kopf und begann der Stimme zu lauschen, er konnte sich kaum an ihr satt hören. Er hörte es genau, es war der Gesang eines Vogels im Gesträuch. Aber er konnte nirgends einen Vogel entdecken. Der Gesang war so lieblich, daß er sich in den Kopf setzte, den Sänger zu fangen. Ganz in Gedanken verließ er seine Herde und fand auch bald den Baum, von dem der

Gesang kam. Als er bei dem Baum angelangt war, flog das Vöglein weiter auf einen großen alten Baum, setzte sich dort oben in den Wipfel und sang noch süßer als zuvor.

Der Hirte versuchte alles, um das Vöglein zu fangen. Es war aber schneller als der Hirte und flog von Baum zu Baum. So ging es drei Tage und drei Nächte. Ermüdet setzte sich der Hirte unter dem Baum nieder, auf den das Vöglein geflogen war, lehnte sich an den Stamm und schlief alsbald ein. Noch beim Einschlafen hörte er den süßen Gesang, der sein Herz wie Honig labte.

Der Hirte schlief und schlief drei Jahre lang. Es war, als wollte er überhaupt nicht mehr aufwachen. Der Baum, an dem er lehnte, war morsch und brach am Ende des dritten Jahres unter seiner eigenen Schwere zusammen. Da wachte der Hirte auf, rieb sich die Augen und sah sich um, wo das Vöglein geblieben sei. Er glaubte, nur ein wenig geschlafen zu haben.

Wie er nun aufstand, nach allen Seiten um sich blickte und die Reste des morschen Baumes bemerkte, schüttelte er den Kopf und konnte sich nichts erklären. Die Bäume um ihn herum und das Gebüsch kamen ihm größer und voller vor als vorher. Am größten aber war doch sein Ärger darüber, daß ihm das Vöglein entkommen war. Er ärgerte sich, daß er geschlafen hatte und ging nun zu seiner Herde zurück. Seine Verwunderung war groß, als er sah, daß ihn dreimal soviel Schafe empfingen, als er zurückgelassen hatte. Die treue Hündin kam ihm ebenfalls sehr verändert vor. Wie alle Hirten verstand er die Zeichen und Laute der Hündin, und seine treue Viroana verstand ihn aufs Wort. Beim Blick über die Schafherde hin und bei der Begrüßung mit seiner treuen Viroana wurde ihm plötzlich klar, daß er drei Jahre lang geschlafen hatte. Zuerst war er verblüfft, dann staunte er und dann freute er sich, daß er gesund und wohlbehalten aus diesem langen Schlafe wiedergekehrt war. Er liebkoste seine Lämmchen, tätschelte seinen Hund und konnte sich vor Freude kaum fassen.

Da kam aus dem dunklen Wald der Wolf heraus und bat ihn um ein Schaf.

„Ich habe deine Herde nicht angerührt, als du fort warst, jetzt sollst du auch an mich denken!" sprach der Wolf.

Der Hirte war froh, daß er seine ganze Herde unversehrt vorgefunden hatte und sagte zum Wolf: „Nimm dir einen Hammel und trolle dich davon!" Über diese Worte des Hirten war die treue Hündin so bekümmert, daß sich ihr die Haare sträubten.

„Nur weil ich die Herde bewacht habe", sagte die Hündin zu sich selbst, „hat der Wolf es nicht gewagt, ein Schaf zu reißen. Nur weil ich da war, fand mein Herr die Herde unversehrt vor. Und nun gibt er dem Wolf den besten Hammel! Ein Hirte schenkt dem Wolf einen Hammel! Wer hat so etwas schon gehört?"

Viroana konnte sich darüber gar nicht mehr beruhigen. Je mehr sie darüber nachdachte, desto schlimmer kam ihr das Verhalten des Herrn vor. Vor Kummer nahm sie Abschied von der Herde, sagte zu ihrem Herrn keinen Ton und verschwand im Walde.

Am nächsten Morgen stand der Hirte wie immer auf und rief nach Viroana. Er rief sie hier, er rief sie dort, aber Viroana war und blieb verschwunden. Der Hirte suchte sie einen ganzen Tag im Wald und in den Bergen und rief immer wieder ihren Namen. Wäre er auch bis zum Ende der Erde gelaufen, er hätte sie nicht gefunden. Tief bekümmert und betrübt ging er zu seiner Herde zurück. Auf diesem Wege dämmerte ihm, welche Torheit er begangen hatte, als er dem Wolf den besten Hammel gab. Nun bereute er es von ganzem Herzen, aber es war zu spät. Da wandte er sich an Gott im Himmel mit einem Gebet und sprach:

„Oh, Herr, mein Gott,
Laß mich ein armer Vogel sein,
Damit ich Viroana wiederfinde.
Mach Flügel aus meinem Mantel,
Mach einen Schopf aus meiner Kapuze,
Laß mich ein Vogel werden,
Bis ich Viroana finde!"

Und Gott erhörte das heiße Gebet des Hirten und verwandelte ihn in eine Lerche. Aus seinem Mantel waren Flügel geworden, aus seiner Kapuze ein Vogelschopf. Und die Lerche flog über die Felder und Wiesen und rief:

„Turrlin, Turrlin, iui, iui,
cut-cut! cut-cut!
Vir-Viroana mein,
Vir-Viroana mein!"

Bis zum heutigen Tage hat die Lerche die Hündin nicht gefunden, bis zum heutigen Tage sucht sie nach ihr in Wald und Feld. Seit dieser Zeit nennt man die Lerche den Hirtenvogel. Ihr Schöpfchen sieht aus wie eine Kapuze, und ihre Flügel ähneln einem Hirtenmantel.

Jeden Morgen kann man hören, wie die Lerche Viroana ruft. Bereits in der Morgendämmerung schwingt sich der Hirtenvogel in die Lüfte und sucht mit seinem Gesang den treuen Freund.

Christos und der Räuber

Als Jesus in Bethlehem geboren war, trachtete Herodes danach, das Kindlein zu finden und es zu töten. Er hatte gehört, das Kind sei ein Königskind und werde einmal die Herrschaft antreten. Das wollte Herodes verhindern und gab Befehl, alle kleinen Kinder im Lande umzubringen.

Da stieg ein Engel des Herrn vom Himmel herab und gab Josef ein Zeichen, schleunigst aufzubrechen und mit der Jungfrau und dem Kinde nach Ägypten zu fliehen. Der Engel sagte, König Herodes stelle dem Kinde nach, um es zu enthaupten.

Josef brach mit Maria und dem Kinde sogleich auf und zog ins Ägypterland. Der Weg war weit, und die Dunkelheit brach bald herein; sie hielten Ausschau, wo sie übernachten könnten.

Da sahen sie ein Haus und klopften an. Das Haus gehörte einem Räuberhauptmann, einem schlimmen und bösen Gesellen, der aber gerade nicht zu Hause war. Die Frau des Räubers öffnete und ließ die drei Flüchtlinge herein.

Der Räuber und seine Frau hatten ein Kind, das aussätzig war. Tag und Nacht weinte es und kam gar nie zur Ruhe.

Maria fragte die Räuberfrau, was das Kind denn habe und warum es denn immer weine.

„Das Kind ist krank, der Aussatz läßt es nicht schlafen", antwortete die Räuberfrau. Die Jungfrau Maria wollte gern das Jesuskind baden und bat um eine Wanne mit warmem Wasser.

Als alles bestens besorgt war, badete die Allerheiligste ihr Kind und wickelte es in neue Windeln. Dann sagte sie zu der Räuberfrau: „Bring dein Kindchen her und wasche es in diesem Wasser!"

Die Räuberfrau wusch das Kind in ebendiesem Wasser und war über die Maßen erstaunt, als das Kind gleich danach einschlummerte.

In der Nacht kam der Räuber nach Hause und fragte sogleich seine Frau: „Wo ist das Kind geblieben, es weint ja nicht?"

„Ein Mann und eine Frau kamen mit einem Säugling hier an", berichtete ihm seine Frau, „sie übernachten hier. Tu ihnen nichts zuleide, denn unser Kind schläft, seitdem ich es in genau dem Wasser gewaschen habe, in dem die Frau ihr Kindchen gebadet hat."

Da war der Räuberhauptmann hoch beglückt. Er sandte einen seiner Gesellen aus, der sollte allen Räubern und Wegelagerern sagen, daß den drei Flüchtlingen kein Leid angetan werden sollte.

Das Kind genas, der Aussatz fiel von ihm ab.

Eines Räubers Kind war es – so wurde es ein Räuber.

Und als Jesus am Kreuze hing, wurden zwei Räuber mit ihm gekreuzigt. Einer der beiden sagte zu Jesus: „Gedenke meiner, Herr, wenn du in dein Reich kommst!"

Und das war der Räuber, der als kleines Kind in dem Wasser gebadet worden war, in dem die Jungfrau Maria einst Christos selbst badete.

IV. Von Hexen und von Zaren

Osteuropa in seinen Märchen

Der Zar und der Lügner

Der Zar von Rußland hörte gerne Geschichten. Am liebsten aber hörte er Lügen. Nun zogen damals viele Leute durch Rußland, die kein Geld hatten, aber viele Geschichten wußten. Der Zar rief jeden Abend die Erzähler an seinen Hof und forderte sie auf, ihm Lügengeschichten zu erzählen. Neben seinem Thron lag ein Haufen Goldstücke für den bereit, der gut lügen konnte.

Wenn der Zar ausrief: „Du lügst ja!" dann konnte der Mann das Geld mitnehmen.

Blieb der Zar aber stumm, dann wurde dem Erzähler der Kopf abgeschlagen. Dazu lehnte immer ein langes Schwert am Thron.

Jeder wußte also, worauf er sich einließ.

Eines Tages kam ein Bauer an den Zarenhof, der brauchte Geld, um sich einen neuen Ochsen zu kaufen. Der Zar warnte ihn, aber der Bauer begann frisch draufloszulügen:

„Heute früh pflügte ich den Acker, da wurde mein Pferd schwach und schwächer und brach schließlich in zwei Hälften auseinander. Das Vorderteil galoppierte davon."

Der Bauer sah, daß der Zar keine Miene verzog und log weiter: „Ich rannte dem Vorderteil nach, holte es ein und nähte es dann mit dem Hinterteil zusammen. Die Nähnadel steckte ich in einen Weidenbaum, weil ich kein Nadelkissen hatte. Dann legte ich mich zum Mittagsschlaf auf dem Felde nieder. Als ich aufwachte, war die Weide bis zum Himmel gewachsen. Ich kletterte hoch und konnte mich kaum halten, denn es ging da oben ein sehr starker Wind. Mit einem Sprung rettete ich mich von der Weide in den Himmel."

Die Zarin und die Höflinge staunten nicht schlecht über diese faustdicken Lügen, der Zar aber blieb ruhig und schien fast gelangweilt. Da log der Bauer weiter:

„Im Himmel saß der liebe Gott gerade beim Kartenspiel mit den Aposteln. Petrus mischte die Karten, Johannes gab sie aus und alle knallten mit den Karten tüchtig auf den Himmelstisch. Dazu tranken sie süßen grünen Schnaps. Als es Abend wurde, wollte ich wieder zur Erde zurück.

Ich sah unten einen Mann beim Dreschen. Die Spreu flog nur so davon und flog auch bis zum Himmel. Ich fing die Spreu auf, machte daraus ein Seil, band es am Himmelstor fest und ließ mich daran zur Erde hinunter. Das Seil war aber etwas zu kurz und blieb an der Kirchturmspitze von Moskau hängen. Da schnitt ich kurzerhand ein Stück Seil von oben ab und knotete es unten an. Als es immer noch zu kurz war, sprang ich ab und fiel in ein frischgepflügtes Feld. Da sauste ich bis zu den Schultern in die fette, weiche Erde.

Da half alles nichts, ich kam nicht mehr aus dem Erdreich heraus. Kurzentschlossen ging ich nach Hause, holte einen Spaten und grub mich aus."

Die Höflinge riefen: „Gelogen, gelogen!" Der Zar aber blieb stumm und sah den Bauern prüfend an.

Da log der Bauer weiter: „Ich lief zum Bach, um mir die fette weiche Erde abzuwaschen und traf dort einen Schweinehirten. Da der Mann aber einen langen Mantel anhatte wie ein Schafhirt, rief ich: ‚He, Schäfer, willst du angeln geh'n?' Der Mann fuhr auf und sagte fast beleidigt: ‚Ich bin kein Schäfer, ich bin der Vater des Zaren!'" Bei diesen Worten fuhr der Zar auf seinem Thron herum, stampfte mit dem Stiefel auf den Boden und schrie:

„Verdammter Kerl, das ist gelogen, mein Vater war nie ein Schweinehirt!"

Die Eitelkeit des Zaren hatte dem Bauern das Leben gerettet. Der Bauer strich die Goldstücke ein, verbeugte sich und ging vom Zarenhof schnurstracks auf den Markt, um sich einen neuen Ochsen zu kaufen.

Der Wilderer

Es war einmal ein junger Jäger, der war im Dienst des Königs und jagte in den königlichen Wäldern. Ob es Zufall war oder nicht, wer kann es wissen, er hatte wenig Glück bei der Jagd. Oft streifte er erfolglos durch die Wälder, die Tiere waren weit schneller als er. „Ein Jahr lang Glück beim Jagen, was würde ich dafür nicht alles geben", seufzte der Jäger. „Zum Teufel mit diesem Pech!"

Kaum hatte er das letzte Wort gesprochen, da stand auch schon der Teufel vor ihm.

„Ein Jahr lang Glück beim Jagen, das kann ich dir verschaffen! Du brauchst mir nur deine Unterschrift zu geben, dann ist dir das Jagdglück hold. Mit deiner Unterschrift verpflichtest du dich aber, mir deine Seele zu geben. In einem Jahr und sechs Wochen komme ich, um dich zu holen. Freikommen kannst du nur, wenn du mir ein Tier zeigst, das ich nicht kenne und auch noch nirgendwo gesehen habe!"

Der junge Schütze überlegte nicht lange und willigte ein. Man kann es glauben oder nicht, von nun an hatte er Glück. Viel Wild kam ihm vor die Flinte, und er war so erfolgreich, daß der König bald von seinem Jagdglück erfuhr. Er ließ ihn zu sich kommen und ernannte ihn zu seinem persönlichen Jagdbegleiter. Schließlich erhob er ihn zum obersten Jägermeister aller seiner Wälder.

Die schönen Tage gingen aber schnell vorbei, das eine Jahr war bald zu Ende. Der Jäger machte sich schwere Sorgen, denn er wußte, daß in einem Jahr und sechs Wochen alles Glück ein Ende habe.

„Was sollen alles Jagdglück und aller Reichtum, wenn dich der Teufel holt?" dachte er bei sich. Betrübt zog er durch den Wald, bald wurde es ihm heiß, bald wurde es ihm kalt, und zuletzt brachte er vor Angst kein Wort mehr heraus. Nachdenklich und in sich versunken, ritt er durch die Wälder. Mit einem Mal sah er ein Weib vor sich, das so häßlich und ekelhaft war, daß er seine Augen zukniff. Das häßliche Wesen fragte ihn nach dem Grund seiner Betrübnis und meinte, er schaue drein, als ginge er zur Beerdigung. Da erzählte der Jäger ganz offen von seinem Pakt mit dem Teufel und gab zu, keinen Ausweg mehr zu wissen.

„Einen einzigen Ausweg aber gibt es aus deiner verzwickten Lage", sagte das häßliche Weib.

„Und der wäre?"

„Du kannst dem Teufel entkommen, wenn du mich zur Frau nimmst!"

Da sah sie der Jäger mit zusammengekniffenen Augen an, dachte einen Augenblick nach, spuckte aus und sagte dann mit einem Würgen in der Kehle: „Lieber eine Hexe zu Hause als selbst beim Teufel in der Hölle!"

Und so nahm der Jäger das häßliche Weib zur Frau.

Als ein Jahr, fünf Wochen und sechs Tage seit der Abmachung vergangen waren, befahl die Frau dem Jäger, ihr ein großes Faß mit

Honig zu besorgen. Sie selbst trennte ein Bett auf und schüttete die Federn in den Hof auf einen Haufen. Zuerst stieg sie in das Honigfaß, daß sie über und über goldgelb und klebrig war, dann wälzte sie sich in den Bettfedern. Sie beugte sich mit dem Kopf zur Erde und sah wirklich aus wie ein unbekannter Riesenvogel.

Am anderen Tag klopfte der Teufel an das Haus.

„Nun komm mit! Oder kannst du mir etwa ein unbekanntes Tier vorzeigen?" Der Teufel hatte einen Strick mit einer Schlinge mitgebracht, um den Jäger gleich in die Hölle zu führen.

„Wenn du dieses Tier kennst, dann will ich dir gern in die Hölle folgen", antwortete der Jäger und führte ihm ein seltsames gefiedertes Wesen im Hof vor.

Der Teufel sah es, der Teufel guckte genauer hin, der Teufel ging um den Vogel herum, der Teufel griff in das Gefieder, aber er schüttelte den Kopf. Schnell holte er noch andere Teufel aus der Hölle, alle befühlten und beschauten das Tier von allen Seiten, aber keiner hatte je ein solches Tier gesehen. Selbst Luzifer konnte sich nicht erinnern, jemals einen solchen Vogel gesehen zu haben. Das Teufelsvolk war verärgert, stieß ein großes Gejohle aus und kehrte ohne den Jäger in die Hölle zurück.

Das Weib streifte sich die Federn ab, wusch sich lange und gründlich, stieg ins Bad und kam als junge Frau hervor, wie man schöner sie nicht erträumen konnte.

„Du hast mich erlöst", sprach sie mit süßer Stimme zu dem Jäger. „Ich habe früher häßliche Mädchen ausgelacht, daher wurde ich in ein ekelhaftes Weib verwandelt. Das war meine Strafe. Dein Opfer hat mir die Erlösung gebracht. Du bist vom Teufel befreit und ich von meiner Strafe!"

Seitdem jagt der Jäger seinem Glück nicht mehr in den Wäldern nach, denn er hat es jeden Tag zu Hause.

Der Gänsejunge Matyi

Es war einmal eine Frau, die hatte einen Sohn, der Matyi hieß. Matyi war schon groß und kräftig, aber zum Geldverdienen taugte er nicht. Am liebsten saß er hinter dem Ofen und sah seiner Mutter bei ihren Arbeiten zu.

Die Mutter bat ihn, im Tagelohn bei den Bauern zu arbeiten, aber er blieb nirgends lange und kehrte bald wieder hinter seinen Ofen in der Stube zurück. Da schickte ihn seine Mutter zum Gänsehüten, denn im Stall schnatterten zwei Gänse, ein Gänserich und 16 junge Gänschen. Die kleinen Gänse fraßen den ganzen Tag grünes Gras und fanden vielerlei Leckerbissen im Bach, so daß sie recht schön heranwuchsen.

Da sagte Matyi zu seiner Mutter: „Heute ist Markt in der Stadt, ich könnte ja die jungen Gänse auf den Markt treiben und dort verkaufen."

„Nein", sagte die Mutter, „die können wir auch hier im Dorf verkaufen."

Matyi hatte sich aber diesen Gang zum Markt in den Kopf gesetzt und redete so lange, bis seine Mutter ihm ein ganzes Blech voll Pogatschen (flaches Süßgebäck mit Fettgrieben) als Wegzehrung mitgab und ihn ziehen ließ. „Ich will ihn gehen lassen", dachte die Mutter, „denn er scheint am Kaufen und Verkaufen Spaß zu haben."

So machte sich Matyi mit den 16 jungen Gänsen auf den Weg zur Stadt.

Der Herr der Stadt, der Baron, schlenderte auch gerade über den Markt und sah den Gänsehirten.

„Es sind ganz nette Gänschen, was verlangst du für das Paar?" fragte der Baron.

Matyi erwiderte ihm: „Das sind sehr schöne Gänschen, das Paar kostet zwei Marientaler, billiger gebe ich sie nicht her." Dem Baron war so etwas noch nie vorgekommen, und er sagte: „Dieser Lausebengel will mir den Preis vorschreiben! Hat einer so etwas schon gehört? Für das Paar gebe ich einen Silbergulden und nicht mehr!"

Matyi schüttelte den Kopf und blieb bei dem Preis von zwei Marientalern. Da befahl der Baron den beiden Marktdienern, den Gänsejungen zu ergreifen und in sein Schloß zu bringen. Die sechzehn Gänschen ließ er beschlagnahmen und sagte, dies geschehe wegen der Aufsässigkeit des jungen Burschen. Im Schloß wurden Matyi fünfundzwanzig Stockschläge verpaßt, als Preis für die Gänse, wie der Baron wütend erklärte.

Nach dieser Bezahlung hielt sich Matyi sein Hinterteil und schrie dem Baron ins Gesicht: „Das werde ich Euch noch zurückzahlen, aber gleich dreimal, darauf könnt Ihr Euch verlassen." Da wurde der Baron erst richtig zornig und befahl der Schloßwache, ihm nochmals dreißig Hiebe zu verabreichen. Matyi wand sich und heulte. Schließlich wimmerte und schrie er. Als sie ihn endlich laufen ließen, schluckte er nur heftig, aber er sagte kein Wort mehr.

Matyi zog voller Wut und Scham aus seiner Heimat fort, die ungerechte Bestrafung aber konnte er nie vergessen und das Unrecht nie verwinden.

Nach längeren Jahren kam er in seine Heimat zurück. Da hörte er im Wirtshaus von den Leuten, daß der Herr Baron sich ein neues Schloß bauen lasse. Da versank Matyi in tiefes Nachdenken. Plötzlich hatte er einen Plan. Er verkleidete sich als Zimmermann und machte sich auf den Weg in die Stadt. Die Mauern des neuen Schlosses waren schon hochgezogen, und das Bauholz lag bereits aufgeschichtet daneben. Matyi holte ein Maß aus der Tasche und fing an, geschäftig wie ein Zimmermann die Balken zu vermessen. Der Baron sah dies, kam heraus und fragte ihn, wer er sei und woher er komme.

„Ich bin ein Zimmermann, komme aus einem fernen Land und bin dort als Meister wohl bekannt."

Der Baron fühlte sich geschmeichelt, daß der Meister aus der Fremde seinen Bau begutachtet hatte und fragte ihn: „Ist dies auch gutes Bauholz hier?"

Da antwortete der Zimmermann: „Mit diesem minderwertigen Holz würde ich das Dach eines so schönen Schlosses nicht decken. Aber Ihr müßt selbst wissen, was Ihr wollt."

Der Baron überlegte nicht lange und sagte zu dem fremden Meister: „Das Dach soll gut und fest sein und soll lange halten. In meinen Wäldern stehen viele schöne Bäume. Kommt mit mir und wählt die besten davon aus. Minderwertiges Holz soll hier nicht verbaut werden. Euren Ratschlag und Eure Hilfe werde ich gut entlohnen."

Der Baron ließ aus der Stadt und aus den Dörfern hundert starke Männer kommen und schickte sie voran in seinen Wald. Er selbst ließ die Kutsche anspannen und fuhr mit dem fremden Meister hinterher.

„Alle Bäume, die wir mit der Axt bezeichnen, die haut ab!" sagte der Baron zu den Arbeitern. Mit dem Zimmermann schritt er hinein in den Wald und suchte mit ihm die besten Bäume aus. Der Zimmermann guckte sich jeden Stamm genau an und zeigte immer wieder auf einen, der besonders hoch und gerade gewachsen war. Bald hallte der Wald wider von vielen Axthieben.

Der Baron und der Zimmermann drangen tief in den Wald ein und ließen bald die Holzfäller weit hinter sich. So kamen sie in ein tiefes Tal, in das nicht einmal mehr der Ton der hauenden Äxte hineindrang. In diesem Tal stand ein besonders schöner Baum, der dem Zimmermann gleich gefiel.

„Wir wollen sehen, ob der Stamm dick genug ist", sagte der Zimmermann, „könnt Ihr den Stamm einmal messen, Herr Baron?"

Der Baron umfaßte den Stamm mit beiden Armen und maß den Umfang. Da sprang Matyi schnell herzu, band die Hände des Barons mit einem Strick zusammen und stopfte dem Freiherrn einen Ballen trockenes Moos in den Mund. Im Dickicht schnitt er sich einen biegsamen Stock und begann, den hohen Herrn nach Strich und Faden zu verdreschen. Der Baron wußte gar nicht, was das alles sollte und schaute den Zimmermann stumm und fragend an. Stumm war er, weil er das Moos im Mund hatte, aber so konnte er nicht schreien und niemanden zu Hilfe rufen.

„Erinnert ihr Euch noch an den Gänsejungen von damals?" fragte schließlich Matyi den Baron. „Ich bin Matyi, der Gänsejunge, dem Ihr auf dem Markt die Gänse weggenommen habt und den Ihr im Schloß auch noch mit Stockhieben bezahlt habt. Diesmal bin ich als Zimmermann gekommen, aber verlaßt Euch drauf, ich komme noch zweimal wieder. Ich habe Euch versprochen, die Hiebe von damals dreifach zurückzuzahlen. Noch zweimal werden wir uns wiedersehen, so wahr ich Matyi bin."

Mit diesen Worten versetzte Matyi dem Baron noch einen starken Hieb hintendrauf und rannte dann schleunigst davon.

Inzwischen hatten die hundert Männer alle bezeichneten Bäume gefällt und hatten sich zu einer Rast im Moos niedergelassen. Sie warteten längere Zeit auf die Rückkehr ihres Barons und des Zimmermanns. Schließlich wurden sie unruhig und fragten sich, ob den beiden etwas zugestoßen sein könnte. Wie sie es gewohnt waren, so machten sie es auch diesmal. Sie bildeten eine Kette wie bei einer Hasenjagd und umzingelten das Tal, in das die beiden hineingeschritten waren. Der Kreis, den sie zogen, wurde immer enger und nach einiger Zeit fanden sie auch den Freiherrn, der an eine Tanne gebunden war und einen großen Kloß im Mund zu haben schien. Sie befreiten ihn schließlich von seinen Fesseln, er spuckte das Moos aus und berichtete, daß er getäuscht und geschlagen worden sei.

„Es war Matyi, der Gänsejunge. Ein Halunke ist's, ich hatte ihn schon lange vergessen. Zweimal will er noch wiederkommen, aber das soll ihm nicht gelingen!"

Der Baron stöhnte schwer, hielt sich den Rücken und holte seine

Geldbörse hervor. Da sah er, daß Matyi ihm auch noch genau den Preis für die Gänse abgenommen hatte.

In einem großen Bettlaken brachten die Männer den stöhnenden Baron nach Hause. Dort begab er sich sogleich zu Bett und ließ von nah und fern eine ganze Reihe Ärzte kommen, die ihn kurieren sollten. Da er über und über mit Striemen und blauen Flecken bedeckt war, konnte keiner ihm eine schnelle Heilung versprechen.

Die Leute erzählten sich die Geschichte lachend und grinsend in allen Dörfern, und so kam auch Matyi zu Ohren, daß der Baron immer noch einen guten Doktor suche. Matyi mietete einen Wagen, verkleidete sich als Arzt und kam im Doktorkittel wieder in die Stadt, in der das Schloß des Freiherrn stand. Im Gasthof stieg er ab, speiste gut zu Mittag und fragte den Gastwirt, was es Neues in der Stadt zu vermelden gäbe.

„Ja", sagte der Wirt, „unser Herr Baron hat immer noch starke Schmerzen. Er ist auf der Suche nach einem guten Arzt, den er bestimmt gut entlohnen würde."

Matyi streichelte sich den angeklebten Bart und sagte zu dem Gastwirt, er sei für solche Fälle eingerichtet und könnte ihn wohl in kurzer Zeit heilen.

Der Gastwirt schickte dienstbeflissen sogleich seinen Lehrjungen aus der Küche zu dem Baron und ließ ihm ausrichten, ein berühmter Arzt aus fernen Landen sei bei ihm abgestiegen; das sei ein erfahrener Doktor, der selbst die schlimmsten Leiden kurierte. Der Baron hörte dies und trug dem Jungen auf, dem Doktor auszurichten, er fühle sich sehr geehrt, wenn der berühmte Arzt einen Besuch bei ihm abstatten wollte.

Da fuhr der fremde Doktor nach geraumer Zeit mit der Kutsche vors Schloß, ließ sich zu dem Kranken bringen, untersuchte ihn lange, klopfte und tastete ihn überall ab und wiegte dann bedächtig seinen Kopf hin und her. Matyi hatte eine sehr große Brille aufgesetzt, so daß er wirklich aussah wie ein Doktor vor dem Bett eines Schwerkranken, an dessen Genesung er nicht mehr so ganz glauben wollte. Den Baron beschlich große Furcht, und schließlich fragte er den Arzt mit leiser Stimme: „Steht es wirklich so schlecht mit mir? Werde ich wohl noch einmal gesund?"

Der Arzt begann schweigend nochmals den Kranken abzuhorchen und abzutasten. Erst nach einer ganzen Weile ließ er sich vernehmen: „Die Heilung wird schwierig sein, aber ich habe Hoffnung und will euch sofort eine ganz besondere Kur verordnen."

Aufatmend und frohgemut ließ sich daraufhin der Baron in die Kissen sinken. Der Doktor aber ließ durch das Gesinde sofort Feuer machen und Badewasser wärmen. Mit genauen Anweisungen schickte er dann alle Bediensteten des Hauses in den Wald zum Kräutersammeln. So blieb der Baron allein mit Matyi im Schloß zurück.

Als die ganze Dienerschar zum Tor hinausgegangen und am

Waldesrand angelangt war, trat der Doktor mit einem handfesten Stock ins Zimmer, legte den Baron auf den Bauch und sagte ihm, daß die Kur nun gleich beginnen könne.

Eine solche Kur hatte aber der Baron nun wirklich nicht erwartet. Er wimmerte und winselte unter den Schlägen nur so auf seinem Bett und konnte nur noch erschrocken die Augen aufreißen, als der fremde Doktor sich schließlich zu erkennen gab.

„Das war das zweite Mal“, sagte Matyi, „das dritte Mal steht noch aus!“ Auch diesmal nahm er, genau abgezählt, das Geld für die Gänse aus den Schubladen und steckte es ein. Aber keinen Heller mehr, er zählte genau die Summe für die sechzehn Gänschen wieder ab.

Bald danach kam auch die Dienerschar mit Kräutern und Wurzeln aus dem Wald zurück, um sie dem fremden Doktor für seine Kur zu übergeben. Der Doktor aber war nirgends mehr zu finden, nur aus der Schlafkammer des Barons drangen klagende Laute. Die Diener öffneten die Tür und fanden den wimmernden Herrn auf dem Bauch liegend vor, und sie sahen, daß er eine Kur besonderer Art hinter sich gebracht hatte. Der Herr winselte und konnte nur noch stammeln: „Das war wieder Matyi, der Gänsejunge, diesmal ist er als Doktor gekommen.“

Der Baron konnte sich von seinen Schmerzen ganz und gar nicht erholen und ließ aus der Ferne mehrere Doktoren kommen, die ihn schließlich wieder kurierten. Der Baron ließ sich aber ständig von seinen Soldaten bewachen und sah sich die neuen Doktoren ganz genau an, bevor sie mit ihrer Kur beginnen durften. Vor Matyi nämlich hatte er nun einen gehörigen Respekt und wollte ihn sich auf jeden Fall ein drittes Mal vom Halse halten.

Der Gänsejunge von damals ließ einige Zeit verstreichen und wartete ab, bis einmal Markt in der Stadt war. Da verkleidete er sich als Pferdehändler, kaufte in einer anderen Stadt ein hübsches Pferd und erschien damit auf dem Markt. Bei den Bauern hörte er, wie einer sein Pferd als den besten Renner in der ganzen Gegend anbot. Der Pferdehändler verkaufte schnell seinen Gaul und trat mit einem vollen Geldbeutel vor den Verkäufer des Rennpferdes.

„Ein solches Pferd habe ich mir lange gewünscht", sagte er, „aber ich kaufe keinen Renner ohne Beweise. Ihr müßt mir schon zeigen, ob das Pferd auch wirklich schnell ist. Wenn es wirklich ein Renner ist, so werde ich das Pferd kaufen."

Der Mann war mit einem Proberennen einverstanden. Da sagte der Pferdehändler: „Nun sattelt auf, reitet zum Stadttor hinaus, und wenn der Baron in der Kutsche angefahren kommt, dann schreit laut: Ich bin Matyi, der Gänsejunge! Dann aber heißt es galoppieren! Dann zeigt, was Ihr könnt, sonst wird es Euch schlecht ergehen!"

Der Mann konnte sich auf diese Dinge zwar keinen Reim machen, aber er war damit einverstanden. Der Pferdehändler begleitete den Mann mit dem Rennpferd bis zum Stadttor, und als er in der Ferne den Baron in seiner Kutsche hinfahren sah, sagte er: „Nun aber aufs Pferd, los, schnell!"

Der Mann sprengte durchs Tor hinaus, ritt der Kutsche entgegen und rief dann zu dem Baron hinüber: „Ich bin Matyi, der Gänsejunge!"

Bei diesen Worten gab er seinem Pferd die Rute und jagte im Galopp die Landstraße entlang.

Da hielt der Baron mit einem Ruck die Kutsche an und schrie: „Los, spann die Pferde aus, Kutscher! Schnell hinter ihm her! Zwei Goldstücke sind dir sicher, wenn du mir den Kerl einfängst."

Der Kutscher sprang sofort auf eines der Pferde und hetzte dem Reiter nach. Der Baron bleib allein in seiner Kutsche zurück.

Da trat der Pferdehändler aus dem Stadttor, kam auf den Baron in der Kutsche zugeschritten, stieg zu ihm auf den Wagen, rollte die Augen und sagte drohend: „Der da davonreitet, ist nicht der Gänsejunge. Matyi bin ich. Ein drittes Mal bin ich gekommen, um dir die letzte Rate auszuzahlen."

Der Baron sank entsetzt in die Kissen seiner Kutsche. Der Gänsejunge fackelte nicht lange und verbleute den Baron ein drittes Mal mit einem handfesten Stock. Dann nahm er sich für die Gänschen von damals noch einmal genau den Preis, aber keinen Heller mehr. Dem heulenden Baron sagte er, dies sei nun das letzte Mal gewesen, und er habe seine verdiente Strafe erhalten.

Der Gänsejunge schlug sich daraufhin in die Büsche, pfiff ein frohes Lied vor sich hin und verschwand endgültig aus dieser Gegend. In einem anderen Landstrich suchte er sich eine Frau, heiratete sie und lebte mit ihr glücklich und zufrieden. Und wenn die beiden nicht gestorben sind, so leben sie noch heute.

Die Reise zu Sonne und Mond

Es war einmal ein reicher Bauer, der hatte eine schöne Tochter, die hieß Hanuschka. In der Nachbarschaft lebte ein armer Hirte, der hatte einen Sohn, und der hieß Jenik.

Hanuschka und Jenik hatten einander sehr lieb; sie war wie eine Taube, er wie ein Falke. Alle Leute freuten sich, wenn sie die beiden miteinander sahen. Hanuschka hatte alles, was ihr Herz begehrte. Jenik aber war arm wie eine Kirchenmaus. Das Mädchen störte sich nicht daran, aber ihr Vater sah gar nicht gern, daß sie immer mit Jenik zusammen war.

Eines Tages faßte sich der junge Mann ein Herz, zog sein bestes Gewand an, ging zu dem reichen Bauern und hielt um die Hand seiner Tochter an. Der Bauer lehnte sich am Tisch zurück, hörte den Sohn des Hirten ruhig an und sprach dann zu ihm: „Höre, Jenik, so einfach geht das nicht. Wenn du meine Tochter haben willst, dann mußt du erst einmal eine Reise zu Sonne und Mond machen. Ich will wissen, warum die Sonne nicht auch bei Nacht leuchtet und wärmt, und ich will ebenso wissen, warum der Mond nicht auch am Tage scheint.

Wenn du das weißt, dann komme zurück, dann gebe ich dir meine Tochter zur Frau, und an der Mitgift soll es dann auch nicht fehlen."

So sprach der Bauer, denn er dachte, Jenik werde sich in der Nähe der Sonne verbrennen und nie mehr zurückkehren.

Jenik vernahm die Worte des Bauern, versprach ihm, sofort aufzubrechen, und verabschiedete sich von Hanuschka.

Fröhlich pfeifend wanderte er über Berg und Tal, Wälder und Felder und stand endlich vor der aufgehenden Sonne.

„Hallo", rief ihr Jenik zu, „hallo, warte ein Weilchen, ich muß dich etwas fragen."

Die Sonne stieg höher und höher und rief: „Dann mach schnell, ich muß heute noch um die ganze Welt wandern!"

Jenik stand nun ganz nahe vor der Sonne und fragte:

„Warum, liebe Sonne, leuchtest und wärmst du nicht auch bei Nacht?"

Die Sonne stieg hell am Himmel empor. „Die Erde müßte verbrennen, wenn ich bei Nacht ebenso leuchten und wärmen würde wie bei Tage!"

Jenik winkte der Sonne Dank zu und wanderte weiter.

An einem schönen Abend stand er plötzlich vor dem aufgehenden Mond.

„Hallo, lieber Mond, warte, warte ein Weilchen, ich muß dich etwas fragen!"

Der Mond hielt ein wenig inne und rief: „Dann aber rasch, ich muß schnell weiter!"

„Warum, lieber Mond", fragte Jenik, „leuchtest du denn nur bei Nacht und nicht auch am Tage?"

„Am Tage könnte ich keinen Tau bringen. Die Erde würde dann verdorren, denn sie braucht den Tau wie den Segen Gottes. Deshalb leuchte ich nur bei Nacht!"

So sprach der Mond und eilte über die Berge davon.

Nun wußte Jenik, was er wissen wollte, und schlug mit schnellen Schritten den Weg nach Hause ein.

Als Hanuschka ihren Jenik wiedersah, tanzte sie vor Freude um ihn herum und wußte gar nicht, was sie vor Glück alles anfangen sollte.

Der reiche Bauer traute seinen Augen kaum, als er Jenik plötzlich vor der Tür stehen sah. Braungebrannt von der langen Reise, kräftig und fröhlich, kam er in die Stube, begrüßte den erstaunten Bauern und berichtete ihm, was er von der Sonne und vom Mond gehört hatte.

Was sollte der Alte nun machen? Hanuschka wollte Jenik zum Mann haben, und dieser hatte den schwierigen Auftrag erfüllt. Der reiche Bauer willigte daher in die Hochzeit ein und gab seiner Tochter eine große Mitgift. Nun wurde Hochzeit gefeiert mit soviel Musik, daß die Berge widerhallten, da gab es zu essen, daß die Pfannen überflossen von Grütze und süßem Honig, so daß ein jeder sich nach Herzenslust vergnügen konnte. Noch lange erzählte man sich in der ganzen Gegend von diesem schönen Fest.

Das Ei auf Wanderschaft

Vor langer, langer Zeit ging das Ei einmal auf Wanderschaft, rollte und rollte, paßte auf, daß es nicht auf etwas Hartes stieß und rollte immer weiter. Auf dieser Wanderschaft begegnete das Ei einem Krebs. „Wohin gehst du?" fragte das Ei und hielt in seinem Lauf inne.

„Sag mir erst mal, wohin du denn gehst!" antwortete erstaunt der Krebs.

„Ich gehe auf Wanderschaft."

„Ich gehe mit", meinte der Krebs, „wenn zwei zusammen sind, so geht sich's leichter."

Und wie die beiden so gehen, begegnen sie einer Ente.

„Wohin gehst du?" fragte das Ei.

Die Ente quakte und fragte zurück: „Und ihr, wohin geht ihr denn?"

„Wir gehen auf Wanderschaft, komm doch mit, dann sind wir drei."

Die Ente quakte und war einverstanden. Zu dritt brachen sie nun auf. Das Ei rollte, der Krebs kroch, und die Ente watschelte. So gingen sie und begegneten einem Truthahn.

„Wohin gehst du?" fragte das Ei.

Der Truthahn plusterte sich auf und warf sich erstaunt in die Brust und fragte zurück: „Und wo geht ihr denn hin, ihr drei Gesellen?"

„Wir gehen auf Wanderschaft, komm doch mit und leiste uns Gesellschaft!"

Der Truthahn war einverstanden, und so zogen sie zu viert ihres Weges. Das Ei rollte, der Krebs kroch, die Ente watschelte und der Truthahn stolzierte. Wie sie so alle viere unterwegs sind, begegnen sie einem Pferd.

„Wohin gehst du?" fragte das Ei.

„Und ihr", wieherte das Pferd, „wohin geht ihr denn?"

„Wir gehen auf Wanderschaft! Komm doch mit, dann sind wir so viele wie Finger an einer Hand."

Das Pferd wieherte, freute sich und ging mit.

Das Ei rollte, der Krebs kroch, die Ente watschelte, der Truthahn stolzierte und das Pferd trabte. So gingen sie alle fünfe und begegneten einem Ochsen.

„Wohin gehst du?" fragte das Ei.

„Und ihr", fragte der Ochse, „wohin wollt ihr denn?"

„Wir gehen auf Wanderschaft! Komm doch mit, dann sind wir ein halbes Dutzend!"

Der Ochse schloß sich ihnen an. Alle sechse brachen sie nun auf. Das Ei rollte, der Krebs kroch, die Ente watschelte, der Truthahn stolzierte, das Pferd trabte und der Ochse schritt gleichmütig nebenher.

So gingen sie nun zu sechst auf die Wanderschaft, schön in einer Reihe und begegneten dabei einem Hahn.

„Wohin gehst du?“ fragte das Ei.

„Und wo wollt ihr denn hin?“ krähte der Hahn.

„Wir gehen auf Wanderschaft. Komm mit, dann sind wir unserer sieben!“

Der Hahn krähte, nickte dreimal mit dem Kopf und ging mit.

Die sieben Gesellen wanderten nun hintereinander auf der Straße entlang. Das Ei rollte, der Krebs kroch, die Ente watschelte, der

Truthahn stolzierte, das Pferd trabte, der Ochse schritt gleichmütig einher und der Hahn lief als letzter hinterdrein. Allmählich wurde es Abend. Sie waren hungrig geworden, blickten sich suchend um und merkten schließlich, daß sie sich in einem dichten Fichtenwald verirrt hatten. Nun war guter Rat teuer. Das weiße Ei hatte aber Verstand für alle sieben. Es befahl dem Hahn, auf eine hohe Fichte zu fliegen und Ausschau zu halten. Der Hahn flog hoch, setzte sich auf den höchsten Wipfel und bemerkte einen Lichtschein weit in der Ferne im dunklen Wald. Mit fröhlichem Krähen meldete er seine Entdeckung. Das Ei rief ihm zu, er solle vorausfliegen und den anderen den Weg durch die Fichten zeigen.

„Wir kommen nach, wir brauchen etwas zu essen und ein Nachtlager. Du kannst das dort schon melden."

Der Hahn führte sie durch die Bäume zu einer kleinen Lichtung. Dort brannte in einem Haus noch Licht. Das Ei befahl dem Pferd, einmal an die Tür zu klopfen. Das Pferd klopfte, und aus dem Haus kam eine alte Frau heraus.

„Was wollt ihr hier? Schnell, macht daß ihr weiterkommt", kreischte die Alte, „wenn meine Burschen nach Hause kommen, dann zermahlen sie euch zu Kascha (Buchweizengrütze)!"

„Darum brauchst du dich nicht zu sorgen, wir haben erst einmal Hunger!" sagte das Ei.

„Der Teufel soll euch holen! Für ein solch hergelaufenes Gesindel habe ich nichts zu essen!" zeterte die Alte.

Da wurde das Ei böse und befahl dem Ochsen, die Alte auf die Hörner zu nehmen und unsanft in den Wald zu schaffen. Der Ochse nahm die Alte auf die Hörner, lief mit ihr in den Wald, warf sie in eine Schlucht und kam gleichmütigen Tritts wieder zurück.

Da gingen die sieben Wanderer in die Stube hinein und sahen zu ihrem Erstaunen, daß der Tisch genau für sieben gedeckt war. Der Duft von Gebratenem zog durch die Stube, und als sie in die Töpfe guckten, da sahen sie, daß die Alte noch allerlei gekocht hatte. Unsere sieben Wanderer begriffen, daß sie in einem Räuberhaus waren und es auch nicht mehr lange dauern konnte, bis die Herren des Hauses zum Abendbrot erscheinen würden. Eben als sie sich zu Tisch setzen wollten, hörte man draußen im Wald tiefe Stimmen und einen entsetzlichen Lärm. Die Räuber kamen. Hilfesuchend wandten sich die sechs Freunde an das Ei. Auch diesmal wußte das Ei Rat. Ganz ruhig und überlegt gab es seine Befehle. Der Hahn mußte sich ganz oben auf den Balken setzen, der Ochse sollte sich in den Hausflur stellen, das Pferd wurde hinter die Tür in der Stube geschickt, der Truthahn auf den Ofen, die Ente sollte sich unter der Bank verstecken, und der Krebs sollte in die Kanne kriechen. Nachdem sie das Licht gelöscht hatten, suchten sie alle ihre Verstecke auf. Das Ei selbst rollte in die Asche am Herd hinein und war nicht mehr sichtbar.

Wie die Räuber nun nach Hause kommen und kein Licht in der Stube sehen, da wundern sie sich sehr und fragen einander.

„Hat die Alte etwa verschlafen?"

„Das geht hier nicht mit rechten Dingen zu!" Der stärkste von den sieben Räubern gab den anderen ein Zeichen, still zu sein und zu warten, machte leise die Tür auf und trat in den Flur. Da sprang der Ochse hervor, nahm den Räuber auf die Hörner und warf ihn mit einem Ruck durch die offene Tür in die Stube hinein. Darauf hatte das Pferd hinter der Tür schon gewartet und schlug tüchtig mit dem Hufe aus.

„Einbrecher, Einbrecher!" rief der Räuber. „Wartet nur, gleich leuchte ich euch ins Gesicht!" Da es ganz dunkel war in der Stube, sprang der Räuber zum Herd, um die Glut anzufachen. Wie er die Asche wegschiebt und zu blasen anfängt, da glüht die Kohle auf und Flammen schlagen um das Ei. Da platzte das Ei und blies dem Räuber heiße Asche ins Gesicht und in die Augen. Mit einem Aufschrei springt der Räuber zur Wasserkanne, um sich die Asche aus den Augen zu wischen. Kaum aber hatte er seine Hand hineingetaucht, da packte der Krebs mit festen Zangen seine Finger. Der Räuber zieht schnell die Hand heraus, wirft dabei die Kanne um

und macht einen fürchterlichen Lärm. Da schnattert die Ente auf und schlägt mit den Flügeln, der Truthahn plustert sich auf dem Ofen, scharrt und kollert: „Hudry! Hudry!"

Das Pferd hatte sich inzwischen an die Dunkelheit gewöhnt, schlug dem Räuber noch einmal kräftig in seinen Rücken und stieß ihn hinaus auf den Flur. Dort nahm ihn der Ochse wieder auf die Hörner und warf ihn auf den Hof. Der Hahn oben auf dem Balken krähte dazu aus vollem Halse: „Kikeriki, Kokore!"

Mit Müh und Not konnte sich der Räuber zu seinen Gesellen schleppen. Am ganzen Leib zerschlagen und aus mehreren Wunden blutend, kam er bei ihnen an.

„Was ist los? Wer ist im Haus? Was geht dort vor?" stürmten sie auf ihn ein.

„Da drinnen sind sieben Handwerker! Mit Müh und Not bin ich mit dem Leben davongekommen. Teufelshandwerker sind da drin! Auf Zehenspitzen schlich ich mich in den Flur, da wurde ich mit Gewalt ins Haus gestoßen. Wie ich Feuer machen will, um zu sehen, wer bei uns eingebrochen ist, da schießt mir ein Flintenmacher ins Gesicht. Ich will die Augen auswaschen und tauche meine Hand in die Wasserkanne, da schneidet mir ein Schneider mit einer Schere fast die Finger ab. Gleichzeitig reißt ein Weber zwischen den Bänken seinen Webstuhl auseinander und schlägt mir das Weberschiffchen – tak, tak – auf den Kopf. Am Ofen stand ein Bäcker, schlug nach mir mit der Schaufel und rief dabei: ‚Udri, udri!' Ein

Schuster kam hinter der Tür hervor, hieb auf mich ein mit seinem Leisten und stieß mich wieder in den Flur. Dort wartete ein Bauer mit einer eisernen Gabel und warf mich in den Hof hinaus. Da blieb mir fast das Herz stehen, denn oben auf dem Balken saß der Henker neben einem Galgen und rief: ‚Herauf mit ihm, herauf mit ihm!'"

Die Räuber erschraken gewaltig, machten kehrt und rannten, was sie rennen konnten, in heilloser Furcht in den Wald hinein. Die sieben Handwerker hatten nun ihre Arbeit getan und sich das Essen redlich verdient. Sie ließen sich die leckeren Speisen munden, tranken auch einen guten Tropfen aus dem Keller und ließen sich's wohl sein. Dann ruhten sie von der langen Wanderschaft und von ihrem Siege über die Räuber aus. Erst als sie alles im Hause aufgegessen hatten, brachen sie wieder auf. Nun ging wieder jeder seines Weges: Das Ei rollte dahin, der Krebs kroch davon, die Ente watschelte entlang, der Truthahn stolzierte vom Platze, das Pferd trabte hinweg, der Ochse schritt gleichmütig hinterher, und der Hahn lief auch allein los.

Ich weiß nicht, ob sich die sieben Handwerker jemals wieder zu solch einem Meisterstück zusammenfinden werden.

V. Die Nacht Tausendundzwei

Der Märchenteppich des Nahen und Mittleren Orients

Abu Nowas, der Hofnarr

Am Hofe des Sultans lebte einmal ein Hofnarr, der Abu Nowas hieß. Der Sultan hatte den Spaßmacher sehr gern. Als Abu Nowas' Frau gestorben war, sorgte der Sultan dafür, daß ihm ein wohlerzogenes Mädchen aus dem Gefolge der Sultana zur Frau gegeben wurde. Einen schönen Beutel voller Goldstücke ließ er ihm ebenfalls aushändigen und ihm alles Gute für die neue Ehe wünschen.

Abu Nowas und sein junges Weib machten sich das Leben angenehm, ließen es sich an nichts fehlen und brachten das Geld bald unter die Leute.

Schließlich blieb nichts mehr davon übrig, so daß sie ihren Hausrat verkaufen mußten, um leben zu können. Zuletzt hatten sie nur noch einen Mantel und eine Decke übrigbehalten.

Abu Nowas dachte nach, einen Tag und eine Nacht. Dann lachte er hell auf, erzählte seiner Frau seinen Plan und brach sofort auf zum Sultanspalast. In seine Augen hatte er etwas Pfeffer gerieben, daß sie ganz rot waren, stark schmerzten und tränten. Der Sultan saß in der Halle der Gerechtigkeit und sah den weinenden und schluchzenden Abu Nowas in die Tür treten. Voller Mitgefühl erkundigte er sich nach dem Grund seines Schmerzes. Abu Nowas berichtete, seine Frau sei ihm schon wieder gestorben, und er sei ein armer und geschlagener Mann, da er kein Geld mehr habe, sie anständig zu begraben. Da ließ ihm der Sultan durch den Großwesir 100 Goldstücke aushändigen und sein Beileid auf diese handfeste Weise bezeugen.

Zu Hause freuten sich der Hofnarr und sein Weib ungemein über den gelungenen Streich und meinten, nochmals so ein Beutel voller Gold würde ihnen viel helfen können, und so heckten sie einen neuen Plan aus.

Nun machte sich die junge Frau des Hofnarren auf den Weg zum Palast der Sultana, schluchzte dort herzerweichend und erzählte, ihr Mann sei gestorben, aber sie habe nicht genügend Geld, ihn mit Ehren zu begraben.

Die Sultana faßte tiefes Mitleid, und sie gab ihrer ehemaligen Dienerin einen Geldbeutel mit 200 Goldstücken und sagte: „Dein Ehemann hat uns lange und treu gedient, er soll ein würdiges Begräbnis haben."

Die junge Frau nahm den Beutel, küßte der Sultana die Füße und begab sich auf den Heimweg.

Zu Hause tanzten die beiden vor Freude und richteten sich auf die kommenden Ereignisse ein, denn Abu Nowas sah schon voraus, daß sie heute noch Besuch bekommen würden.

Inzwischen hatte die Sultana den Sultan aufgesucht und zu ihm gesagt: „Stell dir vor, Abu Nowas ist gestorben. So jung vermählt, und schon tot!“

„Nein“, sagte der Sultan, „du irrst, nicht er, sondern seine junge Frau ist tot.“

„Nein, nein“, beharrte da die Sultana. „Du bist im Irrtum, sie selbst kam zu mir und hat es mir vor einigen Stunden erzählt!“ Da rief der Sultan erstaunt aus: „Du mußt geträumt haben, denn kurz nach Mittag war Abu Nowas bei mir in der Halle der Gerechtigkeit und berichtete, daß sein Weib gestorben sei. Ich habe doch selbst die Tränen in seinen Augen gesehen, und ich gab ihm noch Geld für das Begräbnis.“

Eine lange Zeit stritten sie regelrecht miteinander, bis es dem

Sultan zu dumm wurde und er einen Diener zum Hause von Abu Nowas sandte, der feststellen sollte, wer nun wirklich gestorben war.

Abu Nowas hatte durch das Fenster schon lange auf die Straße gespäht und sah bald den Diener des Sultans entlangkommen.

„Unser Besuch wird gleich hier sein", sagte Abu Nowas zu seiner Frau, „schnell, leg dich hier auf das Bett und tue so, als wärst du tot!" Als der Diener in den Raum trat, weinte Abu Nowas bitterlich und zeigte auf das Bett, auf dem unter einer Decke ein steifer Körper lag. Der Diener sprach sein Beileid aus und eilte zum Palast zurück. Dort berichtete er, daß die Frau des Spaßmachers gestorben sei.

„Das glaube ich nicht", rief die Sultana und befahl ihrem Kammerdiener, sich sofort zu dem Hause des Hofnarren auf den Weg zu machen und nachzusehen, wer von den beiden nun wirklich gestorben sei. Die Sultana glaubte, der Diener ihres Mannes habe mit seiner Auskunft nur dem Sultan gefallen und ihn zufriedenstellen wollen.

„Da kommt der Kammerdiener der Sultana!" rief nun aufgeregt Abu Nowas, als er durch das Fenster blickte. „Jetzt mache ich den Toten. Schnell, breite die Decke über mich!" Und blitzschnell legte er sich auf das Bett, wurde von seiner Frau zugedeckt und hielt den Atem an, als der Kammerdiener in die Tür trat.

„Mein guter Mann ist gestorben", weinte die junge Frau und zeigte zum Bett hinüber. Der Kammerdiener schlug die Decke zurück und sah den Hofnarren steif und regungslos daliegen. Behutsam deckte er den Toten wieder zu, verabschiedete sich und hastete zum Palast zurück.

„Mein Gebieter, ich habe es genau überprüft, der Ehemann, nicht die Ehefrau ist gestorben."

„Das geht nicht mit rechten Dingen zu, noch vor wenigen Stunden ist er bei mir gewesen", rief der Sultan ärgerlich. „Ich werde der Sache auf den Grund gehen, sonst kann ich heute nacht nicht gut schlafen. Laßt sofort meine goldene Kutsche anspannen!" In wenigen Minuten stand der Wagen vor der Tür und beide, der Sultan und die Sultana, stiegen ein. Abu Nowas glaubte seinen Augen kaum, als er die Kutsche auf sein Haus zurollen sah.

„Schnell! Schnell!" rief er seinem Weib zu. „Gleich wird der Sultan hier sein, jetzt heißt es für uns beide, stocksteif auf dem Bett zu liegen."

Sie legten sich beide nebeneinander hin, zogen die Decke über sich und hielten ihren Atem an. Da trat auch schon der Sultan in die Tür, gefolgt von der Sultana und dem Kammerdiener. Der Sultan schlug die Decke zurück und sah die beiden steif und regungslos daliegen.

„Das ist mir ein Rätsel", meinte der Sultan kopfschüttelnd, „ich gebe jedem 1000 Goldstücke, der mir hierzu die volle Wahrheit sagen kann", rief er aus. Bei diesen Worten setzte sich Abu Nowas auf und sagte: „Gib die tausend Goldstücke mir, und ich werde dir die volle Wahrheit verkünden!"

„Abu Nowas, du unverschämter Hund!" rief da der Sultan und brach in ein großes Gelächter aus, in das die Sultana mit einstimmte. „Nun kenne ich dich so lange, aber ich kenne noch längst nicht alle deine schlauen Listen!“ Der Sultan hielt Wort und sandte ihm die versprochenen tausend Goldstücke. Wir aber wollen hoffen, daß er mit diesem Gold noch heute mit seiner Frau glücklich und zufrieden lebt.

Mula-Mustafa

In einer Stadt lebte einmal ein Mann, der drei Söhne und drei Töchter hatte. Er war arm und mußte sich zeit seines Lebens abrakkern und plagen.

Als er merkte, daß seine letzte Stunde nahte und er in eine bessere und schönere Welt gerufen wurde, da ließ er seine sechs Kinder zu sich kommen und sprach zu ihnen:

„Meine lieben Kinder, ich muß jetzt von euch scheiden. Das Häuschen hinterlasse ich euch als Erbe. Ihr, meine lieben Töchter, könnt so lange in diesem Häuschen wohnen, bis euch ein Freier holt und ihr dann euren eigenen Hausstand gründet. Euch, meine Söhne, gehört das Häuschen für immer. Steht dem Glück eurer Schwestern nicht im Wege und gebt sie frei, wenn ein Bräutigam erscheint. Zögert nicht, meine Töchter, und geht mit dem, der als erster um eure Hand anhält!“

Dies konnte der Vater gerade noch als Letzten Willen kundtun, dann starb er. Wie es das Gesetz vorschreibt, wurde er von seinen Söhnen würdig bestattet.

Nach dem Totenmahl waren kaum zwei Wochen vergangen, da klopfte es um Mitternacht an die Tür des Häuschens. Die Brüder fuhren vom Schlaf auf, sahen sich erschrocken an, standen auf und öffneten vorsichtig die Tür. Ein unbekannter Mann trat in die Hütte und grüßte höflich.

„Das Glück sei dir hold!“ antworteten die Brüder. Der Fremde nahm seinen Hut vom Kopf und sprach: „Ich komme, um den Letzten Willen eures Vaters zu erfüllen.“

„Was für einen Letzten Willen denn?“ riefen da die Brüder.

„Ich möchte eure älteste Schwester zur Frau nehmen, gebt sie mir, sie soll es gut bei mir haben.“

Da fragten ihn die Brüder, wer er sei und woher er komme, doch er tat sehr geheimnisvoll und meinte, er könne es ihnen jetzt noch nicht sagen. Der Fremde drängte und sagte, er habe nicht viel Zeit.

„Wenn du nicht sagen willst, wer du bist und woher du kommst, dann kann ich dir diesen Wunsch nicht erfüllen“, sprach der älteste Bruder.

Der zweite Bruder machte eine abwehrende Handbewegung und sagte, daß auch er nicht bereit sei, den Wunsch des Fremden zu erfüllen.

Da sprach der Jüngste: „Ich werde ihm unsere älteste Schwester geben, denn das Wort unseres verstorbenen Vaters gilt, und der hat gesagt, daß jede den ersten Freier nehmen soll, der um ihre Hand anhält.“ Er weckte mitten in der Nacht die älteste Schwester und übergab sie dem Fremden, der sie an der Hand nahm und sofort mit ihr aus dem Hause verschwand.

Knapp zwei Wochen waren vergangen, da pochte wieder ein Fremder an die Tür und wollte die mittlere Schwester haben. Die beiden älteren Brüder wollten dem Fremden die mittlere Schwester auf keinen Fall geben, aber der jüngste setzte sich durch, weckte das Mädchen mitten in der Nacht und gab es dem Fremden.

Die jüngste Schwester war kaum noch zwei Wochen im Hause, denn auch sie wurde auf diese seltsame Weise in der Nacht einem Fremden anvertraut.

Nun waren die Brüder allein und wußten bald nicht, wie sie zurechtkommen sollten. Sie verkauften das Häuschen, nahmen das Geld, kauften sich Pferde und Waffen dafür und nahmen Abschied von ihrem Vaterhaus, um in die Welt zu ziehen. Sie waren übereingekommen, zuerst ihre Schwestern zu suchen; denn sie wollten gar zu gern wissen, wohin die Fremden mit den Mädchen gezogen waren.

Eine lange Zeit ritten sie durch Feld und Wald und kamen dann in ein großes Gebirge. Dort fanden sie einen schönen, klaren See, an dessen Ufern sie den ganzen Tag jagten. Am Abend machten sie ein Feuer und bereiteten sich ihr Nachtlager. Der Älteste sagte den beiden Jüngeren, sie könnten sich hinlegen, er werde in dieser Nacht Wache halten. Müde schliefen die beiden jüngeren Brüder auch bald ein. Der Älteste setzte sich neben das Feuer und rauchte dabei seine Pfeife. Alles um ihn herum war still und friedlich. Gegen Mitternacht aber, da wurde ihm plötzlich ganz seltsam zumute, denn der See geriet plötzlich in Bewegung. Aus dem Wasser stieg ein Drache hervor, der auf die beiden Brüder zueilte, um sie zu verschlingen. Der älteste Bruder war ein mutiger Mann, griff nach seinem Schwert, sprach laut den Namen Gottes aus und schlug mit einem gezielten Schlag dem Drachen den Kopf ab. Die Ohren schnitt er dem Drachen vom Schädel und steckte sie in seine Manteltasche. Da er kräftig genug war, konnte er auch den Körper des Drachen wieder in den See werfen, ohne daß er die Brüder zu wecken brauchte. Er wollte die beiden nicht erschrecken und das mitternächtliche Abenteuer für sich behalten. Gegen Morgen fachte er wieder das Feuer an, bereitete das Frühstück und weckte seine beiden Brüder. Wieder gingen sie an diesem Tag auf die Jagd und verfolgten das viele Wild rings um den See.

Der älteste Bruder hatte Lust bekommen, noch mehr zu sehen und zu erleben; so sagte er seinen Brüdern, er werde auch in der kommenden Nacht die Wache halten. Der mittlere Bruder widersprach energisch und meinte: „Heute nacht sollst du deine Ruhe

haben. Nun ist die Reihe an mir. Ich gehe heute nacht auf die Wache.“ Nach längerem Hin und Her ließ sich der älteste Bruder dann doch überreden und überließ dem zweiten die Wache. Dieser setzte sich ans Feuer, zündete sein Pfeifchen an, betrachtete die schlafenden Brüder und sah dann in die Nacht hinaus. Um Mitternacht wogte plötzlich der See auf, ein Drache mit zwei Köpfen entstieg ihm und schlich auf die beiden Brüder zu, um sie zu verschlingen.

Der mittlere Bruder, der ebenfalls ein mutiger Mann war, zog sein Schwert, nannte laut den Namen Gottes und hieb mit gezielten

Schlägen dem Drachen die beiden Köpfe ab. Die vier Ohren schnitt er ab und steckte sie in die Manteltasche. Da er stark war, warf er allein den Körper des Drachen in den See, ohne seine beiden Brüder wecken zu müssen. Er wollte die beiden nicht erschrecken und behielt alles für sich, was er um Mitternacht erlebt und gesehen hatte.

Als der Morgen graute, schürte er das Feuer neu, bereitete das Essen und weckte dann seine beiden Brüder.

Auch an diesem dritten Tag blieben sie an dem See und gingen auf die Jagd, denn sie fanden dort sehr viel Wild.

Bei Anbruch der Dunkelheit übernahm der Jüngste die Wache, setzte sich ans Feuer und horchte in die Nacht hinaus. Um Mitternacht hörte er, wie der See aufwallte und er sah, wie aus ihm ein Drache mit drei Köpfen hervorstieg. Das Ungeheuer stürzte sich sogleich auf die beiden schlafenden Brüder, um sie zu verschlingen. Der jüngste Bruder rief laut den Namen Gottes, zog sein Schwert, ging den Drachen an und schlug ihm alle drei Köpfe ab. Von den Drachenschädeln schnitt er die Ohren ab und steckte sie in seine Manteltasche. Die Schädel warf er ins Wasser, und den gewaltigen Leib des Drachen stieß er ebenfalls hinein. Der Rumpf des Ungeheuers plumpste in den See, so daß das Wasser herausspritzte und das Feuer beim Lager auslöschte. Jetzt war es ganz tiefe Nacht. Wie sollte er nun am Morgen das Frühstück bereiten? Er blickte überall umher und entdeckte schließlich jenseits des Sees auf einem Berg ein Feuer. Unverzüglich machte er sich dahin auf den Weg. Er wollte wenigstens ein brennendes Scheit erbitten und beim Morgengrauen dann wieder zurück sein. Er tastete und hastete vorsichtig durch die Nacht und kam nach einiger Zeit dem Feuer näher. Er staunte nicht schlecht; denn um das Feuer saßen Riesen und wärmten sich an der Glut.

Der jüngste Bruder grüßte höflich und bat die Riesen um Feuer. Der Riesenhäuptling nahm das Wort und sprach: „Nanu, Bürschlein, weißt du auch, mit wem du es hier zu tun hast? Feuer gibt es hier nicht so leicht, eher schon kannst du hier deinen Kopf verlieren. Feuer können wir dir erst dann geben, wenn du nach Stambul reist und den Sultan tötest. Gelingt es dir nicht, so wird es dir schlecht ergehen!“

„Beim Herrgott“, entgegnete der jüngste Bruder, „bis Stambul sind es vierzig Tage, wie soll ich da den Sultan töten, wenn ich das Feuer bis zum Sonnenaufgang schon brauche!“

Der Riesenhäuptling lachte und antwortete: „Das ist nicht schwierig, in drei Minuten bringt dich einer meiner Freunde in das Gemach des Sultans.“

Da stand einer der Riesen vom Feuer auf und bot sich an, den jüngsten Bruder in die Hauptstadt zu bringen. Da gab es nun keinen Ausweg mehr, er bestieg den Riesen, der ihn in Windeseile nach Stambul brachte und vor dem Gemach des Sultans abwarf.

„Hier wohnt unser Widersacher. Siehst du den Säbel dort hängen? Das ist der Säbel des Sultans, mit dem du ihm den Kopf abschlagen sollst."

Der Säbel hing genau über dem Kopf des Sultans, den der jüngste Bruder nun vorsichtig herunterholte, ohne daß der schlafende Herrscher es merkte. Der jüngste Bruder holte zu einem gewaltigen Schlag aus, trennte aber nicht das Haupt des Sultans vom Rumpf, sondern schlug auf den Riesen ein und hieb ihm den Kopf ab. Sachte legte er den Säbel neben das Bett, zog heimlich dem Sultan einen Ring vom Finger und schlich sich leise aus dem Gemach.

Beim Morgengrauen erwachten die Brüder am See, fanden das Feuer erkaltet und konnten ihren Bruder nirgendwo entdecken. Nach längerem Rufen und Suchen glaubten sie fest daran, daß der Drache ihn verschlungen habe. Niedergeschlagen und traurig nahmen sie voneinander Abschied, und jeder zog in eine andere Himmelsrichtung davon.

In seinem Gemach erwachte auch am Morgen der Sultan und erschrak sehr. Gleich neben seinem Bett erblickte er den niedergestreckten Riesen und sah, daß in der Nacht ein Unbekannter ihm das Leben gerettet hatte. Im ganzen Palast ließ er sofort nach sei-

nem unbekannten Retter suchen, aber niemand wollte es gewesen sein. Die Ratgeber am Hofe rieten dem Sultan, im ganzen Reiche nach ihm suchen zu lassen, denn er konnte ja noch in derselben Nacht aus der Hauptstadt entschwunden sein. Überall im Land richtete man Herbergen ein, in denen die Reisenden ein freies Nachtlager und Essen erhielten, dafür aber dem Wirte die wichtigsten Ereignisse ihres Lebens erzählen mußten.

Einige Jahre gingen dahin, da trafen sich in einer Herberge der

Hauptstadt drei Männer, die auch ihre Geschichte erzählten. Es waren die drei Brüder, die sich aber nicht erkannten. Kleidung, Bartwuchs und Haartracht hatten jeden verändert. Zuerst war die Reihe am ältesten der drei Männer. Er berichtete, daß er zwei Brüder und drei Schwestern habe und daß die Schwestern schon lange verheiratet seien. An einem See habe er selbst einmal einen Drachen getötet, aber auch einen Bruder dort verloren. Bei diesen Worten griff er in die Manteltasche, zog zwei Drachenohren heraus und zeigte sie seinen Zuhörern. Nun war der zweite Bruder an der Reihe. Die Geschichte, die er vorbrachte, ähnelte dem Bericht des er-

sten Erzählers bis auf einen einzigen Punkt. In seiner Geschichte nämlich hatte der Drache zwei Köpfe, und zum Beweis zog er auch zwei Paar Drachenohren aus seiner Manteltasche. Dabei sah er den ersten Erzähler genau an, sprang plötzlich auf, fiel ihm um den Hals und rief: „Und du bist bestimmt mein Bruder!" Nun war der Jüngste an der Reihe, und er berichtete eine ähnliche Geschichte. Die Geschichte aber hatte einen anderen Fortgang, denn er erzählte von den Riesen am Feuer, und wie er von ihnen ein brennendes Scheit holen wollte. Bei diesen Worten wurde der Wirt der Herberge ganz aufgeregt und rief: „Schnell, erzähl schneller, wenn du einen Herrgott kennst!“ Der jüngste Bruder erzählte in Eile die Geschichte bis zum Schluß, zog dann drei Paar Drachenohren aus der Manteltasche und gleichzeitig den Fingerring des Sultans.

Nun war der Wirt kaum noch zu halten: Sogleich wollte er mit dem jüngsten Bruder aufbrechen und ihn dem Sultan vorführen. Der jüngste Bruder aber hatte inzwischen begriffen, daß seine beiden Brüder vor ihm standen, fiel ihnen um den Hals und feierte mit ihnen erst einmal ein großes Wiedersehen. Alle drei gingen sie dann mit dem Wirt gemeinsam zum Sultan. Der Sultan erkannte seinen Ring, probierte ihn an seinem Finger, ließ sich die Drachenohren

zeigen und erkannte, daß sein Retter nun gefunden war. Die beiden älteren Brüder erhielten von ihm schöne Geschenke und wurden in Gnaden von ihm entlassen. Den jüngsten Bruder aber, seinen Retter, behielt er am Hofe bei sich, machte ihn zum Siegelbewahrer des Reiches und gab ihm seine Tochter zur Frau.

Nun war er der Schwiegersohn des Sultans geworden. Man gab ihm einen neuen Namen und nannte ihn fortan Mula-Mustafa. Nichts fehlte ihm mehr, er hatte Reichtum und eine schöne junge Frau. Als Siegelbewahrer hatte er zudem eine große Macht im Reiche.

Ein Jahr später begab sich der Sultan zu einer Pilgerfahrt nach Mekka. Vor seiner Abreise übergab er seinem Schwiegersohn alle Schlüssel des Palastes und händigte ihm auch einen ganz besonderen Schlüssel aus, der an seinem Gürtel hing. Es war der Schlüssel zum Stahlturm des Palastes.

„Ich beschwöre dich bei Allah, den Turm nicht zu öffnen. In ihm sitzt Atesch-Perischa gefangen. Mein halbes Reich mußte ich opfern, bevor ich ihn einfangen und einsperren konnte." So schärfte der Sultan ihm ein.

Einige Tage nachdem der Sultan zu seiner Pilgerfahrt aufgebrochen war, ging der Siegelbewahrer durch das ganze Schloß und sah sich alle Räume und Säle an, auch die, in denen er noch nie gewesen war. Bald stand er auch vor der Tür des Stahlturmes. Er drehte den Schlüssel in seinen Händen hin und her, es juckte und zwickte ihn, die Tür zu öffnen. Mula-Mustafa dachte, daß dieser Atesch-Perischa so schlimm wie ein Drache oder ein Riese nicht sein könne, steckte schnell den Schlüssel ins Loch und schloß auf. Kaum hatte er die Tür einen Spalt geöffnet, da fauchte es im Turm, Atesch-Perischa schoß heraus, schleuderte ihn in hohem Bogen über die Schloßmauer hinweg, flog ins Schloß hinein, ergriff die Sultanstochter und entfloh mit ihr durch die Lüfte.

Mula-Mustafa war ratlos und verzweifelt. Wie sollte er seinem Schwiegervater erklären, was sich inzwischen ereignet hatte?

Eines Tages mußte er aber doch vor die Augen des zurückgekehrten Sultans treten und ihm alles berichten. Den Sultan befiel tiefe Trauer. Da Mula-Mustafa sein Retter war, hielt er an sich und machte ihm keine Vorwürfe. Die Sehnsucht Mula-Mustafas nach seiner Frau aber wuchs von Tag zu Tag, so daß er den Sultan bat, Atesch-Perischa suchen zu dürfen. Der Sultan winkte ab und wollte von diesem Plan zuerst nichts wissen. Mula-Mustafa aber hörte nicht auf zu bitten, bis sein Schwiegervater nachgab, ihn reichlich mit Schätzen versah und ihn in die Welt ziehen ließ.

Viele Tage wanderte Mula-Mustafa durch das Reich. Er fragte die Alten nach Atesch-Perischa und er fragte die Jungen, er fragte die Wanderer und er fragte die Leute in den Häusern. Keiner aber konnte ihm eine Auskunft geben und keiner ihm eine Spur zeigen. Bei seiner Wanderung kam er schließlich zu einer weiten und öden Hochfläche. Auf dem einsamen Feld stand ein grauer Turm mit sieben Stockwerken, aber es gab nicht eine einzige Tür. Unterhalb des Daches nur sah man einige winzige Fenster. Vor dem Turm sprudelte eine klare Quelle, und über dieser Quelle breiteten sich die Äste eines großen Apfelbaumes aus, an denen schöne rote Äpfel hingen. Mula-Mustafa war durstig, und so trank er aus der Quelle. Müde war er auch, und so setzte er sich unter dem Apfelbaum nieder. Da sah er, wie eines der winzigen Fenster geöffnet wurde und der Kopf einer Magd sichtbar wurde. Die Magd hatte den jungen Mann unter dem Apfelbaum sogleich erblickt, rief ihre Herrin ans Fenster, zeigte ihr den Wanderer und rief voller Erstaunen aus: „Herrin, wie sieht dieser Mann dir ähnlich! Es könnte dein Bruder sein!"

Die Herrin sah mit einem Blick, daß der Wanderer unter dem Apfelbaum ihr jüngster Bruder war, genau der, den sie immer am allerliebsten hatte. Sie rief ihm zu, winkte ihm und ließ aus dem Fenster ein Brett an zwei Seilen hinab. Mula-Mustafa setzte sich darauf und wurde sogleich in den Turm hochgezogen. Durchs Fenster kam er in den Turm hinein und feierte nun mit seiner Schwester Wiedersehen. Schnell erzählte er ihr, wie es ihm bisher ergangen und weshalb er zu dieser Hochfläche gekommen war. Seine Schwester hörte ihm gespannt zu und berichtete ihm dann von ihrem Schicksal:

„Mein lieber Bruder, lange liegt jene Nacht zurück, in der du mich mitten in der Nacht dem fremden Mann anvertrautest. Du konntest es nicht wissen, daß du mich dem Zar aller Raben zur Frau gegeben hast. Mein Mann entführte mich hierher und schloß mich in diesen Turm ein. Hier kann ich aber nicht klagen, ich habe alles, was mein Herz begehrt. Nach dir aber habe ich mich sehr gesehnt, und ich danke Gott von Herzen, daß er dich hierhergeführt hat. Wenn du aber Atesch-Perischa suchst, so kannst du ihn hier nicht finden. Mein Mann selbst ist schon lange hinter ihm her, kann ihn aber nicht erwischen und ihn auch nicht bezwingen."

Bei diesen Worten schaute die Schwester aus dem Fenster und meinte, zu ihrem Bruder gewandt: „Mein Mann kommt oft aus dem Kampf mit großem Zorn wieder nach Hause. Ich möchte nicht, daß er dir etwas antut!"

Nach diesen Worten versteckte die Schwester ihren Bruder in einem abgelegenen Zimmer im Turm.

Kurze Zeit danach wurde es ganz finster über der Hochfläche, eine riesige Schar Krähen und Raben flog herbei. Alle krächzten sie auf dem weiten Feld und ließen sich rings um den Turm nieder. Ein gewaltiger Rabe setzte sich oben auf den Turm, schüttelte seine Rabenfedern ab, nahm Menschengestalt an und betrat die Gemächer des Turmes. Noch hatte er seinen Fuß nicht in das Zimmer seiner Frau gesetzt, da rief er schon erregt aus: „Wer ist hier im Turm? Ich rieche Menschenfleisch."

„Sei beruhigt, lieber Mann, es ist nur mein Bruder", sprach die Herrin des Turmes.

„Ist es dein ältester Bruder?"

„Nein, lieber Mann, es ist der jüngste meiner Brüder!"

Da beruhigte sich der Zar der Raben und sagte zu seiner Frau: „Dann rufe ihn her! Wenn er der älteste wäre, so erginge es ihm schlecht, da er der jüngste ist, kann er in Frieden bleiben!"

Da holte die Schwester ihren Bruder aus seinem Versteck, und der Zar der Raben empfing seinen Schwager mit großer Freundlichkeit. Mula-Mustafa erzählte ihm seine ganze Geschichte und sagte ihm, daß er hinter Atesch-Perischa her sei, der seine Frau entführt habe.

„Und wenn du mir bei dieser Suche helfen kannst, dann bitte ich dich um Rat und Hilfe!"

Der Zar der Raben schüttelte den Kopf: „Das ist keine leichte Sache! Ich selbst kann dir dabei im Augenblick auch nicht helfen. Du mußt morgen früh gleich mit der Sonne aufstehen und nach Osten wandern. Um die Mittagszeit findest du dann eine andere Hochfläche, die noch viel größer ist als diese hier. Dort steht ein Turm mit neun Stockwerken. Es ist die Wohnung des Drachenzaren. Dort wohnt deine zweite Schwester, denn sie ist seine Frau. Der Drachenzar könnte dir womöglich etwas über Atesch-Perischa erzählen. Vielleicht hast du Glück."

Mula-Mustafa setzte seine Reise bereits nach Sonnenaufgang fort und gelangte zur Mittagszeit auf eine öde steinige Hochfläche. Dort stand ein Turm mit neun Stockwerken. Vor dem Turm sprudelte eine klare Quelle, und in dem klaren Wasser spiegelten sich rotbackige Äpfel, die an den Ästen eines großen Apfelbaumes hin-

gen. Mula-Mustafa war durstig und trank von dem Wasser, und er war müde und ließ sich unter dem Apfelbaum nieder. Oben am Turm wurde ein Fenster geöffnet, eine Magd schaute heraus, sah den Wanderer und sagte voller Verwunderung: „Sieht er nicht aus wie dein Bruder? Und wenn ich hundertmal hinsehe, ich sage dir hundertmal, daß es dein Bruder sein könnte!"

Die Herrin des Turmes sah aus dem Fenster und erkannte sofort ihren jüngsten Bruder. In Eile ließen sie ein Seil zu ihm hinab und zogen ihn dann hoch. Durch das Fenster betrat er die Gemächer des Turmes, feierte ein freudiges Wiedersehen mit seiner Schwester, erzählte ihr alles, was er erlebt hatte und sagte ihr auch, daß er hinter Atesch-Perischa her sei.

Die Schwester berichtete ihrerseits, daß sie den Drachenzaren geheiratet habe.

„Mir geht es hier gut, ich habe alles, was mein Herz begehrt. Nach dir aber habe ich immer Sehnsucht gehabt. Ich danke Gott, daß er dich hierhergeführt hat. Mein Mann ist auch auf der Suche nach Atesch-Perischa. Mit all den Drachen ist er heute früh schon ausgezogen, um ihn endlich erwischen zu können. Bald wird er wiederkommen. Erregt und voller Zorn kehrt er oftmals aus dem Kampf zurück. Ich habe Sorgen um dich, deshalb will ich dich lieber in einem anderen Zimmer verstecken."

Die Frau des Drachenzaren brachte ihren Bruder in Sicherheit und hatte kaum Zeit, ihn auch gut zu verstecken, denn gleich darauf kamen mit fürchterlichem Lärm und Getöse von allen Seiten die Drachen herbeigeflogen. Der Drachenzar setzte sich oben auf den Turm, schüttelte sich und streifte seine Drachenhaut ab. In Menschengestalt betrat er dann die Gemächer des Turmes. Kaum war er eingetreten, da rief er auch schon seiner Frau zu: „Wer ist hier im Turm? Ich rieche Menschenfleisch!"

„Sei beruhigt, lieber Mann, es ist mein Bruder, er ist hier."

„Ist es dein ältester Bruder?"

„Nein, mein jüngster Bruder ist gekommen!"

Da beruhigte sich der Drachenzar und bat seine Frau, ihn gleich herbeizurufen. Dabei sprach er zu ihr: „Wäre der älteste gekommen, so würdest du ihn nicht mehr sehen." Die Frau ging hinaus und holte Mula-Mustafa herein. Der Drachenzar empfing seinen Schwager recht freundlich, ließ sich von ihm alles erzählen und speiste mit ihm zu Abend. Beim Essen berichtete Mula-Mustafa dem Drachenzaren, daß Atesch-Perischa seine Frau geraubt habe und fragte ihn, ob er etwas über ihn wisse.

„Mit allen meinen Drachen habe ich es nicht geschafft, ihn zu finden. Laß ab von ihm, diese Aufgabe ist zu schwierig für dich!" Der Drachenzar riet seinem Schwager, wieder nach Hause zurückzukehren und versuchte, ihn zu überreden, endlich von Atesch-Perischa abzulassen. Mula-Mustafa aber blieb standhaft und sagte dem Drachenzaren: „Mag kommen, was da will, ich werde ihn finden und ihm den Kopf abschlagen!"

Als der Drachenzar sah, daß Mula-Mustafas Wille stark und unabänderlich war, gab er ihm folgenden Rat:

„Wenn die Sonne aufgeht, brich auf von hier und wandere weiter. Um die Mittagszeit gelangst du auf eine riesige Hochfläche, die größer ist als diese hier. Mitten darin steht ein Turm mit zwölf Stockwerken, dort haust der Adler-Zar. Deine jüngste Schwester ist seine Frau und wohnt dort im Turm. Die Adler fliegen hoch in den Lüften und sehen viel von der Welt. Vielleicht weiß der Adlerzar etwas über Atesch-Perischa."

Mula-Mustafa merkte sich alles sehr gut, stand am anderen Morgen mit dem ersten Sonnenstrahl auf, verabschiedete sich von seiner Schwester und von dem Drachenzar und wanderte in die Richtung, die sein Schwager ihm gewiesen hatte. Gegen Mittag gelangte er zu der großen Hochebene, in deren Mitte ein Turm mit zwölf Stockwerken stand. Eine Tür war nirgends zu sehen, nur kurz unterm Dach blinkten einige kleine Fenster. Mula-Mustafa sah sich um und gewahrte vor dem Turm einen Apfelbaum, der seine Äste über das klare Wasser einer Quelle ausstreckte. Der Baum war übervoll von roten Äpfeln. Mula-Mustafa war von der weiten Reise müde und setzte sich unter den Apfelbaum. Oben am Turm wurde ein kleines Fenster aufgestoßen, der Kopf einer Magd erschien im Fensterrahmen, und Mula-Mustafa hörte sie rufen:

„Herrin, komm schnell! Unter dem Apfelbaum sitzt ein Mann, der aussieht, als wäre er dein Bruder!"

Gleich darauf erschien ein zweiter Kopf im Fenster, und die Herrin rief voller Freude und Verwunderung: „Mein jüngster Bruder! Bei Gott, es ist mein allerliebster Bruder!" Schnell ließen beide einen Korb aus dem Fenster hinab, Mula-Mustafa setzte sich hinein und wurde hochgezogen. Groß war die Freude des Wiedersehens, und die Schwester erzählte ihrem Bruder, daß es ihr gut ergehe und sie alles habe, was sie brauche.

„Große Sehnsucht hatte ich danach, dich einmal zu sehen! Und nun ist es in Erfüllung gegangen. Du mußt wissen, mein Mann ist der Adlerzar. Er ist gar nicht zu Hause, denn er verfolgt einen großen Bösewicht namens Atesch-Perischa."

Mula-Mustafa horchte auf. „Atesch-Perischa, den suche ich auch!“ Und er erzählte seiner Schwester alle seine Erlebnisse haargenau und auch sein Erlebnis mit Atesch-Perischa. Noch während der langen Erzählung führte die Schwester ihren Bruder in ein abgelegenes Zimmer und sagte: „Ich bringe dich in Sicherheit. Wenn mein Mann zornig und erregt aus dem Kampf zurückkehrt, so könnte er dir ein Leid antun.“

Sie hatte diese Worte noch gar nicht ganz ausgesprochen, da erbebte der Turm, und ein gewaltiges Rauschen erfüllte die Luft. Aus allen vier Himmelsrichtungen flogen Adler heran und bedeckten das weite Feld. Ein riesiger Adler setzte sich auf den Turm und überblickte von da das große Adlerheer. Dann schüttelte er das Adlerkleid von sich ab, wurde ein Mensch und stieg ein in das Gemach seiner Frau.

„Ich rieche weißes Fleisch!“ rief er mit lauter Stimme schon beim Eintreten.

„Ach, mein lieber Mann, es ist nur mein Bruder, der zu Besuch gekommen ist!“

„Welcher von deinen Brüdern? Ist es der älteste?“

„Nein, mein jüngster Bruder ist gekommen.“

Da setzte sich der Adlerzar und sprach mit ruhiger und versöhnlicher Stimme: „Dann ist es gut. Der Jüngste ist mir willkommen! Der Älteste soll sich hier nie blicken lassen, es würde ihm schlecht ergehen!“ Da atmete die Herrin auf, holte ihren Bruder aus dem Versteck, führte ihn herein und stellte ihn seinem Schwager vor. Der Adlerzar begrüßte Mula-Mustafa recht herzlich und lud ihn gleich zum Abendessen ein. Beim Essen erzählte Mula-Mustafa, weshalb er durch die Welt reise und warum er gekommen sei. Dabei bat er seinen Schwager, ihm alles mitzuteilen, was er über Atesch-Perischa wisse.

„Das ist eine schwierige Sache“, erwiderte der Adlerzar, „ich selbst bin auch schon seit Tagen hinter ihm her, kann ihn aber nirgends finden. Vielleicht aber haben wir Glück, daß einer meiner älteren Adler in dem großen Heer etwas von ihm weiß. Wir werden morgen alle Adler zusammenrufen und sie befragen."

Mula-Mustafa schlief kaum bis zur Morgenfrühe, er hoffte auf einen Hinweis von den Adlern. Als die Sonne aufgegangen war, trat der Adlerzar mit Mula-Mustafa vor den Turm und pfiff auf einem großen Knochen weit übers Land hin. Von allen Seiten kamen daraufhin die Adler angeflogen. Mit lauter Stimme rief der Adlerzar:

„Habt ihr von Atesch-Perischa gehört? Wer von euch kennt die Burg von Atesch-Perischa?" Die Adler reckten die Köpfe, starrten einander an, aber keiner konnte die Frage beantworten.

Der Adlerkönig richtete sich hoch auf und fragte, ob einer in der Versammlung fehle.

„Ein ganz alter Adler fehlt. Er sitzt jenseits des Meeres und wetzt seinen Schnabel im Sande. Er ist der älteste von uns allen und kann hier nicht mehr erscheinen", so berichteten einige Adler.

„Dann fliegt schnell hin und bringt ihn gleich zusammen her!"

Ein ganzes Dutzend Adler erhob sich und rauschte davon. In kürzester Zeit hatten die Adler den Alten herbeigebracht. Sie geleiteten ihn zu dem Adlerzar bei dem Turm und halfen ihm mit rührender Sorgfalt. Da sprach der Adlerzar zu dem Alten:

„Du hast viel gesehen und viel gehört! Weißt du vielleicht, wo die Burg des Atesch-Perischa liegt?"

„Ja, das weiß ich."

Der Adlerzar zeigte auf Mula-Mustafa und fragte den Alten:

„Kannst du dann diesen Mann zum Turm des Atesch-Perischa bringen?"

Der alte Adler schüttelte seinen Kopf und erwiderte: „Nein, das kann ich nicht. Ich bin alt, erschöpft und ohne Kraft. Könnte ich selbst zur Burg des Atesch-Perischa gelangen, so könnte ich meine Jugend wiederholen. Auf dem Weg dorthin gelangt man an zwei Felsen, die sich einmal im Jahr öffnen. Wer zu dieser Zeit dorthin gelangt, der wird den Bach mit Lebenswasser finden. Dieses Bächlein rinnt genau zwischen den beiden Felsen hindurch. Man braucht nur darin zu baden, dann verjüngt man sich augenblicklich.

Meine Flügel sind lahm und ohne Kraft. Könnte ich zehn Widder verzehren, dann würden meine Flügel stark, dann könnte ich mich sogar dorthin auf den Weg machen."

Mula-Mustafa hörte diese Worte des Alten und rief: „Zehn Widder? Los, schlachtet zehn Widder! Ich bezahle euch alles!"

Der Adlerzar ließ in den nächsten zehn Tagen zehn Widder heranschaffen und sie für den Adler schlachten. Die Kräfte kehrten allmählich in die Flügel des alten Adlers zurück, aber nach zehn Tagen sagte er, er brauche noch fünf Widder dazu. Wenn er schon zu so einer langen Reise aufbrechen solle, dann müsse sein Gefieder ganz kräftig sein. Der Adlerzar ließ fünf weitere Widder schlachten. Nach fünfzehn Tagen sagte der Adler zu seinem Zaren, nun könne sich Mula-Mustafa auf seinen Rücken setzen, er solle aber eine Flinte und etwas Pulver mitnehmen. Die anderen Adler staunten, wie kräftig der Alte geworden war und baten ihn, von dem Felsenbach Lebenswasser mitzubringen. Sie brachten ein kleines Fläschchen und banden es ihm um den Hals.

Mula-Mustafa hatte schon ungeduldig auf den Beginn der Reise gewartet, setzte sich auf den Adler und flog mit ihm durch die Lüfte. Nach einem langen Flug über viele Länder gelangten sie an die beiden Felsen, die sich bei ihrer Ankunft öffneten. Schnell huschten sie zwischen ihnen hindurch. Der alte Adler stieg in den klaren Felsenbach, badete in dem Lebenswasser und verjüngte sich augenblicklich. Er nahm das Fläschchen von seinem Hals und füllte es für die Adler zu Hause. Nach einem kurzen Flug kamen sie zu einem anderen großen Felsen. Der Adler sprach zu Mula-Mustafa:

„Du bist am Ziel deiner Reise. Hier steige ab! Dies hier ist die Burg, die du suchst. Hier wohnt Atesch-Perischa. Nun wünsche ich dir viel Glück!“ Mit diesen Worten erhob sich der verjüngte Adler in die Luft und flog davon.

In der Nähe des Felsens stand eine große, dichte Hecke. Mula-Mustafa verkroch sich in der Hecke, so daß er von keiner Seite zu sehen war. Vorsichtig spähte er aus seinem Versteck nach allen Seiten. Als es am Abend zu dämmern begann, bebte die Erde. Atesch-Perischa erschien auf seinem dreibeinigen Pferd. Er stieg ab, hob mit der Hand den Felsen hoch und verschwand mitsamt seinem Pferd unter dem Felsen. Mula-Mustafa konnte nirgends eine Veränderung feststellen, alles war wie vorher, alles war ruhig und still. Mula-Mustafa staunte sehr darüber, aber er fürchtete sich nicht und nannte laut Gottes Namen.

„Mag kommen, was da will, ich will es versuchen!“

In der Nacht wurde es kalt, Mula-Mustafa zündete ein Feuerchen in der Hecke an und verbrachte die Nacht in seinem Versteck. Am Morgen kam er mutig aus seiner Hecke hervor und schritt geradewegs auf den Felsen zu. Dort wurde der Eingang einer Höhle sichtbar. Es war nur ein kleines Schlupfloch, aber Mula-Mustafa konnte hindurchkriechen. In der Höhle angekommen, staunte er: Eine wunderschöne Landschaft tat sich auf mit Wiesen und Schlössern und gar nicht weit von ihm entfernt stand seine Frau, die Sultanin. Mula-Mustafa konnte gar nicht anders, er bildete mit seinen Händen einen Trichter und rief seine Frau bei ihrem Namen. Die Sultanin erkannte sofort die Stimme ihres Mannes, rannte herbei, und beide umarmten sich. Mula-Mustafa ließ aber auch in dieser Sekunde Vorsicht walten. Er wies seine Frau an, Atesch-Perischa danach zu fragen, worin seine Stärke liege. Und während er durch die kleine Öffnung wieder ins Freie schlüpfte, sagte er seiner Frau, daß er morgen auf jeden Fall wiederkommen werde.

Am Abend bei der Dämmerung kam Atesch-Perischa nach Hause. Die Sultanin war an diesem Abend besonders zärtlich zu ihm, liebkoste ihn und begann schmeichelnd, seine Stärke zu preisen. Atesch-Perischa hatte es gern, wenn die Sultanin ihn liebkoste.

„Mein Liebster, kannst du mir sagen, worin eigentlich deine Stärke besteht?" fragte die Sultanin Atesch-Perischa. Er fuhr auf und meinte mißtrauisch: „Weshalb stellst du mir solch eine Frage?"

Die Sultanin streichelte ihn und sagte: „Mein Liebster, alles, was ich habe, verdanke ich deiner Stärke."

Damit war Atesch-Perischa beruhigt, lachte gutmütig und sagte: „Meine Stärke kommt aus jenem Besen da hinten!"

Die Sultanin merkte sich dies gut und erzählte es sogleich Mula-Mustafa, als am nächsten Morgen Atesch-Perischa die Felsenburg verlassen hatte.

„Das ist gelogen, nie und nimmer besteht seine Stärke in einem Besen", sagte Mula-Mustafa.

„Wir müssen schlauer sein als er", sprach Mula-Mustafa, „gehe hin, trage allen Schmuck zusammen, alles Gold und Silber, sämtliche Perlen und Edelsteine und binde alles an den Besen an. Dann stelle ihn mitten ins Zimmer. Atesch-Perischa wird dich dann fragen, was das sein soll. Du wirst ihm dann antworten, seine Stärke solle doch schön geschmückt sein."

Die Sultana war sofort einverstanden, ging hin und putzte den Besen mit vielem Schmuck heraus. Um die Abenddämmerung erschien Atesch-Perischa, sah den geschmückten Besen im Zimmer und rief: „Was soll das denn? Was hat das zu bedeuten?"

„Mein Liebster, ich habe deine Stärke geschmückt, ohne deine Stärke wäre ich nichts, Gold und Silber, Perlen und Edelsteine sind gerade dafür gut genug."

„Ach, Weib, meine Stärke liegt doch nicht in einem Besen, sondern in dieser meiner Pfeife!" und Atesch-Perischa streckte der Sultana seine Pfeife entgegen.

Am nächsten Morgen erzählte die Sultana ihrem Mann alles haarklein was Atesch-Perischa gesagt hatte. Mula-Mustafa schüttelte den Kopf und rief: „Das ist alles gelogen, in seiner Pfeife liegt bestimmt auch nicht seine Stärke. Nimm heute all den Schmuck vom Reisigbesen herunter und hänge ihn an die Pfeife. Achte auf jedes Wort, das er dann sagen wird."

Am Abend lachte Atesch-Perischa und sagte zur Sultana, seine Kraft liege nicht in einem Besen, auch nicht in der Pfeife, sondern in jenem großen Weinkrug da drüben, aus dem er vor dem Zubettgehen Wein trinke. Die Sultana erzählte alles am dritten Morgen ihrem Mann und berichtete ihm, die Stärke von Atesch-Perischa liege in einem Weinkrug. Mula-Mustafa sagte ihr, das könne nicht wahr sein, aber Atesch-Perischa wolle ihre Treue erproben und werde es ihr bestimmt noch verraten.

„Hänge allen Schmuck an den Krug und paß gut auf, was er sagt", schärfte ihr Mula-Mustafa ein. Die Sultana tat, wie ihr geheißen, und Atesch-Perischa lachte herzlich über den Schmuck am großen Weinkrug. Dann wurde er ganz ernst und sprach:

„Nun sehe ich, daß du mir treu bist und mich wirklich liebst. Ich will es dir heute sagen, worin meine Kraft liegt: Sie liegt einzig und allein in meinem dreibeinigen Pferd. Gar nicht weit von hier liegt ein See. Jedes Jahr steigt aus diesem See eine Stute, die am Ufer ein Fohlen zur Welt bringt. Ich habe eines dieser Fohlen nur deshalb einfangen können, weil ich ihm ein Bein abschlug. Dies ist heute mein dreibeiniges Pferd. Wer die Stute tötet und das Fohlen einfängt, der ist fast unbezwingbar. Der wäre sogar stärker als ich."

Die Sultana hörte genau zu und merkte sich alles gut. Am nächsten Morgen erzählte sie alles haarklein Mula-Mustafa.

„Nun hat er die Wahrheit gesprochen!" sagte Mula-Mustafa, verabschiedete sich in aller Vorsicht von der Sultana und begab sich sogleich an den See. Er lud seine Flinte, suchte sich einen guten Platz aus und wollte sich erst etwas ausruhen. Er saß noch kaum richtig auf dem Stein, da trübte sich das Wasser, eine Stute sprang heraus und fohlte am Ufer. Mula-Mustafa kam hoch, zielte auf die Stute und tötete mit einem einzigen Schuß die Stute. In aller Eile fing er das Fohlen ein und brachte es in einer kleinen Höhle unter, die nicht weit weg von der Felsenburg Atesch-Perischas lag. Wie aber sollte er nun das Fohlen ernähren? Die Stute war tot, und das Fohlen fraß noch kein Gras. Mula-Mustafa schlich zur Felsenburg, zwängte sich durch die Öffnung, rief seine Frau und fragte sie, ob sie ihm Milch besorgen könne.

Die Sultana erzählte ihm, sie habe eine Kuh, von der sie selbst und Atesch-Perischa, aber auch das dreibeinige Pferd jeden Tag Milch bekomme.

„Dann schnell, hole mir Milch, einen großen Becher voll!"

Die Sultana tat, wie ihr geheißen, und brachte Mula-Mustafa einen großen Becher Milch und reichte ihn durch die Öffnung.

Auf diese Weise ernährte Mula-Mustafa das Fohlen und konnte zu seiner großen Freude sehen, wie das Fohlen wuchs und wuchs und wie es innerhalb von zwei Wochen schon ein großes Pferd geworden war. Mula-Mustafa sah, daß sein junges Pferd schon größer war als das dreibeinige von Atesch-Perischa, bestieg es und prüfte seine Kraft. Es schien, als gehörten Pferd und Reiter schon immer zusammen. Schnell ritt Mula-Mustafa vor die Höhle der Felsenburg und versuchte nun, den Fels hochzuheben. Schon wollte er alle seine Kräfte anwenden, aber da merkte er, daß er nur seinen kleinen Finger zu heben brauchte, um den Felsen zur Seite zu rücken. Da rief er mit lauter Stimme: „Atesch-Perischa, wo bist du? Ich bin gekommen, um mit dir zu kämpfen!"

Atesch-Perischa aber befand sich nicht in der Felsenburg, erst am Abend kehrte er nach Hause zurück und sah von weitem schon, daß ein Mann auf einem stattlichen Pferd ihn vor seiner Burg erwartete. Atesch-Perischa ahnte Verrat, aber er konnte nicht mehr zurück. Ingrimmig trieb er das dreibeinige Pferd an und stürmte auf Mula-Mustafa los. Geschickt wich ihm Mula-Mustafa aus, hieb plötzlich zu und warf Atesch-Perischa vom Pferd.

„Wehe mir! Ich habe einem Weib vertraut und bin nun verraten!" Mit diesen Worten tat Atesch-Perischa seinen letzten Atemzug und starb.

Mula-Mustafa fing das dreibeinige Pferd ein, setzte die Sultana darauf und brachte sie nach einer längeren Reise glücklich nach Stambul. An ihrer Seite ritt er auf seinem Wunderroß ein in die Stadt. In großem Glück lebten sie dort bis zu ihrem Ende. Und wenn sie noch leben, so soll es ihnen nicht schlecht ergehen!

Der unechte Prinz

Es lebte einmal ein Schneidergeselle, der Labakan hieß. Der anstellige junge Mann arbeitete bei einem unbekannten Meister in Alexandria.

Über Labakan hatte zwar niemand zu klagen, aber es war doch etwas an ihm, was bei den Leuten Aufmerksamkeit erweckte.

Manchmal sah man ihn nähen, als wäre seine Nadel glühend heiß und als brenne der Faden, und manchmal saß er träumend da, ganz in Gedanken versunken, mit einem so merkwürdigen Blick, daß die anderen Gesellen sich anstießen und sich zuflüsterten: „Labakan hat heute wieder seinen besonderen Tag; er sieht aus, als wäre er ein Prinz."

An Freitagen pflegte er sein feines rotes Gewand anzuziehen, das er sich von all seinen Ersparnissen gekauft hatte. So ging er dann, schön gekleidet, stets in die Moschee.

Als er einmal von dort zurückkam, traf er ein paar Freunde, die sich erkundigten, wie es ihm gehe. Labakan aber nickte nur vornehm mit dem Kopfe und winkte gnädig mit der Hand.

Als er seinen Meister traf, da sagte dieser: „Ist es denn möglich? Labakan, du siehst wirklich aus wie ein Prinz!"

Der junge Mann war sehr geschmeichelt und antwortete: „Habt Ihr dies auch schon bemerkt, verehrter Meister?"

Der Schneidermeister nahm's nicht krumm, denn Labakan war

bei allen seinen Eigenheiten letztlich doch ein guter Geselle und ein geschickter Arbeiter.

Eines Tages nun reiste der Bruder des Sultans durch Alexandria, hörte bei seinem Aufenthalt von dem trefflichen Schneidermeister und gab ihm den Auftrag, sein fürstliches Gewand etwas abzuändern.

Der Meister nahm die Arbeit mit Freuden an, reichte das Gewand aber Labakan, der in diesen Dingen am geschicktesten war. Am Abend, als alle schon die Werkstatt verlassen hatten, wurde Labakan auf seinem Heimweg von einem so großen Verlangen gepackt, das fürstliche Kleid noch einmal zu bewundern. Er kehrte auf der Stelle um, eilte zu der Schneiderei zurück und stand dann lange an seinem Platz und bewunderte die fürstliche Robe. Er fühlte den feinen Stoff und die kostbaren Borten, nahm das Gewand in seine Hände, breitete es aus – und schlüpfte hinein. Und siehe, das Gewand saß ihm wie angegossen, als sei es einzig und allein für ihn angefertigt worden.

„Bin ich denn nicht auch ein Prinz?" fragte er sich, als er mit hocherhobenem Kopf in der Werkstatt auf und ab stolzierte.

„Hat nicht der Meister selbst oft gesagt, ich sähe aus wie ein Prinz?"

War er vielleicht gar der Sohn eines unbekannten Herrschers?

Ja, diese Gedanken kamen ihm in den Sinn, setzten sich fest und ließen in ihm den Entschluß reifen, aufzubrechen und seiner eigentlichen Bestimmung in dieser Welt entgegenzueilen.

Es war ihm, als sei ihm das fürstliche Gewand von einer guten Fee zugesandt worden, und er wollte sogleich Sorge dafür tragen, daß diese kostbare Gabe nicht unbeachtet gelassen werde.

Er raffte all sein zurückgelegtes Geld zusammen und schritt noch am selben Abend, eingehüllt von der Dämmerung, durch die Tore von Alexandria.

Der neue Prinz erregte großes Aufsehen, wohin er auch kam, denn das hochherrschaftliche Gewand und die recht gespreizten Manieren wollten gar nicht zu einem Reisenden passen, der zu Fuß in jeder Stadt ankam.

Sprach ihn einer darauf an, so antwortete er mit geheimnistuerischer Gebärde und sagte, er habe seine guten Gründe dafür, warum er sein Pferd zu Hause gelassen habe.

Er erkannte aber sehr bald, daß ihn das Reisen zu Fuß doch bei vielen Leuten lächerlich machte, und so kaufte er schließlich ein älteres, recht verträgliches und zahmes Pferd, das er billig erwerben konnte.

Der Name des Pferdes war Murva, und Labakan war bald sehr froh, einen so nützlichen Sattelträger gekauft zu haben. Voller Zuversicht setzte er seine Reise mit Murva fort.

Eines Tages überholte ihn auf seinem Wege ein Reiter, der ihn fragte, ob sie nicht gemeinsam weiterreiten wollten, dann hätten sie etwas Kurzweil und könnten sich gut unterhalten. Dieser Reiter war ein gutaussehender, vergnügter junger Mann, der gleich viele Fragen stellte und auch sonst recht mitteilsam war. Er erzählte Labakan, daß er Omar und ein Neffe von Elfi Bey sei.

Dieser, sein Onkel, der Pascha von Kairo, habe ihm von seinem Totenbett einen wichtigen Auftrag gegeben, und dieses Auftrages wegen sei er auch unterwegs.

Labakan war nicht ganz so offen und vertrauensselig, aber er deutete an, daß auch er von vornehmer Herkunft sei und zu seinem Vergnügen durch die Lande reise.

Die zwei jungen Männer fanden Gefallen aneinander und setzten ihren Ritt gemeinsam fort.

Am zweiten Tag ihrer Reise fragte Labakan seinen Begleiter nach dem Auftrag, den dieser auszuführen habe, und hörte zu seinem Erstaunen folgende Geschichte:

Elfi Bey, der Pascha von Kairo, hatte Omar seit seiner frühesten Jugend aufgezogen, und der Knabe hatte seine eigenen Eltern nie gesehen.

Von seinem Totenbett nämlich rief Elfi Bey Omar zu sich und eröffnete ihm, daß er nicht sein Neffe, sondern der Sohn eines großen Königs sei. Dieser König, sein Vater, sei einst von Astrologen vor kommenden Gefahren rechtzeitig gewarnt worden und habe daher ihn, den kleinen Prinzen, weit weg in Sicherheit bringen lassen. Auch habe damals sein Vater geschworen, ihn nicht vor seinem zweiundzwanzigsten Geburtstag wieder nach Hause zu holen.

Elfi Bey hatte Omar den Namen seines Vaters nicht offenbart, er hatte ihm vielmehr befohlen, sich bald auf eine große Reise zu begeben. Am vierten Tag des kommenden Monats, so bedeutete ihm Elfi Bey, müsse er bei einer großen Säule eintreffen, die vier Tagesreisen weit östlich von Alexandria zu finden sei. An diesem Tage nämlich werde er zweiundzwanzig Jahre alt.

Bei dieser Säule werde er von mehreren Männern erwartet, denen er einen Dolch von Elfi Bey zu übergeben habe mit den Worten: „Hier bin ich, den ihr sucht!"

Elfi Bey hatte ihm dann einen kostbaren Dolch ausgehändigt und ihm eingeschärft, sich alles genau zu merken. Wenn die Männer nämlich bei der Säule dann antworten: „Preis dem Propheten, der dich beschützt hat!", dann solle er den Männern folgen, denn sie würden ihn zu seinem Vater bringen.

Damit endete Omar seinen Bericht.

Labakan war höchst erstaunt über diese Geschichte, aber als er sie in allen Einzelheiten vernommen hatte, beschlich ihn Eifersucht. Regelrechter Zorn stieg in ihm auf, als er bedachte, daß sein neuer Freund nun genau jene Stellung einnehmen sollte, die er selbst schon jahrelang ersehnte.

Er stellte im stillen Vergleiche zwischen sich und Omar an, mußte sich dabei allerdings eingestehen, daß Omar ein gutaussehender junger Mann mit tadellosen Umgangsformen und einer sehr gefälligen sprachlichen Ausdrucksweise sei.

Gleichzeitig aber sagte sich Labakan, daß jeder königliche Vater ebenfalls stolz sein könnte, wenn er ihn zum Sohne hätte.

Diese Gedanken gingen ihm den ganzen Tag durch den Kopf, nachts träumte er sogar davon.

Am anderen Morgen wachte er sehr früh auf, und als er sah, daß Omar noch ruhig schlief und ein glückliches Lächeln ihm um die Lippen spielte, da erwachte in ihm der Wunsch, all die Dinge zu rauben und an sich zu bringen, die ihm ein ungerechtes und unfreundliches Schicksal bisher verwehrt hatte.

Der Dolch, der gewissermaßen als sicheres Erkennungszeichen gedacht war, steckte in Omars Gürtel. Labakan zog den Dolch vorsichtig heraus und zögerte für einen Augenblick, ob er ihn dem schlafenden Prinzen ins Herz stoßen sollte. Vor einem Mord schreckte er aber doch zurück und so begnügte er sich damit, den Dolch in seinen eigenen Gürtel zu stecken, rasch das schnelle Pferd Omars zu satteln und eiligst hinwegzureiten.

Bevor der Prinz erwachte, war Labakan schon viele Meilen weit, denn mit dem neuen Pferd ging es viel schneller als mit Murva.

Zwei Tage lang ritt Labakan zügig dahin, denn er fürchtete, Omar könnte den Treffplatz vor ihm erreichen. Am Ende des zweiten Tages sah er die große Säule am Horizont auftauchen. Sie stand auf einem kleinen Hügel mitten in einer Ebene und war schon aus großer Entfernung wahrzunehmen. Bei diesem Anblick begann Labakans Herz zu klopfen. Obwohl er doch viel Zeit gehabt hatte, über die Rollen nachzudenken, die er bald schon zu spielen hatte, wurde ihm jetzt doch etwas bange. Aber der Gedanke, daß er ganz sicher zu einem König geboren sei, trieb ihn voran. Die Gegend war wüst und öd. Zum Glück hatte er etwas zu essen mitgenommen, denn es waren noch zwei Tage bis zur abgemachten Zeit – und zu früh wollte er auch nicht eintreffen. Gegen Mittag des nächsten Tages sah er eine lange Karawane von Pferden und Kamelen in der Ferne dahinziehen. Sie hielten am Fuß des Hügels an, und bald waren einige großartige Zelte unterhalb der Säule errichtet. Alles sah danach aus, als sei ein großer, bedeutender Mann angekommen.

Labakan redete sich unentwegt ein, daß all diese Leute nur seinetwegen hierher in die Wüste gekommen seien, aber er unterdrückte tapfer seine Ungeduld, denn er wußte, daß sein Traum erst am vierten Tage in Erfüllung gehen konnte.

Die ersten Strahlen der aufgehenden Sonne weckten bereits den Schneidergesellen auf, der vor Erwartung und Erregung kaum geschlafen hatte. Als er sein Pferd sattelte und dann langsam auf den Pfeiler zuritt, regte sich für einen Augenblick doch sein Gewissen und erinnerte ihn an die List, die er angewandt und mit der er den echten Prinzen schändlich beraubt hatte. Der Würfel aber war gefallen, und eine verführerische Stimme in ihm gab ihm zu bedenken, daß er ein prächtiger junger Mann sei, auf den jeder König stolz sein könne, und daß es kein Zurück für ihn mehr gebe.

Schnell verscheuchte er alle Gewissensbisse, sprang auf sein Pferd und kam in weniger als einer Viertelstunde im Galopp beim Hügel an. Dort stieg er ab, band sein Pferd an einem Wüstenbusch fest, zog Omars Dolch hervor und stieg den Hügel hinauf.

Am Fuße der Säule standen sechs Männer um eine große und stattliche Person, die mit einem Goldgewand bekleidet war. Auf dem Kopf trug der Mann einen juwelengeschmückten Turban, und gegürtet war er mit einem weißen Kaschmirschal. Man sah, dies war ein Mann von Reichtum und von höchstem Rang. Labakan schritt unmittelbar auf ihn zu, verbeugte sich leicht und sprach: „Hier bin ich, den ihr sucht!"

„Preis dem Propheten, der dich beschützt hat!" antwortete der alte Mann mit Tränen der Freude in den Augen.

„Umarme mich, mein lieber Sohn Omar!"

Der von sich so sehr eingenommene Schneidergeselle war von diesen feierlichen Worten doch tief bewegt. Voller Scham und Freude sank er in die Arme des alten Königs.

Seine Freude währte nicht lange, denn als er sein Haupt erhob, sah er in der Ferne einen Reiter, der ein müdes oder störrisches Pferd zu großer Eile anzutreiben schien. Nur zu genau erkannte Labakan sein altes Pferd Murva und den echten Prinzen Omar. Da er aber nun die große Lüge schon gewagt hatte, war es ihm klar, daß er alles auf eine Karte setzen mußte.

Der Reiter erreichte schließlich den Fuß des Hügels, sprang aus dem Sattel und eilte den Hügel hinauf zu der Säule.

„Halt, halt", rief er außer Atem, „glaubt diesem undankbaren Betrüger und Räuber nicht! Ich heiße Omar, und diesen Namen kann mir niemand nehmen!"

Diese Wendung der Dinge versetzte alle Umstehenden in großes Erstaunen. Der alte König vor allem blickte völlig verwirrt von einem Gesicht zum anderen. Da sagte Labakan mit gespielter Ruhe und Sicherheit: „Verehrungswürdiger Herr und Vater, laßt Euch

von diesem Mann nicht täuschen. Soviel ich weiß, ist dies ein halb verrückter Schneidergeselle aus Alexandria, der sich Labakan nennt. Er verdient mehr unser Mitleid als unseren Zorn."

Diese Worte brachten den Prinzen in hellen Aufruhr. Schäumend vor Zorn wollte er auf Labakan losgehen, aber die Wachen und Begleiter warfen sich auf ihn und hielten ihn fest. Der König entgegnete: „Ganz sicher, mein lieber Sohn, der arme Kerl ist ganz verrückt. Bindet ihn auf ein Dromedar, wir nehmen ihn mit, vielleicht können wir ihm Hilfe und Heilung verschaffen."

Des Prinzen erste Wut war abgeklungen, mit Tränen in den Augen rief er dem König zu: „Mein Herz sagt mir, daß Ihr mein Vater seid. Um meiner Mutter willen flehe ich Euch an, hört, was ich Euch sagen muß!"

„Um Himmels willen, er redet schon wieder Unsinn. Wie kann der arme Mann sich nur solche Gedanken in den Kopf setzen", sagte der König, nahm Labakans Arm und schritt mit ihm den Hügel hinunter. Sie stiegen auf reichgeschmückte Pferde und ritten an der Spitze der Männer über die Ebene durch die Wüste.

Der unglückliche Prinz war an Händen und Füßen auf ein Dromedar gefesselt worden. Auf beiden Seiten des Reittieres ritt ein Wächter und beobachtete den Halbverrückten scharf.

Der alte König war Sached, der Sultan der Wahabiten.

Viele Jahre lang hatte er keine Kinder gehabt, aber schließlich wurde ihm doch ein Sohn geboren, nach dem er sich so lange gesehnt hatte. Er befragte Hellseher und Wahrsager über die Zukunft des Kindes, aber alle beteuerten, es bestünde große Gefahr für den Neugeborenen. Bis zu seinem zweiundzwanzigsten Lebensjahr sei er im Königspalast und in der ganzen Umgebung vor Feinden nicht sicher. Um ganz vorsichtig zu sein, vertraute der Sultan den kleinen Prinzen seinem treuen Freund Elfi Bey an, der im fernen Kairo das Kind in seine Familie aufnahm und für eine auserlesene Erziehung des Knaben Sorge tragen wollte. Der Sultan trennte sich nur schwer von dem Kind, aber die Sicherheit des Knaben war ihm wichtiger. So wartete er voller Sehnsucht zweiundzwanzig Jahre, bis er seinen Sohn wieder in die Arme schließen konnte.

Ausführlich erzählte der Sultan die ganze Geschichte seinem wiedergefundenen Sohn. Man konnte es merken, der Sultan war über die Erscheinung und das sichere Auftreten seines Sohnes sehr erfreut. Als sie die Grenzen des Königreiches erreichten, wurden sie mit großem Jubel empfangen, denn die Nachricht von der sicheren Rückkehr des Prinzen hatte sich überall wie ein Lauffeuer herumgesprochen. Die Städte und Dörfer waren geschmückt, und die Einwohner drängten sich am Wege, um den König und den Prinzen zu begrüßen. Rufe der Freude und der Dankbarkeit erschollen. Labakan ritt stolz und glücklich an der Seite des alten Sultans, der unglückliche Omar folgte auf seinem Dromedar in stiller Wut und Verzweiflung. Als sie die Hauptstadt erreichten, schwollen die Jubelrufe zu einem Triumphgesang an. Die Königin erwartete sie in der großen Halle des Palastes, umgeben vom gesamten Hofstaat. Es dämmerte bereits, aber Hunderte von farbigen Hängelampen erleuchteten die Halle. Die Hälfte dieser Lampen hing über dem Thron, auf dem die Königin saß. Der Thron selbst stand auf vier goldenen Füßen, die mit großen Amethysten besetzt waren. Die vier Edelsten des Königreiches hielten einen seidenen Baldachin über die Königin, und der Scheich von Medina fächelte ihr mit einer Pfauenfeder Kühlung zu. Voller Erwartung sah die Königin der Begegnung mit ihrem Mann und ihrem Sohn entgegen.

Sie hatte ebenfalls Omar seit seiner Geburt nicht wiedergesehen, aber sie hatte in vielen Nächten von ihm geträumt. Durch diese Traumbilder, so meinte sie, wisse sie ganz genau, wie er aussehe. Sie glaubte, ihn daher unter Tausenden sofort zu erkennen.

Trompetenschall, Trommelwirbel und viele Hochrufe kündigten den lang erwarteten Augenblick an. Das Tor wurde aufgetan und zwischen der Reihe der tief sich verneigenden Hofleute und Diener schritt der König auf den Thron zu und führte seinen Sohn dabei an der Hand.

„Hier ist er“, sagte der Sultan, „nach dem du dich seit vielen Jahren gesehnt hast.“

Die Königin aber unterbrach ihn.

„Das ist nicht mein Sohn“, rief sie aus.

„Dies ist nicht das Gesicht, das der Prophet mir in meinen Träumen gezeigt hat.“

Gerade als der König sich mit ihr über die Sache auseinandersetzen wollte, wurde die Tür gewaltsam aufgestoßen.

Prinz Omar stürmte herein, verfolgt von seinen Wärtern, denen er offensichtlich entkommen war.

Er warf sich vor dem Throne nieder und rief keuchend aus: „Hier will ich sterben. Töte mich sofort, du grausamer Vater, denn ich kann diese Schande nicht länger ertragen.“

Alle stürzten sich auf den unglücklichen jungen Mann, die Wachen wollten ihn schon wieder ergreifen, da sprang die Königin von ihrem Thron auf und rief: „Halt, dies ist mein Sohn und kein anderer. Er ist es, den meine Augen nie mehr gesehen, aber den mein Herz erkennt.“

Die Wächter wichen zurück, da aber rief der König mit erzürnter und gebieterischer Stimme: „Das habe ich allein zu entscheiden. Diese Sache kann man nicht Weiberträumen überlassen, dazu gehören unmißverständliche Zeichen.“

Der König zeigte bei diesen Worten auf Labakan und fuhr fort: „Dieser ist mein Sohn, denn er war es, der mir das Erkennungspfand von meinem Freund Elfi überbrachte – den Dolch.“

„Er hat ihn mir gestohlen!“ schrie Omar, „er hat mich betrogen, hat mein Vertrauen mißbraucht und hat den Dolch geraubt.“

Der König wollte auf die Worte seines rechtmäßigen Sohnes in keiner Weise hören, denn er war gewohnt, sich stets nur auf sein eigenes Urteil zu verlassen, und er duldete nie Widerspruch. Er ließ den unglücklichen Omar aus der Halle schaffen und zog sich selbst mit Labakan in seine eigenen Gemächer zurück, voll von Zorn auf die Königin – und das trotz all der vielen Jahre glücklicher Ehe und guten Zusammenlebens mit ihr.

Die Königin dagegen war von tiefem Kummer und von großer Sorge erfüllt, denn sie war sich völlig sicher, daß ein Betrüger das Herz ihres Mannes gewonnen und den Platz ihres Sohnes eingenommen hatte. Als sie sich von ihrem ersten Schock erholt hatte, begann sie darüber nachzudenken, wie es ihr am besten gelingen könnte, den König von seinem Fehler zu überzeugen. Der Königin war klar, daß dieses Unterfangen eine schwierige Aufgabe war, zumal der Mann, der da vorgab Omar zu sein, den Dolch zu der Säule in der Wüste gebracht hatte.

Sie rief die ältesten und weisesten Frauen zu sich und fragte sie um ihren Rat, aber keine von ihnen konnte der Königin helfen. Zuletzt kam eine alte Frau auf einen guten Gedanken: „Der junge Mann, der den Dolch überbrachte, nannte doch den anderen Labakan und sagte, es sei ein verrückter Schneider.“

„Ja“, antwortete die Königin, „aber was wollt Ihr damit sagen?“

„Könnte es nicht sein“, sagte die alte Frau, „daß der Betrüger unserem wirklichen Sohn seinen eigenen Namen gegeben hat? Wenn dies der Fall sein könnte, dann weiß ich auch einen todsicheren Weg, die Wahrheit herauszufinden.“

Sie neigte sich zur Königin und flüsterte ihr einige Worte zu. Das Antlitz der Königin hellte sich auf. Sie lächelte, brach die Unterredung ab und eilte sofort zum König.

Nun war die Königin eine kluge Frau, die ihren Mann gut kannte. Sie sagte ihm, es täte ihr leid, sie müsse wohl einen Fehler gemacht haben.

„Wir sollten eine kleine Prüfung ansetzen, damit endgültig vor allen Leuten klar wird, wer der wirkliche Prinz ist.“

Der König schämte sich inzwischen seines Zornes, den er vorhin gezeigt hatte. Er wollte es wiedergutmachen und stimmte dem Vorschlag seiner Frau sofort zu. Die Königin sagte darauf: „Ohne Zweifel, andere würden einen Reiterwettkampf veranstalten, ein großes Bogenschießen oder ähnliches, aber diese Dinge lernt schließlich jeder junge Mann. Ich möchte den beiden eine Aufgabe geben, die scharfen Verstand und geübte Hände erfordert. Ich möchte, daß die beiden versuchen, einen Kaftan und eine Hose zu nähen.“

Der König lachte: „Nein, nein, dies ist schlechterdings unmöglich. Meinst du, mein Sohn könnte da mithalten, da der andere doch ein verrückter Schneider ist. Nein, meine Liebe, das schlage dir aus dem Kopf!“

Die Königin aber erinnerte ihn an seine vorherige Zustimmung, und da er ein Mann von Wort war, gab er nach und willigte ein.

Er ging zu seinem Sohn und bat ihn, seiner Mutter einen Gefallen zu tun, die sich nun einmal in den Kopf gesetzt hatte, daß er ihr einen Kaftan nähen sollte.

Labakan lachte: „Wenn das alles ist, was sie wünscht, dann wird sie bald auch erfreut darüber sein, daß ich angekommen bin."

Man richtete zwei Räume im Palast ein, stattete sie mit Stoffen, Scheren, Nadeln und Fäden aus und schloß jeden der beiden jungen Männer in einen der beiden Räume ein.

Der König war nun doch neugierig geworden, welche Art von Gewand sein Sohn herstellen würde. Die Königin ihrerseits war gleichermaßen darauf erpicht, das Ergebnis der Prüfung zu erfahren.

Am dritten Tag wurden die Türen geöffnet und die beiden jungen Männer mit ihren Arbeiten durften herauskommen. Labakan breitete mit triumphierendem Lächeln einen großartig gefertigten Kaftan vor den Augen des erstaunten Königs aus.

„Schau her, Vater", sagte Labakan, „schau her, meine verehrte Mutter, ist dies nicht ein Meisterstück! Ich wette, der Hofschneider selbst kann es nicht besser."

Die Königin lächelte und wandte sich zu Omar: „Und was hast du vorzuzeigen, mein Sohn?"

Da warf dieser ungeduldig den Stoff und die Scheren auf den Boden und rief: „Ich habe gelernt, wie man ein Pferd reitet und bändigt, wie man ein Schwert zieht, wie man eine Lanze schleudert, aber nie und nimmer habe ich nähen gelernt. Bei Elfi Bey, dem Herrscher von Kairo, habe ich von der ganzen Schneiderei nichts gehört und gesehen."

„Ah, du wahrer Sohn deines Vaters", rief erfreut die Königin. „Ich möchte dich jetzt schon umarmen und Sohn nennen! Vergib mir, mein Herr und Gemahl", fügte die Königin hinzu und wandte sich an den König, „daß ich die Wahrheit auf diese Weise herausfinden wollte. Aber siehst du jetzt nicht selbst, wer der Prinz und wer der Schneider ist? Natürlich ist dieser Kaftan ein schönes Stück Arbeit, aber ich möchte nur allzu gern wissen, welcher Meister diesen jungen Mann gelehrt hat, Kleider zu machen."

Der König saß da, tief in Gedanken versunken, er blickte seine Frau an und er sah hinüber zu Labakan, der mit großer Mühe versuchte, seinen Ärger über seine eigene Dummheit zu verbergen. Schließlich sagte der König: „Auch diese Prüfung hat mich noch nicht überzeugt. Ich weiß aber jetzt einen sicheren Weg, wie ich herausfinden kann, ob ich getäuscht worden bin oder nicht."

Er ließ sein schnellstes Pferd satteln, saß auf und ritt allein davon.

Der König strebte einem dichten Wald zu, der nicht allzu weit vom Schloß entfernt zu finden war. Dort lebte unter hohen und weit ausladenden Zedern eine freundliche Fee, die schon seinen

Vorfahren in schwierigen Lebenslagen geholfen hatte und deren verschwiegene Wohnung nur er selbst kannte. Die Fee hieß Aldolzaide, und bei ihr suchte er nun seine Zuflucht.

Inmitten des Waldes fand sich eine weite Lichtung, die von großen Zedern umgeben war. Diese Lichtung, so wußte er, war der beliebteste Wohnort der Fee.

Der König sprang vom Pferd, band es an einen Baum, trat auf die Lichtung und sagte laut und vernehmlich: „Wenn es wahr ist, daß du meinen Vorfahren zu ihrer Zeit in mancher Not geholfen hast, dann siehe gnädig auf mich, ihren Nachfahren, herab und offenbare mir, ob ich getäuscht worden bin!"

Er hatte noch kaum ausgesprochen, da öffnete sich eine der Zedern, und eine verschleierte weiße Gestalt erschien auf der Lichtung.

„Ich kenne deinen Irrtum, König Sached", sagte die Fee, „dein Irrtum ist ehrenwert und verzeihlich, ich werde dir helfen. Nimm diese zwei kleinen Kästchen und laß die beiden Männer zwischen ihnen wählen. Ich sage dir, der echte Prinz wird keinen Fehler machen."

Mit diesen Worten händigte sie ihm zwei kleine Kästchen aus, die aus Elfenbein gefertigt und mit Gold und Perlen verziert waren. Auf jedem Kästchen war am Deckel eine Inschrift in Diamanten angebracht. Auf einem der Kästchen standen die Worte „Ehre und Ruhm", auf dem anderen „Reichtum und Glück".

„Es wird eine schwierige Wahl werden", dachte der König, als er heimritt. Er versuchte es zwar, aber keines der beiden Kästchen ließ sich öffnen.

Im Schloß angekommen, ließ er sogleich die Königin und den ganzen Hofstaat rufen. Als alle versammelt waren, gab er ein Zeichen, und Labakan wurde hereingeführt.

In stolzer Haltung schritt dieser zum Thron, kniete nieder und fragte: „Was befiehlt mein verehrter Herr und Vater?"

Der König erwiderte: „Mein Sohn, es sind Zweifel aufgekommen an deiner Aussage und an deinem Anspruch. Eines dieser Kästchen enthält den Beweis deiner Geburt. Wähle eines der beiden aus! Ich bin sicher, daß du richtig wählen wirst."

Dabei zeigte er auf die beiden Elfenbeinkästchen, die auf zwei kleinen Tischen neben dem Thron aufgestellt waren.

Labakan stand auf und sah sich die Kästchen an. Er überlegte einige Minuten lang, dann sagte er: „Mein verehrter Vater, was kann besser sein als das Glück, dein Sohn zu sein, und was ist größer als der Reichtum deiner Liebe? Ich wähle das Kästchen mit der Aufschrift, ‚Reichtum und Glück'."

„Wir werden gleich sehen, ob du das richtige Kästchen gewählt hast", sagte der König, „vorerst setze dich neben den Pascha von Medina!"

Nun wurde Omar hereingeführt, der sehr traurig und sorgenvoll von einem zum anderen blickte. Er warf sich vor dem Thron nieder und fragte nach des Königs Begehr. Der König zeigte ihm die Kästchen und bat ihn um seine Wahl. Omar stand auf und ging zu den beiden Tischen hinüber. Sorgfältig las er die beiden Wahlsprüche darauf und sagte: „Die letzten Tage haben mir gezeigt, wie unsicher das Glück ist auf dieser Welt, und wie schnell uns der Reichtum zerrinnen kann. Selbst wenn ich eine Krone dadurch verlieren sollte, ich wähle ‚Ehre und Ruhm'."

Bei diesen Worten griff er nach dem Kästchen mit dieser Aufschrift, aber der König gab ihm ein Zeichen und bat ihn zu warten. Gleichzeitig wurde Labakan aufgefordert, zu dem anderen Tisch zu kommen und seine Hand auf das Kästchen zu legen, das er ausgewählt hatte.

Der König erhob sich von seinem Thron, alle Anwesenden standen ebenfalls auf und in das feierliche Schweigen hinein sprach der König die Worte: „Öffnet die Kästchen, Allah möge uns die Wahrheit offenbaren!"

Die Kästchen ließen sich jetzt von den beiden Männern ganz leicht öffnen. In dem Kästchen, das Omar ausgewählt hatte, lag eine kleine goldene Krone und ein Zepter auf einem Samtkissen. In Labakans Kästchen fand sich – eine lange Nadel und ein Fadenknäuel.

Der König befahl den beiden jungen Männern, ihm ihre Kästchen zu bringen. Beide gingen auf den Thron zu. Der König nahm die kleine Krone in die Hand, und als er sie so hielt, wuchs sie, wurde groß und größer, bis sie das Aussehen einer richtigen Krone hatte. Er setzte sie auf das Haupt seines Sohnes Omar, küßte ihn auf die Stirn und setzte ihn sanft mit feierlicher Geste auf einen Stuhl zu seiner Rechten. Dann wandte er sich Labakan zu und sprach: „Ein altes Sprichwort sagt: ‚Schuster, bleib bei deinem Leisten'. Du hättest bei deiner Nadel bleiben sollen. Gnade hast du in keiner Weise verdient, aber ich kann an diesem Tage nicht hart sein. Ich schenke dir das Leben, aber ich rate dir, dieses Land zu verlassen, so schnell du nur kannst."

Mit hochrotem Kopf stand der unglückselige Schneider nun da und konnte kein Wort mehr herausbringen. Er warf sich vor Omar nieder, Tränen in den Augen, und fragte: „Kannst du mir verzeihen, Prinz?"

„Gehe in Frieden", sagte Omar und half ihm mit versöhnlicher Geste auf die Knie.

„Oh, mein teurer Sohn!" rief der König und nahm Omar in seine Arme.

In diesem Augenblick riefen alle Paschas und Emire: „Lang lebe Prinz Omar!"

Inmitten des anbrechenden Lärms und der Hochrufe schlüpfte Labakan aus dem Saal, das kleine Elfenbeinkästchen unter dem Arm. Er ging zu den Ställen, sattelte sein altes Pferd Murva, passierte unbehelligt das Tor und ritt sogleich los in Richtung Alexandria.

Wenn er nicht das Elfenbeinkästchen mit dem diamantenen Wahlspruch mit sich geführt hätte, dann hätte er fast glauben können, die letzten Wochen seien nichts als ein langer schöner Traum gewesen, ein Traum mit einem bösen Erwachen.

Als er Alexandria erreichte, ritt er bis vor die Tür der Schneiderei seines alten Meisters. Als er die Werkstatt betrat, kam der Meister aus einem Hinterraum und fragte nach seinen Wünschen. Kaum aber hatte er erkannt, wer vor ihm stand, da rief er alle Gesellen zusammen, die nun mit zornigen Worten auf ihn eindrangen und einschlugen, bis er zuletzt, halb bewußtlos, in einen alten Kleiderhaufen fiel, der am Boden lag.

Der Meister machte ihm lauthals Vorwürfe über die gestohlene Robe und ballte die Fäuste. Vergeblich versuchte ihm Labakan

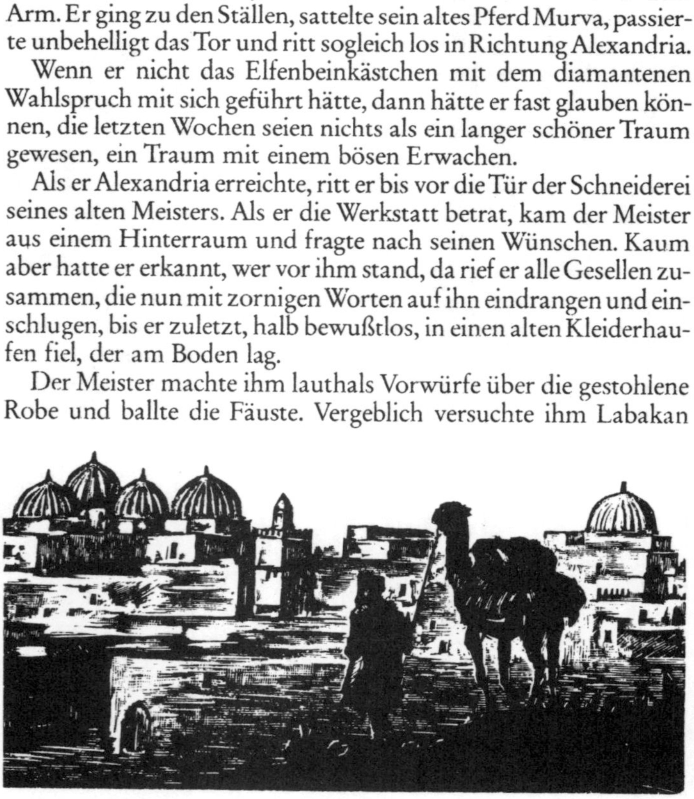

klarzumachen, daß er gekommen sei, dafür zu bezahlen. Und daß er sogar den dreifachen Preis gelten lassen wolle.

Die Gesellen, von der Wut ihres Meisters angestachelt, fielen erneut über ihn her, schlugen ihn zusammen und warfen ihn schließlich aus dem Haus.

Ächzend und stöhnend schlich er sich zu seinem Pferd, konnte mit letzter Kraft gerade noch in den Sattel kommen und lenkte Murva zu einem Gasthaus hin. Hier fand er ein ruhiges Plätzchen, wo er mit seinen zerschlagenen Gliedern ausruhen und über sein

Mißgeschick ungestört nachdenken konnte. Er beschloß, sein Streben nach Höherem endgültig aufzugeben und ein Leben als ehrlicher Handwerker zu führen. Nach diesem Entschluß, zu dem er sich bald durchgerungen hatte, fiel er schließlich in einen tiefen, erholsamen Schlaf.

Am nächsten Morgen ging er gleich daran, seine guten Vorsätze in die Tat umzusetzen. Er verkaufte das kleine Elfenbeinkästchen an einen Juwelier zu einem sehr guten Preis, kaufte sich ein Haus dafür und eröffnete eine Schneiderwerkstatt. Über der Tür brachte er ein Schild mit der schlichten Inschrift an: „Labakan, Schneider“. Dann setzte er sich hin, um erst einmal seine eigenen zerrissenen Kleider auszubessern. Als Handwerkszeug hatte er die Nadel und das Fadenknäuel zurückbehalten, die beide in dem Elfenbeinkästchen gelegen hatten.

Nach einer Weile kam der erste Kunde. Labakan wurde nach draußen gerufen. Als er zurückkam, entdeckte er, daß sich inzwischen etwas Wunderbares ereignet hatte. Die Nadel nämlich nähte von allein weiter und machte so feine kleine, eng beisammenstehende Stiche, wie sie Labakan bei größter Anstrengung nicht machen konnte. Wie auch die kleinste Gabe einer freundlichen Fee von größtem Wert ist, so zeigte sich bei diesem Geschenk noch ein weiterer Vorteil: Der Faden nahm gar kein Ende, soviel die Nadel auch nähen mochte.

Labakan hatte bald viele Kunden, und in jeder Woche kamen neue. Er schnitt die Kleider zu, machte den ersten Stich und ließ dann die Zaubernadel selbst weiternähen.

Die ganze Stadt kam schließlich zu ihm, alle ließen sie bei ihm nähen, denn er arbeitete schnell und billig. Eines aber brachten die Leute nicht heraus: wie er soviel Arbeit ganz allein bewältigen konnte, und warum er bei geschlossenen Türen und Fenstern arbeitete.

Der Wahlspruch des Elfenbeinkästchens „Reichtum und Glück” ging für ihn auf diese Weise in Erfüllung.

Prinz Omar war inzwischen in seinem Königreiche der Stolz und der Liebling aller Leute geworden, der viele tapfere Taten vollbrachte und der Schrecken seiner Feinde war.

Als Labakan davon hörte, dachte er bei sich selbst: „Ehre und Ruhm sind gefährliche Dinge, da bin ich doch besser dran als einfacher Schneider.“

VI. Von Dämonen, Drachen und Prinzessinnen

Kaukasische Märchenfülle

Die Schweinebraut

Es waren einmal ein alter Mann und eine Frau, die hatten keine Kinder. Sie waren arm und besaßen nichts außer einem Schwein. Dieses Schwein aber war nicht wie andere Schweine, es hatte mit ihm eine andere Bewandtnis: Das Schwein fegte das Haus, wusch das Geschirr, nahm den Eimer ins Maul und ging Wasser holen – alle Hausarbeiten verrichtete es aufs beste und ging den beiden Alten zur Hand, wo es nur konnte.

Eines Tages packte sich das Schwein die Wäsche auf und lief vom Hause weg in einen tiefen Wald. An einem Waldsee ging es ans Wasser, warf seine Schweinehaut ab und verwandelte sich in ein so schönes Mädchen, daß der Glanz seiner Schönheit durch den Wald und über alle Berge strahlte. Dies alles hatte ein Königssohn mit angesehen, der in dem Walde jagte und zufällig an den Waldsee gekommen war. Er konnte keinen Blick mehr von dem Mädchen wenden und sah von seinem Versteck aus dem Mädchen tief in die schönen blanken Augen. Das Mädchen aber verrichtete seine Arbeit, zog das Schweinefell wieder über, lud sich die gewaschene Wäsche auf den Rücken und trippelte nach Hause. Der Königssohn folgte der Sau in gemessenem Abstand. Als er an die Hütte der Alten kam, trat er ein und sagte zu dem Mann, er wolle bei ihm übernachten.

„Herr, wir sind nicht würdig, Euch in unserer Hütte aufzunehmen", sagte der Alte, „wir haben nichts zu essen und nichts zu trinken, wir haben nicht einmal ein Bett, das Euch paßt. Wir sind arme Bauern!"

„Das macht nichts", sagte der Königssohn, „ich komme schon zurecht." Und er blieb die Nacht bei den armen Waldbauern. Er hatte zwar gehofft, das Schwein zu sehen, aber der Bauer nötigte ihn, sich niederzulegen und sich nach den Mühen der Jagd auszuruhen. Am nächsten Morgen stand der Königssohn auf und brachte die Rede beiläufig auf das Schwein. Der Bauer versuchte, das Gespräch in eine andere Richtung zu lenken, aber der Königssohn sagte, er sei schon lange auf der Suche nach einem guten Schwein und bot dem Bauern zehn Goldstücke dafür. „Herr", sagte der Bauer, „dieses Schwein ist unser Ernährer, unser einziger Besitz, was sollen wir machen, wenn wir's verkaufen?" Da bot der Königssohn zwanzig Goldstücke. Dem Bauern war damit geholfen, und er verkaufte das Schwein. Der Königssohn legte das Schwein hinter sich aufs Pferd und trat den Heimweg an. Zu Hause angekommen, eröffnete er seinem Vater, daß er eine Braut mitgebracht habe und sie heiraten wolle. Der König war außer sich vor Entsetzen und sprach: „Du häufst Schande auf dich und unser Haus! Ein Königssohn heiratet ein Schwein! Mein Sohn, bist du noch zu retten?"

„Mein ganzes Glück hängt daran", antwortete der Sohn, „es ist und bleibt meine liebe Braut!" Der König schüttelte den Kopf und schlug die Hände zusammen, aber der Königssohn heiratete das Schwein. Im Schloß wies man dem jungen Paar ein altes Zimmer als Wohnung an.

„Das ist für die beiden gerade gut genug", sagte der König. Der Königssohn ließ sich nicht beirren, führte das Schwein in das Gemach und sprach erwartungsvoll: „Jetzt wirf deine Schweinehaut ab!" Dieser Aufforderung kam das Schwein sofort nach, und eine so schöne Jungfrau kam darunter hervor, daß sogar der Glanz der Sonne davor verblaßte. Da umarmten sich beide zärtlich und küßten sich innig. Dies alles sahen die Würdenträger des Reiches. Diese hatte heimlich der König geschickt, damit sie durch die Ritzen in der Wand beobachten konnten, was das ungleiche Paar wohl machen würde.

Als die Würdenträger die Verwandlung des Schweines mit eigenen Augen gesehen hatten, liefen sie sogleich zum König und erzählten ihm alles. Der Königssohn aber nahm seine Frau bei der Hand und brachte sie zu seinem Vater. Der König war nun vor Freude ganz außer sich, segnete das Paar und setzte ihnen Kronen auf den Kopf.

Da wurde der Wesir, der das alles miterlebt hatte, von Neid gepackt. Wenn der Königssohn einem Bauern das einzige Schweinchen abgekauft hat, um eine so schöne Braut zu gewinnen, so dachte der Wesir, dann muß ich mir eben aus allen Herden das größte Schwein auswählen und es kaufen.

Der Wesir zögerte nicht lange. Er ging zu allen Schweinehirten und suchte so lange, bis er das größte Schwein gefunden hatte. Dies kaufte er für eine erkleckliche Summe und band es auf sein Pferd. Das Schwein aber quiekte aus vollem Halse, sprang vom Pferd und lief den Weg zurück, den es gekommen war, denn es wollte wieder zu seiner Herde. Der Wesir holte es mit großer Mühe und Gewalt wieder zu sich auf das Pferd und schleppte es schließlich unter vielem Geschrei und Gezappel nach Hause. Dort brachte er das Schwein zur Moschee, um mit ihm den Ehebund zu schließen. Die Sau aber warf die Leuchter um, entkam dem Bräutigam und schlüpfte den Gästen zwischen den Beinen durch. Nach viel Gequieke war endlich die Trauung vollzogen. Der Wesir führte seine Frau erwartungsvoll ins Brautgemach, streichelte sie, küßte ihren Rüssel und Hals und bat sie: „Nun werde ein Mädchen, schnell, bitte, bitte!" Das Schwein aber wurde immer wilder und bösartiger. Als der Wesir es wieder auf den Hals küßte, griff es ihn an und biß ihm schließlich den Hals durch.

Den Wesir trug man zu Grabe, und das Schwein ließ man wieder zu seiner Herde zurückkehren.

Freude hier, Kummer dort – dem einen Mehl, dem anderen Kleie!

Die Prinzessin von Samarkand

Es war einmal ein König, der die Weisheit schätzte und daher Wissenschaften und Künste liebte. Sein einziger Sohn Kamal sollte auch derlei lernen, darum schickte er ihn in die Welt. Eines Tages kam Kamal aus der großen Stadt, in der er gelernt hatte, wieder zurück nach Hause. Da er aber lange fort gewesen war, kannte er das Landleben gar nicht mehr und staunte, wie die Bäume blühten, wie die Flüsse rauschten und wie die Vögel sangen. Eines Tages bat er seinen Vater: „Laß mich einmal auf die Jagd gehen!" Der Vater war damit einverstanden, doch er bestimmte im großen Wald ein Gebiet, das der Sohn nicht überschreiten sollte. Als Begleiter gab er ihm den Wesir und zwanzig Jäger mit. Sie sahen viele Rehe und Hirsche. Was sie auf der Jagd erlegten, das brieten und aßen sie im Wald. Dieses Landleben fand Kamal sehr schön; hier gefiel es ihm besser als in der Stadt. Beim zweiten Ausritt zur Jagd durfte Kamal dann auf seine Bitte hin im ganzen Wald dem Wild nachstellen. Der König verbot ihm nur, die Grenze des Landes zu überschreiten. Der Wesir und zwanzig Jäger waren wiederum zur Begleitung bestellt. Als sie an die Grenze des Landes kamen, sah Kamal auf der anderen Seite auch eine Jagdgesellschaft. Das waren die Jäger der Prinzessin von Samarkand. Kamal, der neugierig war, ritt nun über die Grenze, der Wesir und die Jäger konnten ihn dabei nicht zurückhalten. Unter den Jägern befand sich an diesem Tag die Prinzessin selbst. Ihr Name war Räne-chanem, das bedeutet „Die Schöne", denn sie war lieblich von Angesicht, hatte eine weiße Haut und lange schwarze Zöpfe. Räne-chanem erblickte Kamal, den edlen Ritter, ritt auf ihn zu und wollte ihn aus der Nähe betrachten. Beide stiegen vom Pferd und gingen zusammen in eine Schlucht. Der Jüngling entbrannte in Liebe zu ihr, denn ihr schwarzes Haar und ihre dunklen Augen hatten es ihm angetan. Er konnte nicht anders, er umarmte und küßte sie. Räne-chanem hatte ebenfalls Zuneigung zu dem Jüngling gefaßt. Als sie ihn auch umarmen und küssen wollte, fiel Kamal vor Erregung in Ohnmacht. Räne-chanem nahm seinen Kopf in ihren Schoß und sprach ihn an, er rührte sich nicht. Sie rief ihn an, er erwachte nicht aus seiner Ohnmacht. Da nahm sie seine Hände und fand einen goldenen Ring an seinem Finger. Diesen Ring vertauschte sie nun mit ihrem eigenen. Sie bereitete dann am Boden ein Polster aus Laub und Moos und legte sacht darauf seinen Kopf. Bevor sie mit ihren Leuten den Wald verließ, steckte sie ihm dann noch einen Strohhalm und ein Stück Zucker in die Tasche. Der Wesir und die Jäger hatten lange vergeblich auf Kamal gewartet, hatten ihn schließlich gesucht und ohnmächtig in der Schlucht gefunden. Sie trugen ihn heim ins Schloß und fragten ihn nach seinem Erwachen, warum er denn in Ohnmacht gefallen sei. Kamal aber schwieg. Da er auch nichts aß, wurde er von Tag zu Tag blasser und schwächer. Gegen die Liebeskrankheit allerdings gibt es kein Kraut. Der König ließ verkünden, daß derjenige einen großen Lohn erhalte, der seinen Sohn heilen könne; wer es aber vergeblich versuche, der müsse es mit seinem Leben bezahlen. Da kamen von vielen Städten Ärzte herbei, die den Prinzen heilen wollten. Keiner hatte Glück mit seinen Heilkünsten, und manch einer bezahlte dafür mit seinem Leben. In der Stadt wohnte auch ein junger Mann namens Raschid. Eines Tages sagte Raschid zu seiner Mutter, er wolle in den Königspalast gehen, um den kranken Prinzen zu heilen. Die Mutter erschrak, riet ihm ab und sagte: „Bleib hier, mein Sohn! Begnüge dich und sei mit Brot und Salz zufrieden!" Raschid aber hörte nicht auf sie, nahm einige Flaschen, füllte sie mit farbigem Wasser und ging damit zum Schloß. Dort sagte er zum König: „Ich kann deinen Sohn heilen! In vierzehn Tagen wird er gesund sein! Ich stelle aber eine Bedingung: Ich muß mit deinem Sohn allein in einem Zimmer wohnen." Der König war einverstanden und richtete ein Zimmer dafür ein.

Raschid stellte viele Fragen an den Prinzen, aber Kamal gab keine Antwort. Wie Raschid des Prinzen Kleider untersuchte, fand er in der Tasche den Strohhalm und das Stück Zucker. Der kluge Raschid überlegte: in unserer Sprache heißt Stroh „Saman" und Zukker heißt „Kand" – also liebt der Prinz die Prinzessin von Samarkand. Zwei Tage blieben Raschid nur noch von seiner Frist. Da ging er zum König und bat ihn, für den Prinzen eine große Gesellschaft zu geben und viele Freunde und Bekannte einzuladen. An der Tafel des Prinzen saßen seine Jugendfreunde, die schon in der Liebe erfahren waren und ihre Süße bereits gekostet hatten. Nachdem sie alle gegessen und getrunken hatten, sagte Raschid: „Laßt uns jeder ein schönes Erlebnis berichten! Wißt ihr was? Jeder erzählt einmal, was er in der Liebe erlebt hat!"

Der erste schilderte, wie er nachts seine Geliebte aus dem Haus ihrer Eltern entführt und bei tiefer Dunkelheit auf dem Pferd über einen reißenden Fluß gebracht hatte. Der zweite erzählte, an seinen ersten Kuß erinnere er sich ganz genau. Er habe damals ein wunderbares Mädchen geküßt. Die Süße dieses Kusses schmecke er heute noch auf seinen Lippen, wenn er daran zurückdenke. Da blitzte mit einem Mal bei Kamal die Erinnerung an jenen Kuß auf, den er Räne-chanem gegeben hatte. Kamal mischte sich in das Gespräch ein und sagte zu seinen Freunden: „Ähnliches habe ich auf meiner letzten Jagd erlebt. Ich fand im Wald ein sehr schönes Mädchen. Wir küßten uns, und von dem Kuß war ich seither wie trunken und konnte mit keinem Menschen reden." Da stand Raschid vom Tische auf, eilte zum König und rief: „Dein Sohn ist geheilt! Er hat seine Sprache wiedergefunden! Er liebt die Prinzessin von Samarkand! Wenn du ihn glücklich machen willst, so sorge dafür, daß sie seine Frau wird!"

Der König bedankte sich sehr bei Raschid und gab ihm zum Lohn ganze Berge von Gold. Das alles aber brachte Raschid seiner Mutter nach Hause. Vollkommen gesund war Kamal jedoch nicht. Da er sich nun der Prinzessin erinnerte, wurde er sogar noch trauriger. Er wollte keine Speise mehr anrühren und wurde noch blasser. Der König fragte ihn: „Mein Sohn, sag mir, welches Mädchen dir hier am besten gefällt. Ich gebe es dir zur Frau. Die Prinzessin von Samarkand aber kannst du nicht heiraten. Ich bin alt, ich kann keine weiten Reisen machen und auch keine Kriege mehr führen!"

Kamal aber wollte von anderen Mädchen nichts wissen, er wollte Räne-chanem zur Frau, die Prinzessin, keine andere.

Der ratlose König dachte lange nach. „Vielleicht kann Raschid, der Kamal ja zum Sprechen brachte, für ihn auch die Prinzessin von Samarkand gewinnen!" So dachte der König bei sich. Gleich ließ er Raschid rufen.

Der junge Mann trat vor den König und übernahm ohne viele Worte oder Bedenken den Auftrag. Raschid aber stellte drei Bedingungen. Zum ersten sollte der König ihn selbst mit einem Mädchen verheiraten. Zum zweiten verlangte er einen goldenen Samowar mit zwei goldenen Tassen. Zum dritten aber sollte der Prinz für die Reise ihm unbedingten Gehorsam versprechen, selbst wenn es auf den Tod ginge. Der König führte alles so aus, wie Raschid es forderte. Zum ersten verheiratete er ihn wie einen Prinzen. Zum zweiten ließ er von einem berühmten Goldschmied den Samowar und die Tassen anfertigen. Zum dritten sagte er seinem Sohne: „Wenn du die Prinzessin erlangen willst, so mußt du Raschid in allem gehorchen, selbst wenn es auf den Tod gehen sollte!"

Kamal versprach es, der Reise stand nichts mehr im Wege. Raschid, die junge Frau und Prinz Kamal schwangen sich auf die Pferde. Für reichliche Wegzehrung hatten sie gesorgt, außerdem nahmen sie Gold, Edelsteine, viele Goldstücke, andere Schätze und den Samowar mit den Tassen mit.

Sie flogen über die Hügel wie der Wind und stürzten in die Täler wie ein Wasserfall. Bald waren sie in Samarkand, wo die Prinzessin wohnte. Es war schon Nacht, und alle Herbergen waren geschlossen. So klopften sie an einer Haustür an. Eine alte Frau rief aus dem Innern des Hauses: „Wenn ein Mann klopft, dann gehe er bitte weiter! Ich bin eine Witwe, und es ist kein Mann im Haus."

Raschid antwortete: „Wir haben aber eine Frau bei uns." Da wurde ihnen die Tür geöffnet, und sie blieben bei der Alten über Nacht. Am Morgen fragte Raschid die Alte: „Wie kommen wir wohl am besten zur Prinzessin Räne-chanem?"

„Das ist einfach", gab sie zur Antwort, „ich bringe ihr jeden Morgen die Milch von meiner Kuh hier im Stalle. Soll ich ihr von euch eine Botschaft bringen?" Raschid küßte vor Freude darüber die Alte und versprach ihr für ihre guten Dienste klingenden Lohn. Kamal wies sie an, wie sie sich verhalten sollte, gab ihr den Samowar

und die Goldtassen und vor allem den Goldring, den die Prinzessin in der Waldschlucht auf Kamals Finger gesetzt hatte. „Diese Sachen sind unser Gastgeschenk für die Prinzessin, weil wir gestern in ihre Stadt gekommen sind. Bringe es ihr, doch achte ganz genau auf das erste Wort, das sie zu ihren Zofen sagen wird. Das mußt du uns dann ganz genau wiederholen, wenn du zurückkommst!"

Der Botenlohn bestand aus schönen Goldstücken. Die Alte war erfreut, als sie diesen ihren Lohn sah, nahm dann ein großes Umschlagtuch und eilte mit den Geschenken zum Palast wie ein Falke, der eine Feldmaus sieht. Bald trat sie ins Zimmer der Prinzessin. Als Räne-chanem nun ihren Goldring erkannte, war es ihr sogleich klar, daß Kamal nach Samarkand gekommen sei und sie zu sehen wünschte. Da Hofleute und Zofen im Zimmer waren, wollte die Prinzessin die Geschenke nicht vor ihnen allen annehmen und fragte daher die Alte: „Was kosten diese schönen Sachen, die du mir brachtest?" Die Alte erwiderte: „Es sind Gastgeschenke von meinen Gästen, sie kosten nichts." Die Prinzessin fragte nochmals nach dem Preis, und die Alte antwortete ihr wieder, es seien Geschenke. Da stellte sich die Prinzessin böse und sprach: „Bin ich denn eine Bettlerin und ist mein Vater etwa arm?" Sie befahl ihren Zofen: „Vom Apfelbaum bringt mir ein paar Zweige!" Die Alte wurde an Armen und Beinen gebunden und mit den Apfelbaumzweigen gepeitscht. Dann gab ihr die Prinzessin die Geschenke zurück, behielt aber den Fingerring für sich. Stöhnend vor Schmerzen lief die Alte weg und schimpfte: „Das alles muß ich für meine Gäste erleiden." Voller Ungeduld erwartete Raschid die Alte. Als sie vom Schlosse zurückgekommen war, gab er ihr gleich eine Handvoll Gold. Die Frau sah es, und ihre Augen funkelten dabei wie die einer Stambulkatze. Raschid fragte: „Welches war das erste Wort, das die Prinzessin zu ihren Zofen sagte?" Die Alte erwiderte, daß die Prinzessin befohlen habe: „Vom Apfelbaum bringt mir ein paar Zweige!" Und die Alte fügte hinzu: „Dann aber, dann ließ sie mich peitschen." Da sagte Raschid zu Prinz Kamal: „Heute nacht geht Räne-chanem in ihrem Garten spazieren. Dort erwarte sie bei dem Apfelbaum!"

Am Abend begleitete Raschid den Prinzen bis an das Gartentor. Kamal durchstreifte den Garten, bis er zum Apfelbaum kam. Es war ganz still im Garten, auch die Vögel schwiegen. Nur dann und wann fiel ein reifer Apfel vom Baum. Es war sonst aber so ruhig, daß Kamal das eigene Herz in der Brust schlagen hörte. An einem Wasserlauf setzte er sich auf die Brüstung. Er wurde allmählich sehr müde, da er um diese Zeit zu schlafen gewohnt war. So schlief er ein. Um Mitternacht betrat Räne-chanem den Garten, suchte überall, fand Kamal aber nicht. Da kam sie an den Wasserlauf hinter dem Apfelbaum und sah, wie er hingesunken war und schlief. Wie gern hätte sie ihn geküßt, aber sie sagte sich: „Warum soll ich ihn wecken? Er schläft hier wie ein Kind, anstatt mich beim Apfelbaum zu erwarten." Sie nahm einen kleinen Ball, steckte ihn in Kamals Tasche und verschwand. Als Kamal erwachte, glaubte er, niemand sei zu ihm gekommen, und ging traurig nach Hause. Raschid, dem er alles erzählte, meinte sogleich: „Das kann nicht sein! Eine Prinzessin hält ihr Wort. Du wirst wohl geschlafen haben, als sie zu dir kam." Raschid bemerkte auch alsbald, daß in Kamals Tasche ein Ball steckte. Er zog ihn heraus, warf ihn scherzhaft Kamal zu und rief: „Siehst du, sie hält dich für ein Kind, sie hat dir einen Ball zugesteckt!"

Was wollte Raschid anderes tun, als die Alte noch einmal ins Schloß zu schicken. Mit dem Samowar und den Goldtassen ging sie zur Prinzessin. Diese stellte sich wieder zornig und befahl den Zofen: „Vom Kirschbaum bringt mir einige Zweige!" Wieder wurde die Alte damit gepeitscht. Kirschbaumzweige bereiten größere Schmerzen als Apfelbaumzweige, daher war sie noch zorniger als das erste Mal und zog böse nach Hause. Raschid gab ihr ein paar

Hände voll Gold und sie berichtete, daß die Prinzessin diesmal Kirschbaumzweige verlangt hatte. Raschid schärfte Kamal ein: „Siehst du, was die alte Frau für dich erlitten hat. Heute nacht im Garten darfst du auf keinen Fall beim Kirschbaum schlafen!"

Am Abend ging Kamal in den Garten und erwartete die Prinzessin beim Kirschbaum. Welch eine Überraschung! Da stand ein Gartenstuhl mit weichen Polstern bereit! Kamal legte sich darauf und vergaß bald, was Raschid ihm eingeschärft hatte. Als die Prinzessin kam, schlief er bereits tief und fest. Da steckte sie ihm zwei Spielknöchel zu, wie die kleinen Kinder sie haben. Erst nach mehreren Stunden erwachte er, schaute um sich und lief nach Hause.

„Siehst du! Du hast wieder geschlafen, und sie hält dich für ein ganz kleines Kind!" sagte Raschid, als er die Spielknöchel in Kamals Tasche fand.

„Nun muß die Alte noch einmal in den Palast gehen. Das ist das letzte Mal. Solltest du heute nacht wiederum schlafen, dann nimm mir nicht übel, was ich dann tue!" Raschid gab der Alten diesmal gleich im voraus ein paar Hände voll Gold. Sie nahm ihr großes Umschlagtuch und machte sich auf den Weg zum Palast. Wieder wurde sie ausgepeitscht. Diesmal mit Granatapfelzweigen. Diese Auspeitschung war schmerzhafter noch als die mit Kirsch- oder Apfelbaumzweigen. Sie rannte hinweg, so schnell sie konnte und vergaß sogar ihr Umschlagtuch. Zu Hause angekommen, verfluchte sie schimpfend ihre Gäste und sagte: „Mit Granatapfelzweigen ließ sie mich auspeitschen." Da wußte Raschid, wohin Kamal in dieser Nacht kommen sollte und sagte zu ihm: „Heute ist es das letzte Mal. Wenn du wiederum einschläfst, dann wird dir die Prinzessin von Samarkand nie gehören!" Am Abend ging Kamal zum Granatapfelbaum. Raschid war inzwischen selbst beim König gewesen, hatte ihm den Samowar und die Goldtassen überreicht und mit diesem Gastgeschenk viel Freude gemacht.

„Du bist ein Fremder hier", sprach der König, „wenn du einen Wunsch hast, werde ich ihn dir gern erfüllen."

Raschid sagte, ohne zu überlegen: „Ich bin ein Kaufmann. Oft komme ich spät nach Samarkand und finde dann keine Herberge. Ein Schreiben von Euch würde mir viel nützen!" Kamal wartete inzwischen schon beim Granatapfelbaum, und der Schlaf wollte ihn schon übermannen. Da ging er zu dem Wasserlauf zurück, an dem er vor zwei Tagen geschlafen hatte und wusch sich in dem kühlen Wasser Gesicht und Hände. So blieb er frisch. Aus dem Palast tönte liebliche Musik. Als die Musik verstummte, hörte er das Gartentor aufgehen und sah, wie die Prinzessin auf ihn zukam. Herzlich begrüßte sie ihn, und sie gingen plaudernd durch den schönen stillen Garten. Unter dem Granatapfelbaum schloß die Prinzessin Kamal in ihre Arme, und dann geleitete sie ihn zu einer Liegestatt.

In der Stadt Samarkand lebte damals ein entfernter Verwandter des Königs, den man schon in früher Jugend mit Räne-chanem ver-

lobt hatte. Er war viel älter als die Prinzessin, die ihn auch gar nicht leiden mochte. Nur aus Furcht vor den Eltern war sie gehorsam gewesen. Er war dick und reich und war Bürgermeister geworden. Dieser Bürgermeister kam in dieser Nacht nun in den königlichen Garten, um seine Braut zu besuchen. Er fand das Tor verschlossen.

„Was hat das zu bedeuten?" dachte er, „sonst ist es ja offen!" Er stieg über die Mauer und fand das schlafende Paar. Da zog er sein

Schwert, um beide zu töten. Dann aber überlegte er es sich und besann sich eines Besseren: „Ich werde die beiden fesseln und vor den Thron bringen.“

So schnürte er mit ein paar Stricken die Schlafenden zu einem Bündel zusammen, ging damit in eine Moschee und befahl dem Wächter: „Hebe dieses Menschenbündel bis morgen früh gut auf! Bewache es gut, sonst kostet es deinen Kopf!“ Der Wächter versprach es, und der Bürgermeister ging beruhigt nach Hause.

Lange wartete Raschid inzwischen auf Kamal. Er kam nicht zurück.

Die Prinzessin aber sagte zu ihrem Geliebten: „Kamal, ich habe die eine große Hoffnung, daß sich Raschid klug erweist. Wir sind verloren, wenn er uns nicht befreit!“ Sie rief den Wächter und versprach ihm viel Gold, wenn er auf das Minarett stiege und in alle vier Himmelsrichtungen ausriefe: „Zwei Tauben sitzen im Bauer!“ Der Wächter fand nichts dabei und stieg auf das Minarett.

Als Raschid den Ruf vernahm, machte er sich sogleich mit seiner Frau auf zur Moschee. Dort sprach er zum Wächter: „Wer liegt hier gefesselt? Das Mädchen ist doch Räne-chanem, unsere Königstochter, und der Jüngling ist mein leiblicher Bruder. Die dürfen nicht länger so bleiben! Wenn du schon ein Menschenbündel verwahren mußt, so binde mich und meine Frau und lege uns an diese Stelle!“ Der Wächter erhielt das versprochene Gold und tat, wie Raschid ihm geheißen. Räne-chanem und Kamal aber begaben sich zur Wohnung der Alten.

Der Bürgermeister war inzwischen zum König gegangen und hatte laute Klage darüber geführt, daß er seine Braut, Prinzessin Räne-chanem, des Nachts im Park mit einem fremden Jüngling angetroffen habe, schlafend auf einer Liegestatt. „Diese beiden habe ich, so wie sie waren, gefesselt“, sagte er, „wenn du willst, o König, werde ich sie vor dich bringen!“ Der König wollte ihm diese Geschichte nicht glauben, und so eilte der Bürgermeister in die Moschee, um die beiden zu holen. In seiner Wut sah er nicht, wen er da auf dem Rücken trug. Wie er im Schloß angekommen war, rief der König: „Bist du wahnsinnig, Bürgermeister? Das sind ganz fremde Leute!“ Dann fragte er Raschid, wer er wäre. Raschid antwortete: „Ich bin, o König, der Kaufmann, der kürzlich bei dir war und dem du ein königliches Schreiben gabst. Ich ging gestern abend mit meiner Frau in den königlichen Garten, um dort die Nacht zu verbringen. Da kam dieser Mann in den Garten und band uns zusammen, ohne daß wir wüßten, mit welchem Rechte er so etwas tun darf. Denn sieh, hier ist mein Erlaubnisschein!“ Der König wurde dunkel vor Grimm und Zorn und sprach zum Bürgermeister: „Warum hast du über meine Tochter wie über ein Straßenmädchen geredet ohne allen Grund?“ Und er befahl, ihn zum Galgen zu führen und aufzuhängen. Raschid und seine Frau aber gab der König frei.

Kamal und Räne-chanem bereiteten sich auf die Reise vor, denn der Prinz wollte sie in seine Heimat führen. Dann bestiegen sie die Rosse und flogen durch die Nacht. Jedermann freute sich, als sie daheim ankamen, daß Prinz Kamal ohne einen Kriegszug die Prinzessin von Samarkand zur Frau bekommen hatte. Und sie feierten ein Hochzeitsfest, das dauerte vierzig Tage und vierzig Nächte. Raschid aber, der treue Berater und Begleiter des Prinzen, wurde Wesir im Lande. Aus der Hütte holte er seine Mutter in den Palast, und dort lebten sie alle viele Jahre in Glück und Zufriedenheit miteinander.

Der Zar und der Weber

Vor langer Zeit lebte einmal ein Zar. Er saß auf seinem Thron, als aus einem fernen Land der Gesandte eines anderen Zaren eintraf. Der Gesandte sprach kein Wort, trat nur in den Thronsaal und zog stumm mit Kreide einen Kreis um den Thron. Dann trat er ebenso stumm zur Seite.

„Was soll das bedeuten?" fragte verwundert der Zar. Der Gesandte schwieg wie zuvor. Da ward es dem Zaren unheimlich zumute, er rief seine Minister und alle Höflinge und befahl ihnen, den Kreis um seinen Thron zu deuten. Die Minister und Höflinge standen schweigend um den Thron, besahen sich lange den Kreidekreis, konnten aber keine Erklärung finden. Da geriet der Zar in großen Zorn. Mit hochrotem Kopf rief er: „Es ist eine Schande! Gibt es denn keinen Mann in meinem Reich, der diesen Kreidekreis um meinen Thron zu deuten wüßte?" Stehenden Fußes erließ der Zar einen strengen Befehl, alle Weisen seines Reiches herbeizurufen. Die Weisen sollten den geheimnisvollen Sinn des Kreises deuten. Sollten sie jedoch nicht fähig sein, so hieß es in dem Befehl, so werde ihnen der Kopf abgehauen.

Die Minister des Zaren machten sich sogleich auf die Suche nach den Weisen des Landes. Sie klopften an jede Tür, sie durchsuchten alle Städte und durchstöberten alle Dörfer. So kamen sie auch zu einem kleinen Haus und traten ein. Niemand war zu sehen, alles war still und leer, von der Decke herab aber hing eine Wiege und schaukelte fein und sacht hin und her, wie von Geisterhand bewegt. Die Minister des Zaren wunderten sich sehr: „Warum bewegt sich denn die Wiege, es ist doch niemand hier?" Sie standen und wunderten sich und gingen kopfschüttelnd in die Stube nebenan. Auch dort hing eine schaukelnde Wiege. Die Minister wunderten sich noch mehr, durchsuchten das ganze Haus und stiegen auch auf das Dach. Auf dem Dach lag eine große Menge Weizenkörner zum Trocknen. Über den Körnern flogen Vögel, die allzugern von den Körnern gepickt hätten, aber sie wurden davon abgehalten durch Schilfhalme, die auf dem Dach steckten und stark hin und her schwankten. So waren die Körner vor den Vögeln sicher. Die Abgesandten des Zaren waren fassungslos, aufgeregt redeten sie durcheinander: „Es bläst kein Wind, an den Bäumen nebenan rührt sich kein Zweig und kein Blatt. Wie können da nur die Schilfhalme so heftig wackeln und wedeln?“ Staunend stiegen sie vom Dach und traten in die dritte und letzte Stube. Dort saß ein Weber an seinem Stuhl und webte.

„Was geht hier in deinem Hause vor sich?“ bedrängten die Abgesandten des Zaren den Weber. „In leeren Stuben schaukeln Wiegen, und Schilfhalme bewegen sich auf dem Dach, obwohl kein Windhauch zu spüren ist, was sind das alles für merkwürdige Dinge?“

Der Weber lachte und gab zur Antwort: „Das ist kein Wunder, das sind auch keine Gespenster, das mache ich.“

„Du willst uns wohl zum Narren halten“, riefen die Minister des Zaren. „Wie kannst du das denn machen? Du sitzt doch hier und webst!“

„Das ist ganz einfach“, erwiderte der Weber. „Ich habe drei Schnüre an meinen Webstuhl gebunden. Zwei Schnüre führen zu den Wiegen, eine führt zu dem Schilfbündel. Wenn ich webe, dann bewegen die Schnüre die Wiegen und die Schilfhalme auf dem Dach.“ Da aber sperrten die Minister des Zaren die Augen auf. Tatsächlich, von dem Webstuhl aus liefen drei Schnüre in die anderen Räume, zwei zu den Wiegen und eine aufs Dach. „Habt ihr so einen Weber schon gesehen?“ riefen die Minister. „Dieser Mann kann es mit jedem Weisen aufnehmen! So einen brauchen wir. Komm mit zum Zaren, vielleicht kannst du die geheimnisvolle Aufgabe lösen.“

„Zuerst aber müßt ihr mir erzählen, worum es sich eigentlich handelt“, sagte ganz nüchtern der Weber. Da berichteten ihm die Minister von dem merkwürdigen Ereignis und sagten: „Zu unserem Zaren kam der Gesandte eines anderen Zaren. Er nahm ein Stück Kreide und zog einen Kreis um den Zarenthron, sagte aber kein einziges Wort. Niemand vermag zu erraten, was dieser Kreis zu bedeuten hat, der Zar nicht und die Höflinge auch nicht.“ Und die Minister blickten dabei zu Boden und sagten: „Wir auch nicht.“ Und sie fuhren nach einer Weile fort und erklärten: „Wir sind jetzt dabei, einen Weisen zu suchen, der den Sinn des Kreises deuten kann. Wenn du das Geheimnis ergründest, wird dich der Zar reich beschenken.“

Der Weber hörte sich gut an, was die Abgesandten des Zaren ihm berichteten. Dann versank er in tiefes Nachdenken. Schließlich

nahm er zwei Murmeln, mit denen die Kinder zu spielen pflegen. Er steckte die Murmeln in die Tasche und machte sich – ohne weiter auf die Minister zu achten – auf die Jagd nach einem Huhn. Die Minister sahen sich befremdet an und fragten ihn: „Was willst du bloß mit einem Huhn?“

„Ich brauch's“, sagte der Weber und steckte das Huhn in einen Korb. Nachdem der Korb gut verschlossen war, machten sich alle auf den Weg zum Zaren.

Der Weber trat in den Palast, wünschte dem Zaren einen guten Tag, blickte auf den weißen Kreis um den Thron, sah sich den Gesandten des fremden Zaren genau an, lächelte in seinen Bart hinein und warf dem Gesandten die Murmeln vor die Füße. Der Gesandte griff schnell in seine Tasche, zog eine Handvoll Hirse heraus und streute sie wortlos auf den Boden des Thronsaals. Der Weber lachte. Er nahm das Huhn aus dem Korb, und schon war es über der Hirse und pickte, bis kein einziges Körnchen mehr zu sehen war. Der fremde Gesandte stutzte, hüllte sich in seinen Mantel und hastete davon, ohne auch nur ein einziges Wort zu verlieren. Der Zar und alle Anwesenden hatten mit Staunen dem seltsamen Treiben des Webers und des Fremden zugesehen. Keiner konnte erraten, was das alles zu bedeuten hatte.

„Was hat der Fremde getan?“ fragte der Zar und unterbrach damit die allgemeine Stille.

„Der Kreis um deinen Thron bedeutete Krieg“, sagte der Weber. „Der Gesandte wollte dir zeigen, daß der Zar seines Landes gegen unser Land ins Feld ziehen und es von allen Seiten einkreisen will. Nun wollte er wissen, ob du dich ergeben oder kämpfen wirst.“

„So“, meinte der Zar. „Das leuchtet mir ein. Warum aber hast du ihm die Murmeln vor die Füße geworfen?“

Der Weber erwiderte: „Ich zeigte ihm damit folgendes: Ihr seid Kinder gegen uns, bleibt lieber zu Haus und spielt Murmeln, statt euch einzubilden, ihr könntet gegen uns Krieg führen. Ich warf die Murmeln vor ihn hin, um ihm zu zeigen, daß wir viel stärker sind als seine Landsleute, und daß sie uns nicht besiegen können." „Das ist richtig", sagte der Zar. „Mir leuchtet ein, was du sagst. Nun erkläre mir aber, warum der Fremde eine Handvoll Hirse auf den Boden warf und warum du das Huhn aus dem Korb geholt hast!"

„Oh, das läßt sich leicht erklären", entgegnete der Weber. „Er warf die Hirse auf den Boden, um zu zeigen, daß sein Land über Krieger ohne Zahl verfügt, die überallhin vordringen können. Da ließ ich mein Huhn an die Hirse und zeigte ihm, daß von all seinen Kriegern kein einziger am Leben bleiben wird."

„Aber freilich", rief der Zar, „sonst wär' er doch nicht plötzlich davongelaufen." Alle Minister, alle Höflinge, alle Diener und Knechte nickten daraufhin eifrig mit den Köpfen. Der Zar überhäufte den klugen Weber mit reichen Gaben und sprach zu ihm: „Höre, Weber, bleib bei mir. Ich will dich zu meinem ersten Minister ernennen!"

„Nein, nein", gab da der Weber zur Antwort. „Ich will kein Minister sein. Ich hab mit meiner Arbeit zu Hause am Webstuhl genug zu tun." Sprach's und ging seiner Wege.

Das Feuerpferd

Es war einmal ein Mann, der hatte drei Söhne. Zwei waren gescheit, der dritte aber war dumm und schmutzig. Der Dumme tat rein gar nichts, er faulenzte nur Tag und Nacht herum. Der Vater hatte ein Tagewerk Ackerland angesät, der Same war gut aufgegangen, die Halme waren tüchtig gewachsen und hatten schöne Ähren angesetzt. Jede Nacht aber kam jemand und richtete Schaden auf dem Felde an: Ähren waren abgefressen, und an vielen Stellen waren die Halme zerstampft. Da sagte der Vater zu seinen Söhnen: „Liebe Kinder, wir müssen versuchen, den Dieb zu fangen. Geht nachts der Reihe nach aufs Feld und bewacht es!"

Die erste Nacht ging der älteste Sohn hinaus auf den Acker. Um Mitternacht aber überwältigte ihn der Schlaf und er nickte ein. Am Morgen kam er nach Hause und sagte: „Die ganze Nacht habe ich kein Auge zugemacht. Von der Kälte bin ich steif geworden wie ein Stück Holz, aber den Dieb habe ich nicht gesehen."

Die zweite Nacht ging der mittlere Sohn hinaus, schlief die ganze Nacht und erzählte zu Hause dann dieselbe Geschichte.

Die dritte Nacht mußte der Dumme aufs Feld. Er nahm einen Strick mit, setzte sich am Feldrain nieder und wartete. Als die Mitternacht sich näherte, wurde er schläfrig. Da nahm er sein Messer heraus, schnitt sich ein wenig in den Finger und streute Salz in die Wunde. So verging ihm das Schlafen. Genau um die Mitte der Nacht aber erbebte plötzlich die Erde unter ihm; es erhob sich ein gewaltiger Wind und vom Himmel her kam ein Pferd geflogen mit feurigen Flügeln und ließ sich auf dem Acker nieder. Blitze leuchteten aus seinen Augen, und Wolken erhoben sich aus seinen Nüstern. Das Pferd fing an, die Ähren abzufressen, zerstampfte aber noch mehr, als es fraß. Der Dumme schlich sich heran und näherte sich kriechend und ganz langsam dem Pferd. Plötzlich sprang er auf und warf ihm den Strick um den Hals. Das Pferd bäumte sich auf, zog mit aller Kraft, tobte, stampfte, konnte sich aber nicht losreißen. Der Dumme hielt es fest, da war nichts zu machen. Als es müde geworden war, verlegte sich das Pferd aufs Bitten: „Ach, mein Freund Johannes, laß mich los, dafür werde ich dir dann einen großen Dienst erweisen."

„Gut", sagte Johannes, „aber du fliegst wieder weg, wie kann ich dich denn später finden?"

„Das ist einfach", sagte das Pferd, „wenn du mich brauchst, so komm heraus aufs Feld, pfeife dreimal und rufe: ‚Feuerpferd, Feuerpferd! Komm schnell!' Dann werde ich gleich bei dir sein!" Johannes befahl daraufhin dem Feuerpferd, von nun an sein Feld in Ruhe zu lassen, band den Strick los und entließ es in die Lüfte. Dann ging er nach Hause.

„Was hast du alles gesehen und was hast du getrieben?" fragten ihn seine Brüder.

„Ein Feuerpferd habe ich gesehen. Ich habe es gefangen und mir von ihm versprechen lassen, daß es unser Feld jetzt in Ruhe läßt." Das übrige aber erzählte Johannes nicht. Die Brüder lachten herzlich über den Dummen, aber von diesem Tage an geschah auf dem Feld tatsächlich nichts mehr. Ein paar Tage danach schickte der König Boten in alle Städte und Dörfer seines Reiches mit dem Auftrage, folgende Einladung zu verkünden: „Ihr Herren, Städter, Adlige und Bauern! Unser großer König gibt ein Fest und lädt euch alle ein. Drei Tage soll eitel Freude herrschen. Bringt eure besten Pferde mit. Auf dem Balkon eines Turmes wird des Königs einziges Töchterlein sitzen, schöner als die Sonne. Wer mit seinem Pferde so hoch springt, daß er die Prinzessin erreichen und ihr dabei den Ring vom Finger ziehen kann, dem gibt der König sie zur Frau und zwar gleich am Ende des Festes."

Alles Volk strömte zu dem Fest. Auch die Brüder von Johannes gingen hin, aber nur, um zuzuschauen. Johannes bat sie, ihn auch zum Königshofe mitzunehmen.

„Bleib zu Hause, Dummer", sagten sie, „willst du etwa den Leuten angst machen mit deinem Aussehen?"

Die Brüder sattelten die Pferde und machten sich auf den Weg. Johannes überlegte nicht lange, er ging aufs Feld und rief sein Feuerpferd. Wer kann es sagen, woher: Auf einmal stand es vor ihm. Da sprang ihm Johannes über den Kopf und veränderte sich im Gesicht so völlig, daß man ihn nicht mehr erkannte. Er war ein so schmucker Bursche geworden, daß keiner je geglaubt hätte, das sei der dumme und schmutzige Johannes. Hierauf bestieg er das Feuerpferd und jagte zum Fest. Vor dem Haus des Königs hatten sich auf dem weiten Platze schon viele Menschen versammelt. Auf dem Balkon des hohen Turmes aber saß des Königs Töchterlein, schön wie der Mond, und ihr Ring glänzte wie die Sonne. Kein Reiter im weiten Rund erkühnte sich, den hohen Sprung zu wagen. Da aber hob einer seine Hand. Es war Johannes. Er faßte sein Pferd fest zwischen die Schenkel; das Tier wieherte und tat einen ungeheuren Sprung, aber es verfehlte das Ziel, es sprang drei Stufen zu tief. Die Leute staunten, bissen sich auf die Zunge und wunderten sich. Johannes aber wandte sein Pferd und galoppierte davon. Auf dem Wege holte er seine Brüder ein. Da sie ihm nicht schnell genug auswichen, hieb er ihnen tüchtig eins über und war auch gleich wieder verschwunden. An seinem Felde angelangt, stieg er ab und verwandelte sich wieder in den früheren Johannes. Das Pferd nahm von ihm Abschied, und er kehrte nach Hause zurück.

Als die Brüder am Abend heimkehrten, erzählten sie ihrem Vater voll Verwunderung, was sie gesehen und erlebt hatten. Johannes hörte sich alles gut an und lächelte nur still in sich hinein. Auch am folgenden Tag weigerten sich die beiden älteren Brüder, Johannes mit aufs Fest zu nehmen. Der aber ging wieder auf sein Feld, rief sein Feuerpferd, saß auf und jagte zum Palast des Königs. Dort sah er noch weit mehr Menschen als das vorige Mal. Alle Leute betrachteten des Königs Tochter, aber von den jungen Männern wagte wieder niemand den Sprung. Johannes faßte sein Pferd fester und ließ es hoch auf zum Balkon springen. Diesmal fehlten nur zwei Stufen. Die Leute wunderten sich noch mehr, aber Johannes verschwand noch schneller, und noch kräftiger hieb er seinen Brüdern auf dem Heimweg eins über. Der dritte Tag brach an. Das Fest war auf seinem Höhepunkt angelangt. Wieder erschien Johannes als unbekannter Jüngling. Diesmal gab er seinem Pferd einen solchen Hieb mit der Peitsche, daß sich von den Schenkeln ein ganzes Stück Haut ablöste. Mit furchtbarer Kraft sprang das Pferd empor und erreichte den Balkon. Johannes zog der Prinzessin den Ring ab und sprengte sofort wieder davon.

„Halt", riefen alle, „haltet ihn, hierbleiben, halt!" Alle riefen es, die Leute alle, auch der König und die Königin. Aber der Reiter war

schon verschwunden. Johannes kam nach Hause und hatte sich die Hand mit einem Lappen verbunden. Darunter hatte er den Ring versteckt.

„Was hast du denn mit deiner Hand gemacht?" fragten ihn die Frauen im Hause. „Ach, ich habe mich beim Beerenpflücken etwas geritzt, es ist aber nicht schlimm!" antwortete Johannes und streckte sich vor dem Feuer aus. Als die Brüder zurückkamen, erzählten sie ihrem Vater, was sich in der Stadt begeben hatte. Johannes wollte sich gern heimlich einmal den Ring besehen, aber kaum hatte er den Lappen aufgewickelt, als die ganze Hütte hell zu leuchten anfing. Aufgeregt schrien die Brüder ihn an: „Dummer, mit dem Feuer spielt man nicht. Du bist wirklich zu gar nichts nütze, steckst uns nun auch noch das ganze Haus an! Hinauswerfen sollte man dich!"

Drei Tage später ritten wieder Boten durch das ganze Land und überbrachten den Befehl vom König, daß sich alle Leute bei einem neuen Feste einfinden sollten. Der König gebe dieses Fest, und wer nicht komme, dem werde der Kopf abgeschnitten. Da war nichts zu machen. Der Alte begab sich mit seiner ganzen Familie zum Fest. Alles war dort guter Dinge, man aß und trank und war fröhlich. Am Ende des großen Schmauses teilte die Prinzessin eigenhändig Honigwasser an die Gäste aus. So kam auch Johannes an die Reihe. Und wie sah er an diesem Tage bloß aus! In zerrissenen Kleidern, mit wirren und schmutzigen Haaren stand er da, und um die Hand hatte er einen schmierigen Fetzen gebunden, es war zum Davonlaufen!

„Junge, warum hast du deine Hand verbunden?" fragte die Prinzessin, „laß mich sehen, was los ist!" Johannes nahm den Verband ab. Und siehe, da glänzte an seinem Finger der Ring! Die Prinzessin zog den Ring ab und führte Johannes zu ihrem Vater mit den Worten: „Papachen, das ist mein Bräutigam!"

Nun führte man den Johannes ins Bad, kämmte ihn, salbte ihn und zog ihm andere, schöne Kleider an. Bald war aus ihm ein so feiner Kerl geworden, daß die Seinen ihn kaum wiedererkannten. Dann feierte man Hochzeit. Sieben Tage lang und sieben Nächte lang wurde gegessen, getrunken und getanzt.

Die Henne mit dem goldenen Ei

Es waren einmal zwei arme Leutchen, ein alter Mann und seine Frau. Alles, was sie hatten, war eine einzige Henne. Beim Gedanken an eine Hühnersuppe lief ihnen das Wasser im Mund zusammen, und so beschlossen sie, die Henne zu schlachten.

Als sie die Henne nun fingen und in einen Käfig sperrten, legte sie ein goldenes Ei. Die beiden Alten sagten zueinander: „Wir wären dumm, wenn wir die Henne schlachten wollten. Vielleicht legt sie jeden Tag ein goldenes Ei."

Als sie die Henne am anderen Tag suchten, war und blieb sie spurlos verschwunden. Der Alte nahm seinen Wanderstab und sagte zu seiner Frau:

„Ich gehe auf die Suche. Ohne die Henne komme ich nicht heim."

Lange suchte und wanderte er – ein Märchen ist schnell erzählt, aber es braucht lange, bis alles geschieht –, da kam er zu dem Häuschen einer uralten Frau. Er erzählte ihr von seinem Mißgeschick und fragte, ob sie seine Wunderhenne nicht gesehen hätte.

„Nein", sagte das alte Weiblein, „gesehen habe ich die Henne nicht, aber ich gebe dir dafür ein Pferd. Du brauchst nur zu wiehern, und schon gibt es dir jedes Gericht, auf das du Appetit hast."

Das alte Weiblein brachte als Geschenk einen recht unscheinbaren Gaul aus seinem Stall hinter dem Häuschen. Der Alte hatte einige Mühe, den Klepper zu besteigen. Als er aufgesessen war, machte er sich frohen Mutes auf den Weg nach Hause und dachte schon daran, welches Gericht er seiner staunenden Frau nach seiner Rückkehr zuerst herbeizaubern würde.

Als er in einen Ort einritt, lachten ihn die Leute wegen seiner elenden Mähre aus und zeigten mit Fingern auf ihn.

„Lacht nur, soviel ihr wollt", rief er von seinem Gaul herab, „nur wiehern dürft ihr nicht! Wenn ihr wiehert, gibt es zu essen, worauf ihr Lust habt!" Keiner nahm diese Worte ernst. Die Dorfjungen lachten nur noch mehr und wieherten dann aus vollem Halse zum Scherz. Was war das? Da standen plötzlich die verschiedensten Gerichte der Reihe nach auf der Erde, so viele, daß alle Dorfbewohner sich den Bauch vollschlagen konnte. Den alten Mann luden sie daraufhin mit vielen Verbeugungen in das Gastzimmer und bereiteten ihm ein Ruhelager. Kaum hatte der Alte sich hingelegt, da vertauschten sie sein Pferd. Unbemerkt wechselten sie den Gaul gegen einen ebenso unscheinbaren aus. Nachdem der Alte sein Schläfchen gehalten hatte, brach er eilends auf zu seiner Frau, merkte aber nicht, daß er auf einem anderen Pferd saß.

Zu Hause kündigte er groß sein Kunststück an und wollte es auch gleich seiner Frau zeigen, aber soviel er auch wieherte, das Pferd gab nichts her.

Schließlich wieherte seine Frau aus Leibeskräften mit, aber vergebens. Der Alte schüttelte den Kopf, er brachte der uralten Frau in ihrem Häuschen das Pferd wieder zurück und klagte darüber, daß sie ihn so elendiglich betrogen habe. „Nein, nein", sagte die Alte, „ich habe dich nicht betrogen, du kannst es mir glauben! Ich gebe dir aber dafür eine Ziege. Sobald du meckerst, fallen Goldstücke aus ihrer Nase und aus ihrem Maul."

Der Alte nahm die Ziege, führte sie an einem Strick mit sich nach Hause und kam auf seinem Weg wieder durch den Ort, in dem die Leute zuerst gelacht und dann doch sehr gestaunt hatten. Nachdem er den Leuten in dem Dorf wieder alles gutmütig erzählt hatte, vertauschten die schlauen Burschen auch seine Ziege.

Als der Alte nach Hause kam, wollte er seiner Frau gleich die goldspuckende Ziege vorführen, aber alles Meckern half nichts, kein einziges Goldstück kam aus dem Maul und keines aus der Nase.

Die beiden Alten meckerten die halbe Nacht, sie meckerten in einem fort, aber die Ziege gab kein Gold von sich. „Die Alte betrügt mich!“ jammerte der Mann, brachte ihr die Ziege zurück und machte ihr bittere Vorwürfe.

Die Alte ging auf die Vorwürfe nicht ein, gab ihm einen großen Knüppel und sagte: „Nimm diesen Knüppel dafür. Wenn dir jemand Unrecht tut, so brauchst du nur ‚dom – dom‘ zu sagen, und schon wird er die Missetäter prügeln. Erst wenn du ihm befiehlst aufzuhören oder wenn deine Widersacher sich deinem Willen fügen, gibt er Ruhe.“

Der Alte nahm den Knüppel und kam bald wieder zu der Ortschaft, in der sie ihm das Pferd und die Ziege vertauscht hatten.

Die Leute liefen alle wieder zusammen, um zu sehen, was er diesmal bringe. Sie waren arg enttäuscht, als sie ihn nur mit einem dikken Stecken ankommen sahen. „Gebt acht“, sagte lächelnd der Mann, „und sagt auf keinen Fall ‚dom – dom‘, sonst kriegt ihr Haue!“

Niemand glaubte ihm. Die Dorfjungen machten sich bald wieder über ihn lustig, und zum Spott riefen sie „dom – dom“. Da fuhr der Knüppel wie ein Donnerwetter unter sie und prügelte sie ganz fürchterlich.

Der Knüppel hörte gar nicht mehr auf, die Dorfbewohner nach

Strich und Faden zu verdreschen, bis sie ihn inständig baten, er solle seinem Knüppel Einhalt gebieten.

Sie rückten schließlich damit heraus, daß sie ihm sein Pferd und seine Ziege vertauscht hätten und wollten ihm nun beide sofort wiedergeben, wenn er der Prügelei ein Ende mache.

Der Mann ließ sich beide Tiere wiedergeben und gebot dann dem Knüppel: „Halt!"

Mit Pferd, Ziege und Knüppel kehrte er nun nach Hause zurück und lebte fortan mit seiner Alten in Reichtum und Glück.

Drei Brüder und ein Mantel

Es waren einmal drei Brüder, die eine Schwester hatten. Das Mädchen war von so erlesener Schönheit, daß niemand auf der Welt je etwas Schöneres gesehen hatte. Die Brüder fürchteten, es könnte sich vielleicht ein Mann in ihre Schwester verlieben und sie rauben, deshalb versteckten sie das Mädchen. In einem hohen steinernen Turm hielten sie die Schönheit verborgen. Eines Tages gingen die Brüder auf die Jagd. „Hüte unsere Schwester!" sagten sie zu ihrer Mutter. „Seid völlig unbesorgt!" antwortete die Mutter, „ich hüte sie wie meinen Augapfel, niemand wird sie uns entführen!" Nachdem die Brüder aufgebrochen waren, ging die Mutter in den Turm, um ihrer Tochter Essen zu bringen. Kaum hatte sie die Tür geöffnet, da kam – wer weiß woher – ein Drache geflogen, stürzte sich durch die Türöffnung in den Turm, packte das Mädchen, zwängte sich wieder durch die Tür und war auch schon entschwunden. Die Mutter flehte zum Himmel, klagte und weinte, aber ihre Tränen brachten die Tochter nicht zurück. Als die Brüder heimkehrten, trat die Mutter vor sie und sagte: „Meine Söhne! Ihr seid tapfer und keiner übertrifft euch an Kühnheit. Aber sagt mir heute, wozu jeder von euch in einem großen Unglück fähig wäre!"

„Auf der ganzen Welt gibt es kein Ding, das ich nicht finde", sagte der älteste Bruder. „Wenn es kleiner ist als die kleinste Nadel, wenn es mit sieben Schlössern verschlossen ist, wenn es auf dem Meeresgrunde liegt, wenn es in einer Burg verborgen ist, überall finde ich es und hole es. Und keiner wird es merken!"

Der mittlere Bruder sagte: „Mitten im Lauf erlege ich jedes Wild, mitten im Flug treffe ich jeden Vogel!"

Und zum Schluß sagte der jüngste Bruder: „Ich kann alles, was vom Himmel herunterfällt, auffangen und festhalten, alles, so groß und so schwer es auch sein mag!“

„Gut“, sagte die Mutter, „dann will ich euch alles erzählen. Ein fürchterliches Unglück hat uns betroffen!“ Und sie berichtete, wie der Drache gekommen war und die Schwester aus dem Turme davongetragen hatte. „Fort durch die Lüfte“, sagte sie, „wer weiß wohin!“

Die Brüder traf diese Nachricht wie ein Schlag. Ohne zu zögern, machten sie sich auf den Weg, ihre Schwester zu suchen. Sie schwuren einander, nicht zurückzukehren, bis sie das Mädchen gefunden hätten. Sie durchzogen viele Lande, überschritten hohe Gebirge, wanderten und suchten und kamen schließlich in einen dichten Wald. Die Wipfel der Bäume waren hoch und kaum zu sehen, die Zweige bildeten ein dichtes Geflecht und waren wie ein großes Dach. Die Brüder drangen in den Wald ein. Der ältere Bruder sagte: „Ich glaube, in diesem Walde lebt der Drache! Hier müssen wir suchen!“ Immer weiter wanderten die Brüder durch den Wald, immer tiefer tauchten sie ein in das geheimnisvolle Dunkel, bis sie zu einer Lichtung kamen. Sie schauten umher, und da sahen sie ihre Schwester auf der Waldwiese sitzen. Zu einem Ring zusammengerollt lag um sie herum ein riesiger Drache und bewachte sie. Die Brüder sahen, daß sie von keiner Seite an ihre Schwester herankommen konnten. Der älteste Bruder gab den anderen ein Zeichen, schlich sich von hinten an den Drachen heran, nahm einen Stein und warf ihn zur Seite. Der Drache hob den Kopf und wandte ihn dorthin, wo der Stein am Waldesrand aufgeprallt war. Darauf hatte der älteste Bruder nur gewartet. Mit einem Satz sprang er über das Untier hinweg, nahm seine Schwester auf die Arme und lief leichtfüßig mit ihr fort. Der Drache hatte dies nicht einmal wahrgenommen. Die Brüder eilten davon und hatten mit der Schwester den Ausgang des Waldes bald erreicht. Inzwischen aber hatte der Drache bemerkt, daß das Mädchen verschwunden war. Fauchend schwang er sich in die Luft und flog den Brüdern nach. Als er sie erspäht hatte, senkte er sich wie eine riesige Wolke auf sie herab, packte das Mädchen mit seinen furchterregenden Krallen und erhob sich mit ihm hoch hinauf zum Himmel, bis er kaum mehr sichtbar war. Der mittlere Bruder machte sein Gewehr fertig und sagte: „Wartet nur ein Weilchen. Lange hält er's nicht aus. Weit wird er nicht fortfliegen, er entkommt uns nicht.“ Und siehe, der Drache schwebte wieder aus der Höhe hernieder. Der mittlere Bruder legte an, zielte und traf den Drachen in den Kopf. Der Drache zischte, brüllte gewaltig in den Lüften, öffnete die Krallen und ließ seinen Raub fallen. Wie ein Stein stürzte das Mädchen in die Tiefe. Geschwind sprang der jüngste Bruder hinzu, ergriff die Schwester noch im Flug und setzte sie sacht und unversehrt auf die Erde. Die Freude der Brüder war groß. Froh und ausgelassen vor Glück kehrten sie mit der Schwester heim.

Zu Hause hatte inzwischen die Mutter einen schönen Mantel genäht, den sie einem der drei Söhne schenken wollte. Es sollte ihn nämlich jener erhalten, der mehr als die anderen für die Rettung der Schwester getan hatte. Sie erzählte dies ihren Söhnen und fragte: „Meine lieben Kinder, sagt mir, wem soll der Mantel gehören?"

Da sagte der älteste Bruder: „Der Mantel gehört mir! Ich habe die Schwester in dem dichten Wald vermutet, und ich habe sie dem Drachen weggenommen. Wäre ich nicht gewesen, so wäre sie noch in der Gewalt des Drachen."

„Nein, der Mantel muß mir gehören!" sagte da der mittlere Bruder. „Als der Drache uns die Schwester entriß und mit ihr hoch in den Himmel flog, wer hat da den Drachen erlegt und die Schwester befreit? Wäre ich nicht gewesen, so wäre unsere geliebte Schwester jetzt nicht bei uns!"

Der jüngere Bruder widersprach: „Nein, nein, der Mantel gehört mir! Ich habe unsere Schwester vor dem sicheren Tode gerettet, als sie hoch vom Himmel aus den Krallen des Drachen herunterfiel. Wäre ich nicht gewesen, läge unsere liebe Schwester zerschmettert auf den Steinen."

Die Mutter hatte die Reden ihrer Söhne aufmerksam angehört. Als der jüngste Bruder geendet hatte, sprach sie: „Mein ältester Sohn, wenn du nicht gewesen wärst, deine Brüder wären nicht imstande gewesen, die Schwester dem Drachen wegzunehmen. Und sie hätten sie ohne dich wohl auch kaum gefunden! Mein mittlerer

Sohn, ohne dich hätten deine Brüder den Drachen nicht töten können, als er mit meiner Tochter zum Himmel flog. Meine Tochter wäre zugrunde gegangen. Und du, mein jüngster Sohn, wenn du sie nicht aufgefangen hättest, als sie vom Himmel fiel, wäre sie zerschmettert liegengeblieben. Alle habt ihr euer Bestes gegeben. Auf diese Weise habt ihr eure Schwester gerettet. Der Mantel gehört euch allen – und so muß ich also wohl noch zwei Mäntel nähen!"

Sie schloß ihre Tochter in die Arme, blickte liebevoll auf ihre drei Söhne und ging sogleich an die Arbeit.

Der Löwe und der Hase

Es gab einmal im Lande Hindustan eine wunderschöne Gegend, von der die Menschen nichts wußten. Dort sprudelten Quellen, hohes Gras wuchs, und ein großer Wald erstreckte sich weithin. In diesem Walde lebten die wilden Tiere, deren König der Löwe war. So oft er nur wollte, ging er auf die Jagd und fraß denjenigen seiner Untertanen , der ihm gerade in die Quere kam. Die Tiere erschraken jedesmal furchtbar, wenn der Löwe sich erhob, und sie hatten Tag und Nacht keine Ruhe. Da versammelten sich die Tiere eines Tages und hielten Rat. „Brüder", sagte einer der Versammelten, „dieser Löwe ist nun einmal unser König, und jeden Tag frißt er den von uns auf, der ihm gerade paßt. Ich glaube, es wäre besser, wenn wir das Los werfen würden. Durchs Los wird dann der bestimmt, der zum König geschickt werden soll. Die anderen sind dann wenigstens frei von Furcht und Sorge." Dieser Rat erschien allen sehr gut. Man verfaßte eine Bittschrift an den Löwen und bat um seine gnädige Entscheidung.

Dem Löwen gefiel die Sache durchaus. Er ließ die Tiere wissen, er brauchte ja nur seine tägliche Nahrung, andererseits wolle er als König auch nicht, daß sich seine Untertanen jeden Tag ängstigten.

Man bestimmte fortan also durch das Los, wer zum König zu gehen hatte. Der wurde dann vom König mit Haut und Haaren verzehrt. Das ging nun schon so einige Zeit lang, da kam der Hase an die Reihe. Dem Hasen aber paßte das Gefressenwerden gar nicht. Er versuchte daher, seine Leidensgefährten aufzustacheln. „Brüder", sagte er, „sind wir nicht ganz dumme Tröpfe, daß wir uns vom Löwen freiwillig fressen lassen? Wir könnten ja versuchen, den Löwen zu übertölpeln, damit wir seine Herrschaft loswerden." Die Tiere hörten sich zwar die Rede des Hasen an, aber die einen lachten ihn aus und die anderen meinten, er sei wohl zu übermütig geworden. Wie könne er als kleines Geschöpf es denn wagen, sich mit dem Löwen messen zu wollen. Der Hase aber gab keine Antwort. Als er am nächsten Tage an der Reihe war, gefressen zu werden, ging er einfach nicht hin.

Der Löwe wurde furchtbar böse und wollte schon den ganzen Vertrag zerreißen, aber er überlegte es sich im letzten Augenblick noch einmal. Er fürchtete nämlich, die anderen Könige könnten ihm Übereilung vorwerfen. Spät, gegen Mittag erst, erschien dann der Hase. Ehrerbietig kreuzte er die Pfoten auf der Brust und wünschte dem Herrscher einen guten Tag.

„Möge Gott dem mächtigen König der Tiere ein langes Leben schenken", sagte der Hase. Der König fragte ihn, wie es all seinen Untertanen gehe.

„Heil dir, o König der Tiere", gab da der Hase zur Antwort, „heute früh ist etwas Unglaubliches passiert. Als man mit mir noch einen Hasen für dich zum Frühstück wegschickte, wurde mein Geselle von einem Löwen geraubt. Wir waren gerade auf dem Weg zu dir, da begegnete uns ein fremder Löwe und fragte uns, wohin wir gingen. Wir antworteten ihm der Wahrheit gemäß und sagten, wir seien heute das Frühstück für den König. Der fremde Löwe aber nahm meinen Gesellen mit sich. Ich selbst traue mich nicht, hoher Herrscher, die Beschimpfungen zu wiederholen, die er gegen dich ausgestoßen hat."

Der Löwe sprang bei dieser Erzählung vor Erregung auf und schrie: „Ja, gibt es denn hier noch einen Höheren als mich? Dieses Land gehört mir, und niemand soll es wagen, meine Untertanen anzurühren."

Der Hase nickte eifrig mit dem Kopfe bei diesen Worten. „Kannst du mir den Burschen zeigen?" fragte der Löwe, der sich in immer größere Wut hineinsteigerte.

„Das kann ich", antwortete der Hase und führte den Löwen zu einem tiefen, tiefen Brunnen.

„Herr König, näher traue ich mich da nicht heran, denn da drinnen wohnt er. Bin ich doch heute morgen schon so erschrocken, als wir den Löwen trafen. Wenn du mich aber unter deine Achsel nehmen willst, so will ich ihn dir schon zeigen."

Der Löwe war zu allem entschlossen, nahm den Hasen unter die Achsel und setzte die Vorderfüße auf den Rand des Brunnens. Und siehe, er erblickte sein Bild im Wasser mit dem Hasen. Der Löwe glaubte aber, es sei sein Nebenbuhler mit dem Hasen, den er ihm am Morgen gestohlen hatte. Da ließ er den Hasen unter der Achsel los und sprang mit Gebrüll in den Brunnen. Dort ertrank er. Und so geht es allen, die nur auf ihre Kraft vertrauen und alle Vorsicht außer acht lassen.

Die Kaufmannstochter aus Tiflis

Es war einmal ein Kaufmann in Tiflis, der eine wunderschöne und kluge Tochter hatte.

Als sie ins heiratsfähige Alter kam, ließ ihr Vater wissen, er gäbe sie nur dem Manne zur Frau, der ein ganz besonderes Kunststück vorführen könne.

Diese Kunde verbreitete sich weit in alle Lande.

Das hörte ein Türke in Erzurum, der alles sah, was auf der ganzen Welt vor sich ging. Er brauchte sich nur auf die Erde zu legen und die Hand an die Augen halten, dann blieb ihm nichts verborgen. Der Türke brach sofort nach Tiflis auf.

Die Kunde von dem schönen Mädchen und der eigenartigen Bedingung war aber auch zu einem Tataren nach Buchara gedrungen. Der Mann besaß ein Gewehr, das nie sein Ziel verfehlte. Der Tatar machte sich auf nach Tiflis.

Keiner weiß, wie die Nachricht von dem Kaufmann und seiner Tochter auch einem Sattelmacher in Afghanistan zu Ohren gekommen war. Der Mann konnte aus Holz Reitsitze machen, die eine erstaunliche Eigenschaft hatten: Setzte man sich darauf, so konnte man den Weg, für den man sonst einen ganzen Monat brauchte, in einer knappen Stunde zurücklegen. Der Afghane zögerte nicht, sondern begab sich augenblicklich nach Tiflis.

Fast zu gleicher Zeit trafen sie bei dem Kaufmann in der großen Stadt ein. Alle drei hielten sie um die Hand des schönen Mädchens an. Der Kaufmann musterte die drei recht mißtrauisch und sagte: „So einfach geht das nicht! Ich muß erst einmal sehen, was ihr könnt und welche Kunststücke ihr mir vorführen wollt!"

Da sagte der Türke aus Erzurum: „Ich kann alles sehen, was auf der Welt vor sich geht!" Schnell antwortete darauf der Tatar aus Buchara: „Ich habe eine Flinte, die ihr Ziel nie verfehlt." Da lächelte der Afghane mitleidig und sagte: „Und ich mache einen Reitsattel aus Holz, der seinen Reiter in einer Stunde einen Weg zurücklegen läßt, für den man sonst einen vollen Monat braucht!" Der Kaufmann nickte mit dem Kopf und sagte: „Eure Bewerbung ist hiermit angenommen! Nur, wem von euch dreien ich meine Tochter geben soll, das weiß ich nicht. Darüber muß ich nachdenken!" „Gut", sagten die drei, „wir haben keine Eile, wir erwarten deine Entscheidung!" Der Kaufmann ließ die drei Bewerber großzügig bewirten und verschaffte ihnen in Tiflis eine gute Herberge. Bereits am nächsten Morgen aber stand der Kaufmann in aller Frühe vor den drei Bewerbern und sagte ihnen aufgeregt, seine Tochter sei über Nacht spurlos verschwunden.

„Nun ist die Gelegenheit", sagte er besorgt, „eure Künste zu zeigen! Sucht meine Tochter und bringt sie mir schnell zurück!"

Die drei schauten sich verdutzt an. Dann aber faßten sich der Tatar und der Afghane und sagten zu dem Türken: „Du, schau einmal nach, wo das Mädchen geblieben ist!" Der Mann aus Erzurum legte sich auf die Erde, beschattete mit der Hand seine Augen und rief gleich im nächsten Augenblick: „Ich sehe sie! Auf einer Insel im Schwarzen Meer ist ein Dämonenschloß. In diesem Schloß sitzt das Mädchen gefangen!"

„Da werde ich rasch sein!" meinte der Afghane und ging sogleich daran, einen Sattel zu machen.

„Ich gehe mit", sagte der Mann aus Buchara, „und bringe das Mädchen zurück, selbst wenn es mein Leben kostet!"

Als der Sattel fertig war, setzte sich der Afghane darauf und nahm auch den Tataren aus Buchara mit. Sie trafen in kurzer Zeit schon auf der Insel der Dämonen ein. Der Tatar tötete alle Dämonen mit seinem Gewehr, aus dem nie ein Schuß danebenging. Die beiden befreiten das Mädchen und brachten es wohlbehalten zu ihrem Vater zurück. Nun aber kam es zum Streit zwischen den dreien. Jeder wollte das Mädchen zur Frau, denn jeder glaubte, ein Recht darauf zu haben. Der Türke aus Erzurum sagte: „Wenn ich sie nicht gesehen hätte, wüßtet ihr heute noch nicht, wo sie sein könnte!" Der Afghane gab zu bedenken, daß sie ohne sein Reitzeug nichts hätten ausrichten können. Und der Tatar aus Buchara fügte hinzu: „Wenn ich die Dämonen nicht getötet hätte, säße das Mädchen noch immer in dem Schloß!"

Sie konnten sich einfach nicht einigen, und so streiten sie sich heute noch.

Die jungfräuliche Königin

Es war einmal – die Sonne brannte heiß, der Regen floß in Strömen –, es war einmal ein König, der hatte drei Söhne. Das Volk gehorchte ihm, und das Land war ihm zugetan. Da geschah es, daß eine Krankheit ihn befiel und er gar blind wurde. Die Söhne besprachen sich untereinander und gingen dann zu ihrem Vater: „Vater, gibt es denn kein Mittel, das dich wieder gesund machen kann? Eine Arznei für deine Augen, daß du wieder sehen kannst, gibt es sie denn nirgends? Befiehl, wir ziehen aus und werden suchen. Wir werden dann auch finden, was du brauchst und koste es unser Leben." Der König antwortete: „Bringt mir Früchte aus dem Garten der jungfräulichen Königin, das ist das einzige Heilmittel für mich, es hilft den Augen und dem ganzen Körper."

Der älteste Sohn trat vor und übernahm sofort den Auftrag. Er bewaffnete sich bestens, bestieg ein gutes Pferd und gab ihm die Peitsche. Er ritt über unsern Berg, er ritt über fremde Berge, er ritt über den Elsterberg, den Dohlenberg, den Schneeberg und den Eisberg. Hinter diesem traf er einen alten Mann mit schneeweißem Bart, der dasaß und die Risse im Wege zusammennähte, die sich bei der Hitze aufgetan hatten. „Sei gegrüßt, Alter, möge dir dein Werk nicht gelingen", sagte der Mann auf dem Pferd. „Sei auch du gegrüßt, mein Sohn, möge auch dein Werk dir nicht gelingen!" antwortete der alte Mann an der Straße. Der älteste Sohn ritt weiter und kam in ein Land, in dem Ströme von Milch flossen und in dem Trauben im Winter reiften. Dort fand er wunderbare Gärten und darin alle Früchte, die es auf der weiten Welt nur geben kann. Da dachte er, wenn die jungfräuliche Königin Gärten hat, so müssen es wohl diese sein, und er füllte seine Satteltasche mit den verschiedensten Früchten. Dann ritt er geschwind nach Hause.

„Sei gegrüßt, Vater!" sagte er und überreichte ihm die Tasche mit den Früchten. „Sei auch du gegrüßt, mein Sohn! Warum so spät zurück, warum so schnell wieder da?"

„Mein Vater, ich war an einem Ort, an dem Milchströme fließen und Trauben im Winter reifen. Wunderbare Gärten fand ich dort. Ich dachte, wenn die jungfräuliche Königin Gärten hat, so müssen es diese sein. Ich pflückte Früchte, und hier sind sie!"

„Mein Sohn, o weh!" rief da der König, „den Ort, an dem du warst, den kenn' ich auch, da war ich oft in jungen Jahren und kam in weniger Zeit hin, als bei uns Klöße brauchen, um zu kochen. Die Gärten der jungfräulichen Königin sind weiter entfernt, viel weiter!"

Nun brach der mittlere Sohn auf. Er bewaffnete sich bestens, bestieg ein gutes Pferd und gab ihm die Peitsche. Gleich hinter dem Eisberg traf er den Alten, der den Weg nähte. „Sei gegrüßt, Alter, möge dein Werk nicht gelingen!" sagte der mittlere Sohn.

„Sei gegrüßt, mein Sohn, möge auch dein Werk nicht gelingen!" antwortete der alte Mann. Der mittlere Sohn galoppierte weiter und kam durch das Land, wo im Winter die Trauben reifen, und er kam in jenes, wo ein Ölstrom floß, wo einem der Schmutz bis an die Knie reichte und die Luft staubig war von der Trockenheit. Er fand dort solche wundervollen Gärten vor, daß er alle Gärten vergaß, die er je gesehen hatte, und er fand Früchte darin, wie man sie nur im Paradies finden kann. Er füllte seine Satteltasche damit und ritt nach Hause.

„Sei gegrüßt, Vater!" sagte er und reichte ihm die Tasche mit den Früchten. „Sei auch du gegrüßt, mein Sohn! Warum so spät zurück, warum so schnell wieder da?"

„Mein Vater, ich ritt über den Milchfluß und durch das Land, in dem winters die Trauben reifen, und ich kam in eine Gegend, in der ein Ölstrom fließt, wo mir der Schmutz bis an die Knie ging und die Luft voller Staub war. Dort fand ich einen Garten, so schön wie ein Paradies, und ich dachte, dies ist der Garten der jungfräulichen Königin. Ich habe dir dort Früchte gepflückt, hier sind sie!"

„Mein Sohn, o weh", rief da der König, „in dieses Land, in dem du warst, bin ich in meiner Jugend oft geritten und zwar in weniger Zeit, als man braucht, um eine Pfeife Tabak zu rauchen. Die Gärten der jungfräulichen Königin sind weiter entfernt, viel weiter!"

Nun holte der jüngste Sohn sein Pferd und machte sich auf den Weg. Hinter dem Eisberg traf er den Alten, der den Weg mit den Rissen nähte. „Sei gegrüßt, Vater, möge dir dein Werk gelingen!" sagte der Reiter.

„Sei auch du gegrüßt, mein Sohn, möge auch dir dein Werk gelingen!“ antwortete der Alte. „Weißt du mir nicht einen Rat, Vater“, fragte der Jüngling darauf, „ich will zum Garten der jungfräulichen Königin und dort Früchte holen!“

„Gewiß, mein Sohn“, sprach der Alte, „nicht einen Ratschlag gebe ich dir, sondern drei. Du kommst zuerst an den Milchfluß, dann an den Ölfluß und schließlich an den Honigfluß. Von da ab hast du es noch so weit wie von zu Hause bis dahin. Du kommst dann an einen kristallenen Turm, dann an einen silbernen und zuletzt an einen goldenen Turm. Diese Türme sind so hoch, daß sie bis zum Himmel zu reichen scheinen. In diesen Türmen lebt die jungfräuliche Königin. Verschlossen findest du die Türme mit einem eisernen Schloß. Mit der Hand kannst du dieses Schloß nicht öffnen, nein, in einen Stock schlage einen Nagel und damit öffne es. Wenn du in den Garten kommst, dann wickle dir Gras um die Füße. Die Früchte im Garten pflücke ja nicht mit der Hand! Du mußt einen Stock an einem Ende aufspalten, und damit kannst du die Früchte pflükken!“

„Danke, Väterchen!“ sagte der Jüngling, gab seinem Pferd die Peitsche und sprengte davon. Bald setzte er über den Milchfluß, dann über den Ölfluß, schließlich über den Honigfluß und erreichte in der Dämmerung die Türme der jungfräulichen Königin. Dort band er sein Pferd an einen Pfosten, schlug einen Nagel in einen Stock und stieß ihn ins Schloß. „Eisen schlägt uns, Eisen schlägt uns!“ rief das Schloß. „Wer soll denn Eisen schlagen, wenn nicht wieder Eisen?“ sagte im Innern des Turmes die jungfräuliche Königin. „Schweigt und stört mich nicht in meinem Schlaf!“ Die Königin glaubte nämlich, eine Hälfte des Schlosses habe auf die andere gedrückt. Der jüngste Bruder umwickelte sich die Füße mit Gras und trat in den Garten.

„Gras drückt uns, Gras drückt uns!“ klagten die Gräser des Gartens. „Natürlich“, sagte die Königin, „Gras drückt Gras! Laßt mich schlafen!“ Sie glaubte nämlich, die Gräser des Gartens hätten sich aufeinandergelegt und drückten nun aufeinander. Dann nahm der Jüngling einen langen Stock, spaltete ihn an einem Ende auf und pflückte die Früchte damit.

„Holz schlägt uns, Holz schlägt uns!“ jammerten da alle Bäume. „Laßt mich schlafen!“ rief die Königin, „das versteht sich doch von selbst, daß Holz auf Holz schlägt!“ Sie dachte nämlich, die Äste schlügen im Winde aneinander.

Als der Jüngling die Früchte gepflückt hatte, bestieg er sein Pferd und wollte nach Hause reiten. Da aber empfand er Lust, die jungfräuliche Königin zu sehen, und koste es ihn auch das Leben. Er stieg in dem Turm die Treppen hinauf, trat ins Zimmer und sah sie auf einem goldenen Bette liegen. Die Königin schlief. Auf der Stirn hatte sie einen Stern, und unter der Achsel glänzte ein Mond. Man konnte ihren schlanken Leib mit zwei Fingern umfassen. Ließ man sie wieder los, so schien sie die ganze Welt zu füllen. Goldene und silberne Leuchter standen ihr zu Füßen und zu Häupten. In der Mitte des Raumes stand ein gedeckter Tisch und darauf ein gefüllter Becher. Leckere Speisen gab es da und allerlei Getränke. Der Jüngling kostete von allem, damit die Bewohner des Turmes auch genau wüßten, daß er dagewesen sei. Dann trat er an die Liegestatt und küßte die Schlafende dreimal und biß sie in die Wange, aber sie erwachte nicht. Daraufhin bestieg er sein Pferd und ritt nach Hause.

„Sei gegrüßt, Vater!" sagte er und reichte ihm die Tasche mit den Früchten. „Sei auch du gegrüßt, mein Sohn! Warum so spät zurück, warum so schnell wieder da?"

„Mein Vater", sprach der jüngste Sohn, „ich war im Garten der jungfräulichen Königin und habe Früchte für dich geholt; mögen sie dich gesund machen!" Der Vater betastete die Früchte und sagte: „Gut, mein Sohn, meine Augen werden jetzt wieder sehen und mein Körper wird wieder gesund werden!"

Als die jungfräuliche Königin im Turme ausgeschlafen hatte, stand sie auf, schaute in den Spiegel und sah den Kuß auf ihrer Wange. Dann musterte sie die Speisen und Getränke auf dem Tisch und bemerkte, daß jemand davon gegessen und getrunken hatte. Nun fragte sie ihren Spiegel, wer dagewesen sei, und der Spiegel erzählte ihr alles. Die jungfräuliche Königin nannte sieben Reiche ihr eigen. Aus allen sieben Reichen sammelte sie ihre Heere und zog mit ihnen zum Land des blinden Königs. Unmittelbar vor der Hauptstadt schlug sie ihr Lager auf und sandte dem König Botschaft, er möge ihr sofort den herschicken, der in ihrem Garten Früchte gepflückt habe. Zuerst ging der älteste Sohn zu ihr hinaus vor die Stadt und behauptete, er habe es getan. „Und wie hast du das Obst gepflückt, tapferer Recke?" fragte die Königin. „Wie sollte ich's gepflückt haben? Mit den Händen natürlich!" „Nein, das ist nicht wahr, geh wieder nach Hause!" antwortete sie.

Nun stellte sich der mittlere Bruder bei ihr ein, aber auch den schickte sie wieder heim.

Zuletzt kam der jüngste Bruder aus dem Stadttor. „Höre, tapferer Recke, hast du in meinem Garten Früchte gepflückt?" „Wer denn sonst als ich?" antwortete der Jüngling. „Und wie hast du sie gepflückt?" fragte die Königin. Er erzählte ihr genau, wie er sie mit dem gespaltenen Stock gepflückt hatte. Da stand die jungfräuliche Königin auf, küßte den jungen Mann dreimal vor dem ganzen Volk und biß ihn in die Wange. „Nach Brauch und Sitte hat man das Recht, Gestohlenes doppelt zurückzuverlangen", sagte sie, küßte ihn noch dreimal und biß ihn auch in die andere Wange. Dann gingen sie Arm in Arm zum blinden König. Die jungfräuliche Königin fuhr sich mit der Hand über das Gesicht, und mit derselben Hand strich sie dann dem alten König über die Augen und den Leib. Da wurde dieser sofort wieder gesund und konnte wieder sehen. Er wurde stark wie ein Büffel.

Der jüngste Bruder aber heiratete die Königin. Sie bekamen Söhne, die dem Vater, und Töchter, die der Mutter glichen. Und sie leben noch heute glücklich und zufrieden.

VII. Nächte in der Karawanserei

Märchenerzähler in Zentralasien

Der Scheich als Räuber

In alten Zeiten gab es viele Räuber und Diebe. Selbst in den Städten waren die Leute hinter dicken Mauern nicht sicher. Und wenn sie nicht angewachsen gewesen wären, so hätten die Diebe auch noch den Leuten auf dem Markt die Nase aus dem Gesicht gestohlen.

Als in einer Nacht sogar die Schatzkammer des großen und berühmten Scheichs von einer Diebesbande heimgesucht wurde, war in der Stadt alles in Aufregung. Der Scheich, als Herr der Stadt, wußte sich nicht mehr zu helfen und erließ einen strengen Befehl, nach dem sich sieben Tage lang kein Bürger mehr nach Anbruch der Dunkelheit auf den Straßen sehen lassen durfte.

Auf diese Weise hoffte er, Herr über das Gesindel zu werden. Nur die Stadtwache mit ihren langen Spießen und der Nachtwächter mit seiner Fackel durften nach Sonnenuntergang noch auf den Straßen sein.

Der Scheich traute aber seinen eigenen Leuten auch nicht über den Weg und glaubte, daß einige von ihnen mit den Dieben unter einer Decke steckten. Er verkleidete sich daher jeden Abend recht sorgfältig, nahm eine scharfe Axt und schlich heimlich durch die nächtlichen Straßen. Alles war ruhig und still, denn die Bürger saßen ängstlich in ihren Häusern und rührten sich nicht mehr.

In dem Befehl des Scheichs hatte es nämlich geheißen, daß jeder sein Leben verliert, der in diesen sieben Tagen auf der Straße angetroffen wird. Am dritten Abend bereits traf der Scheich in der Nähe des Stadttores auf drei bewaffnete Reiter, die ihren Pferden die Hufe mit Lappen zugebunden hatten, so daß man nur ein ganz leises Getrappel vernahm. Es waren drei gefährliche Räuber.

Die Reiter sahen den einsamen Mann mit seiner Axt, zogen sofort ihre Schwerter und wollten über ihn herfallen, als dieser ihnen mit gedämpften Worten zuzischte: „Halt, keinen Streich, haltet ein, ich habe eine wichtige Botschaft für euch!"

„Was will der Mann?" sagte einer der Räuber. „Eine Botschaft will er für uns haben!"

„So rede schon", sagte der zweite, „aber rede keinen Unsinn, sonst bist du des Todes!"

„Ist die Botschaft nicht nach unserem Sinn, so verlierst du den Kopf!" sagte drohend der dritte Räuber.

Der Scheich, der wie ein einfacher Mann angezogen war und sein Gesicht mit Ruß und Salben unkenntlich gemacht hatte, raunte ihnen zu: „Heute nacht ist es günstig, ich kenne den Zugang zur Schatzkammer des Scheichs in dieser Stadt und könnte euch dahin führen. Was mich betrifft: Ich bin ein gewandter Dieb und ein Räuber seit Kindesbeinen an!"

Die drei Räuber steckten ihre Schwerter in die Scheide und schwiegen zunächst etwas verdutzt und verwirrt.

„Einen guten Führer könnten wir schon gebrauchen!“ sagte der größte und stärkste der Räuber.

„Und Verstärkung wäre auch nicht übel“, meinte der zweite, der ein Krummschwert an seiner Seite hängen hatte.

„Und welche Begabung hast du als Räuber und Dieb, laß zuerst etwas hören!“ sagte der dritte, der sehr vorsichtig und mißtrauisch war.

„Ich habe mehrere Begabungen, die ich der Reihe nach nicht erzählen will, nennt mir zuerst kurz eure Talente.“

Der erste Räuber, von dem man hätte glauben können, er sei ein großer Haudegen, räusperte sich und sagte:

„Ich rede wie ein Prediger in der Moschee. Ich rede, und die Leute lauschen. Ich frage, und die Leute antworten. Und sie erzählen mir alles, was ich wissen will und wissen muß.“

Der zweite Räuber sog vernehmlich Luft durch die Nase und sprach:

„Und ich rieche Gold und Silber unter der Erde und in allen Verstecken!“

Und der dritte kicherte und sagte:

„Und ich kann jeden am Tage wiedererkennen, wenn ich ihn in der Nacht gesehen habe. Vor mir kann sich auch keiner verstellen und tarnen, ich erkenne jeden Menschen an der Stimme, am Gang und an der Haltung!“

„Das ist noch lange nichts gegen meine Künste“, ließ sich darauf der Unbekannte mit der Axt vernehmen.

„Ich kann mit einem Blick das Schwert des Henkers abwenden! Wenn der Kopf des Diebes bereits auf dem Richtblock liegt, brauche ich nur dem Richter oder Henker zuzuzwinkern, und schon wird er das Urteil aufheben oder dem Verurteilten das Leben schenken.“

Das war Musik in den Ohren der drei Diebe. Sie freuten sich sehr über ihren neuen Spießgesellen und meinten: „Wir sind nicht erpicht darauf, mit dem Henker des Scheichs Bekanntschaft zu machen. Sollte dies aber einmal der Fall sein, so werden wir dich nötig haben.“

Inzwischen waren sie in die Nähe des Palastes gekommen, in dem der Scheich wohnte, und fanden auch bald den Eingang zur Schatzkammer.

Die Wächter hatten verschärften Befehl und waren auf der Hut. Unter einem guten Vorwand aber verschafften sie sich Einlaß, und der Räuber mit der Stimme eines Predigers zog die Wächter in ein so langes Gespräch, daß die Räuber ohne Mühe alles beobachten und die vom Zuhören ermüdeten Wächter schließlich überwältigen, knebeln und fesseln konnten.

Der zweite Räuber hatte das Gold bereits gewittert und war mit dem dritten schon dabei, ordentlich von den Schätzen einzuheimsen und in den Satteltaschen zu verstauen.

Der Scheich durfte nach diesem gelungenen Diebeszug auf das Pferd des kleinsten der drei Räuber mit aufsitzen, und er konnte nur staunen, als der Prediger auch die Torwache mit einer haarsträubenden Erzählung hinhielt, und sie schließlich zu viert mit vielen Schätzen beladen in die Steppe entkamen.

Die drei Räuber hatten inzwischen volles Zutrauen zu ihrem neuen Mitglied in der Bande gefaßt und sie schlossen Freundschaft mit ihm und meinten, zu viert seien sie unschlagbar.

Sie ritten lange durch die Steppe, bis sie in gebirgiges Gebiet kamen. An einem großen Felsen hielten sie, wälzten einen vorstehenden Stein beiseite und legten so den Eingang zu einer Höhle frei.

In dieser Höhle zahlten sie dem Scheich seinen Anteil an der gemeinsamen Beute aus, und jeder brachte sein Gold in sein eigenes Versteck in der großen Höhle.

„Jetzt wird mir alles klar“, dachte der Scheich, „diese durchtriebenen Burschen konnte wirklich bisher keiner fassen!“

Die Räuber bereiteten ein ausgedehntes Mahl, und da sie sich in dieser einsamen Gegend sehr sicher fühlen konnten, tranken sie gehörig Wein hinterher und legten sich dann zum Schlafe hin. Als der Scheich sah, daß alle drei fest schliefen, stieg er auf das schnellste Roß und jagte im Galopp zurück zur Stadt.

Beim Palast wechselte er nur wenige Worte mit dem Hauptmann der Wache und hieß ihn, sofort mit einem Trupp Schwerbewaffneter aufbrechen und zu den Felsen am Rande der Steppe reiten.

Der Wein hatte die Räuber so betäubt, daß sie erst bei Ankunft der Soldaten erwachten. Gefesselt schleppte man sie in die Stadt. Bereits am anderen Tage standen sie in der Gerichtshalle des Scheichs – und neben dem Thron stand der Henker.

Die in der Höhle erbeuteten Schätze waren zum Beweis vor dem Scheich aufgestapelt.

Da erkannte der dritte der Räuber den Scheich und rief: „Wer sitzt hier denn auf dem Thron? Ist es der Scheich als Räuber oder ist es der Räuber der Scheiche?“

Der Scheich zuckte zusammen und herrschte den Räuber an: „Du Elender, dein Leben ist verwirkt, das Beil des Henkers wartet auf dich und deine Spießgesellen!“

„Aber ihr seid doch selbst ..., ihr seid doch gestern ...“, stammelten die Räuber, die den Scheich nun an der Stimme als ihren vierten Gesellen sehr wohl erkannten.

„Wer in meinem Reiche raubt und stiehlt, ist des Todes!“ rief der Scheich.

„Gestattet mir eine Frage, edler Herrscher“, bat der erste und größte der Räuber, der wie ein Prediger in der Moschee die Worte zu setzen verstand, „gilt das Gesetz für alle in deinem Reiche, für die Großen und die Kleinen, für die Armen und die Reichen?“

„Das Gesetz gilt für jedermann, wer immer es auch sei; Henker, walte deines Amtes!"

Der Henker trat vor und zog ein mächtiges Schwert aus einer riesigen Scheide.

„Dann, gerechter Scheich, befiehl dem Henker, er möge dich zuerst hinrichten, denn du hast den Tod vor allem verdient!"

Der Scheich erbleichte.

„Ich erhebe Klage!" rief der Räuber. „Im Namen des Gesetzes!"

Der Scheich erzitterte vor Zorn über diese Ungeheuerlichkeit.

„Ich erhebe Klage gegen den Scheich und verlange seine Bestrafung!"

Der Räuber wußte, daß es hier um seinen Kopf und um die Köpfe seiner zwei Gesellen ging und fuhr mit lauter Stimme fort:

„Gestern hast du, Scheich, unter Zeugen gestanden, daß du ein gewandter Dieb bist. Dann hast du, erhabener Scheich, um Aufnahme in unsere Räuberbande gebeten. Und wir haben dich aufgenommen. Und dann, gütiger Scheich, hast du dich angeboten, uns den Zugang zur Schatzkammer in diesem Palast zu zeigen. Ferner hast du die Schatzkammer selbst mit ausgeraubt. Wir haben dir deinen Anteil ausbezahlt, und du hast ihn angenommen! Leugnen kannst du dies alles nicht, denn wir sind Zeugen!"

Der Scheich war kreidebleich geworden.

„Und was soll geschehen ... ?" stammelte der Scheich ganz verwirrt.

„Du brauchst nur zu zwinkern, erhabener Herrscher! Aber zwinkere gleich viermal, dann ist alles getan!"

Und da zwinkerte der Scheich viermal. Er zwinkerte für den Dieb mit der geölten Zunge, zweitens für den Dieb mit der goldenen Witterung, drittens für den Dieb mit dem guten Blick bei Tage und bei Nacht – und viertens für den Scheich, der für eine Nacht ein Räuber war.

Der Spurendeuter

In der weiten Steppe hütete ein Mann einmal eine Herde Kamele. Eines Morgens fehlte ihm ein Kamel. Es war eines der Lastkamele, die bald allerlei Güter befördern sollten. War es entlaufen, oder hatte man es ihm gestohlen und heimlich entführt? Keine dieser Fragen konnte er sich beantworten.

Er bestieg ein Reitkamel und begann in der Umgebung zu suchen. Da holte er in der Steppe einen Mann ein, der auf einem Hengst saß. „Hast du ein Kamel gesehen?“ rief der Kamelreiter, „mir ist ein Kamel entlaufen!“

„Wo dein Kamel jetzt ist, kann ich dir nicht sagen, aber gestern sah ich seine Spuren“, sagte der Mann auf dem Hengst.

„Es kann nicht weit gelaufen sein, denn es ist nicht mehr ganz jung“, meinte der Kamelhirte.

„Ist dein Kamel auf dem linken Auge blind, und fehlen ihm die Vorderzähne?“

„Ja, ja, genau das ist mein Kamel! Wo hast du es denn gesehen?“

„Gesehen habe ich das Kamel nicht, nur seine Spuren, mein Freund!“ beschwichtigte ihn der Mann auf dem Hengst, denn der Kamelhirte hatte sich freudig in seinem Sattel erhoben.

„Wenn du weißt, daß ihm die Vorderzähne fehlen, und wenn du gar genau weißt, daß es auf dem linken Auge blind ist, dann hast du das Kamel gestohlen und hast es wohl schon verkauft!“

„Ich bin doch kein Dieb!“ verteidigte sich der Mann auf dem Hengst.

„Das werden wir vor Gericht klären“, meinte der Kamelhirte.

„Gut“, sagte der Mann auf dem Hengst und ritt bereitwillig mit zum Richter. Dort brachte der Kamelhirte seine Klage vor.

Der Richter fragte den Mann, der von seinem Hengst gestiegen war, was er zu seiner Verteidigung vorzubringen habe. Der Mann antwortete zum Erstaunen beider: „Auf der einen Seite trug das Kamel einen Sack mit Weizen und auf der anderen ein Fäßchen mit Honig!“

„Ja, ja, genau, das ist mein Kamel, und er hat es gestohlen!“

Der Richter glaubte dies selbst auch schon und fragte nun bohrend den Angeklagten: „Und woher kannst du das alles wissen?“

Der Mann mit dem Hengst lachte und sagte gelassen:

„Man braucht ja nur die Spuren zu deuten. Wenn bei einer Kamelspur nur rechts am Wege das Gras gefressen ist, dann muß dieses Kamel auf dem linken Auge blind sein. Und wenn in der Mitte immer Büschel mit schmackhaften Disteln stehenbleiben, dann kann es keine Vorderzähne mehr haben!“

Da beugte sich der Richter vor und fragte: „Und was ist mit dem Honig und dem Weizen?“

„Das ist sehr einfach“, sagte der Mann mit dem Hengst, „wenn auf der einen Seite des Weges die Fliegen auf den Honigtropfen sitzen und auf der anderen Seite sich die Spatzen um die Weizenkörner streiten, dann weiß man, daß das Kamel Honig und Weizen geladen hatte!“

Der Richter war verblüfft und rief aus: „Das ist richtig!“ und sprach den Angeklagten frei.

Der Kamelhirte entschuldigte sich bei dem Mann mit dem Hengst und ritt kleinlaut zu seiner Herde zurück.

Der geizige Frosch

Es war einmal ein Frosch, der kam eines Tages aus seinem Teich, in dem er wohnte, und hüpfte – hopp, hopp – zu einem Spaziergang ans Ufer. Da er sehr neugierig war, kam er bald in unbekanntes Gelände und fand den Weg nicht mehr nach Hause.

Wie er dahinhüpfte, geriet er auch noch auf einen Ameisenpfad. Kribbel, krabbel – zu Dutzenden krabbelten ihm die Ameisen auf den Rücken, und zu Hunderten zwickten sie ihn in den Bauch.

„Au, au, au weh", jammerte der Frosch, „schämt ihr euch denn gar nicht, einen armen Verirrten zu beißen und das Blut eines Hungernden aus dem Bauch zu saugen!"

Da schämten sich die Ameisen sehr. Ganz tief verneigten sie sich vor ihm und sprachen: „Verehrter Frosch! Bitte kommt mit uns und seid unser Gast, wir bieten Euch gute Speise und zum Trinken vorzüglichen Met."

Der Frosch nahm die Einladung an.

Bei dem Festgelage trank er aber so viel Met, daß er bald nicht mehr wußte, was er gegessen und was er bei Tisch alles gesagt hatte. Er war bald volltrunken. Am nächsten Morgen, als er aufwachte, wußte er gar nicht mehr, worauf er geschlafen hatte.

Als er wieder zu sich kam, bat er eine Ameise, auf eine Lärche zu klettern und nachzusehen, in welcher Richtung der Froschteich liege. Die Ameise kletterte auf die Lärche und rief von oben: „Im Westen liegt Euer Zuhause, da sehe ich den Teich herüberblinken. Ich zeige Euch auch, wenn ihr wollt, den kürzesten Weg dahin."

„Ach, wie gut bist du zu mir", freute sich der Frosch. „Komm mit mir nach Hause, ich werde dich köstlich dafür bewirten."

„Nein, nein", antwortete die Ameise, „ich will nicht allein bei Euch zu Gast sein. Wir hatten Euch gestern alle zusammen zum Mahle geladen. Wir halten immer zusammen. Wir arbeiten gemeinsam und wir feiern gemeinsam. Wenn Ihr wollt, so ladet uns heute alle zusammen ein."

So lud der Frosch alle Ameisen zu sich an den Tisch ein. Hopp, hopp – hüpfte er voran, und die Ameisen krabbelten in Scharen hinter ihm her.

Als sie bei dem Teich angekommen waren, sagte der Frosch: „Da sind wir ja schon. Wartet hier ein Weilchen, liebe Ameisen, ich lasse sofort das Mahl richten."

Da tat es einen Plumps, der Frosch war ins Wasser gehüpft. Die Ameisen warteten einen Tag, sie warteten zwei Tage, aber der Frosch kam nicht wieder.

Nachdem sieben Tage vergangen waren, wurde die Ameisenmutter wütend: „Da kann man ja vor Hunger sterben, bis hier das Mahl angerichtet ist."

Sie schnallte ihren Leibriemen enger und machte sich auf den Rückzug. Alle anderen Ameisen folgten ihrem Beispiel, schnallten ihre Leibriemen enger und zogen mit ihr nach Hause.

Seit dieser Zeit haben die Ameisen ihren Leib noch immer fest geschnürt; denn so schnell geht es nicht, daß Ameisen sich alles wieder heranfuttern können.

Der Gang zum Kadi

In einem Streit um fünf Sack Korn kamen sich einmal ein armer Mann und ein Bei derart in die Haare, daß beide zum Kadi liefen, um die Sache richterlich entscheiden zu lassen.

Der arme Mann schuldete dem Bei zwar zwei Sack Korn, aber der Bei stellte es ganz anders hin und verlangte fünf Sack Korn von ihm.

Der arme Mann wußte, daß der Kadi bestechlich war. Was sollte er ihm aber mitnehmen? Er sah sich in seinem Hause um, es war leer. Der Arme hatte alles schon verkauft, um leben zu können. Da hob er kurzerhand die Tür aus den Angeln und brachte sie dem Kadi als Geschenk.

Der Kadi nahm die Tür, hörte sich den Armen an und versprach, die Sache mit dem Korn zu regeln.

„Komme in drei Tagen wieder, dann fälle ich das Urteil!" sagte der Kadi und entließ den Armen mit Zwinkern in den Augen.

Bald darauf kam der Bei zum Kadi und brachte ihm einen fetten Stier zum Geschenk. Der Kadi führte den Maststier in seinen Stall, hörte sich die Klage des Beis wohlwollend an und versprach, die Sache mit dem Korn zu regeln.

„Komme in drei Tagen wieder, dann fälle ich das Urteil!" sagte der Kadi und entließ den Bei mit Zwinkern in den Augen.

Nach drei Tagen kamen der Bei und der arme Mann zum Kadi.

In seinem Richterspruch verurteilte der Kadi den Armen zur Lieferung von fünf Sack Korn an den Bei.

Der arme Mann sprang auf und zeigte auf die Tür, um den Kadi an sein Geschenk zu erinnern. Der Kadi zuckte bedauernd die Schulter und gab zur Antwort.

„Ein Stier hat die Tür umgerannt!"

Der Arme konnte sich aus der Antwort keinen Reim machen

und mußte nun die fünf Sack Korn abliefern. Als der Schlachter den fetten Stier für den Kadi schlachtete, erkannte er am Fell des Tieres, aus welchem Stall es stammte. So wurde die Geschichte bei den Leuten bekannt.

Und seither heißt es überall:

„Wer besser schmiert, der hat recht!"

Die gute Bezahlung

Ein alter armer Mann kam einmal aufgeregt zum Effendi Nasreddin und rief ganz außer Atem schon an der Haustür: „Weiser und edler Nasreddin, Helfer der Armen und Beistand der Bedrückten! Hilf mir!"

„Einem Nachbarn und Freund zu helfen ist mir ein Vergnügen", sagte der Effendi, der den Mann noch nie gesehen hatte.

Der arme Mann seufzte schwer und sagte: „Stellt Euch vor, da komme ich doch gestern an einer Gaststätte vorbei, die einem reichen Mann gehört, der als Halsabschneider und Geizkragen bekannt ist. Ich bleibe stehen, da einige gute Düfte durch das Fenster kommen, ziehe mir den feinen Duft durch die Nase – da kommt doch der Wirt heraus und verlangt Bezahlung für den Duft. Unsereins hat ja nicht einmal eine Münze in der Tasche. Ich konnte ihm also nichts geben. Da hat er mich beim Kadi verklagt. Ich weiß aber, der Kadi ißt oft in dieser Wirtschaft. Ich fürchte, edler Nasreddin, meine Sache steht schlecht, wenn Ihr nicht mitkommt! Wenn ich mich allein verteidigen muß, bin ich verloren!"

Nasreddin bot sofort seine Hilfe an und ging mit dem armen Mann vor Gericht. Dort sprach bereits der Wirt auf den Richter eifrig ein, und der Richter nickte ein ums andere Mal.

Als der Wirt den Armen eintreten sah, rief er: „Hier ist ja der Zechpreller!" und zeigte mit ausgestrecktem Finger auf den armen Mann.

Der Richter hielt dem Armen vor, daß er eindeutig die Zeche geprellt hätte, denn er hätte gerochen, aber nicht bezahlt. „Der Geruch der Speisen ist das Wesentliche! Das Verspeisen ist Nebensache. Und deshalb hast du den Wirt zu bezahlen!" So sprach der Richter.

Da trat der Effendi vor und sagte: „Entschuldigt, hohe Herren, dieser Mann ist mein älterer Bruder, er ist arm. Ich werde daher für ihn bezahlen!“ Mit diesen Worten nahm er einen ansehnlichen Beutel mit Kupfermünzen aus der Tasche, hielt ihn dem Wirt ans Ohr, begann den Beutel zu schütteln und klimperte damit eine Weile herum. Verheißungsvoll fragte er den Wirt: „Na, hörst du den Klang, ist der gute Klang auch zu hören?“

„Man hört ihn deutlich“, sagte der Wirt und hielt die Hand auf.

„Die Schulden sind damit bezahlt. Mein Bruder hat den Geruch der Speisen gerochen, und Ihr habt den Klang des Geldes gehört. Der Klang des Geldes ist das Wesentliche – wie der Geruch der Speisen!“

Und Effendi Nasreddin nahm den Arm des Alten, lächelte dem Richter höflich zu und schritt mit dem Mann aus dem Gerichtssaal.

VIII. *Kunstvoll gewoben wie ein Schleier*

Indische Märchenlust

Der Affe und der Delphin

Am Meeresufer wohnte einmal ein Affenkönig mit dem Namen Runzelgesicht. Im Alter ließen seine Kräfte nach, und er wurde von einem jungen Affen aus seiner Herde vertrieben, der ihn schon lange mit Haß und Neid verfolgt hatte. Traurig wanderte er zum Gestade des Meeres und ernährte sich von den Früchten eines Feigenbaumes, der dort am Ufer stand. Beim Essen fiel ihm einmal eine Feige aus der Hand ins Wasser. Das gab auf der Oberfläche des Meeres einen wohlklingenden, klatschenden Ton. Da riß er voll närrischer Freude eine Feige nach der anderen vom Baum und warf sie ins Wasser, damit es dort schön klatschte. Zur gleichen Zeit kam ein Delphin vorbei, schnappte die Feigen auf und fraß davon nach Herzenslust. So lernte Runzelgesicht den Delphin kennen, sie unterhielten sich lange und schlossen Freundschaft. Immer wieder kam der Delphin zu dem Affen ans Ufer und unterhielt sich lange mit ihm über dieses und jenes.

Zu Hause wartete die Frau des Delphins oft lange, bis ihr Mann vom Meeresufer zurückkehrte.

„Was hat er wohl am Ufer gefunden, daß er sich von dort gar nicht losreißen kann?“ So fragte sie sich selbst, und so fragten sich auch ihre Freundinnen, mit denen sie oft zusammenkam.

Eine der Freundinnen, die sehr angeberisch und klatschsüchtig war, nickte bedeutungsvoll mit dem Kopf und sprach: „Mit meinen eigenen Augen habe ich gesehen, wie er mit einer Affenfrau am Meeresufer schäkerte und ihr allerlei zärtliche Dinge ins Ohr sagte.“

Die Freundin hatte in ihrer oberflächlichen Art das alte Runzelgesicht für eine Affenfrau gehalten.

Als die Delphinfrau diese Geschichte vernahm, wurde sie sehr traurig, hielt sich die Hände vors Gesicht und legte sich dann wie eine Kranke ins Bett.

Der Delphin war nach einem langen Gespräch mit Runzelgesicht endlich nach Hause gekommen und sah nun seine Frau mit abweisendem und traurigem Gesicht im Bette liegen. Auf seine Fragen, was sie denn habe und ob sie krank sei, antwortete sie mit keinem Wort.

Da trat die vertrauteste Freundin der Delphinfrau zu ihm und sprach mit leiser, bedeutungsvoller Stimme: „Herr, sie hat eine unheilbare Krankheit, ihr ist nicht mehr zu helfen, wir werden sie bald verlieren. Schlimm ist es, ganz schlimm!“

Der Delphin hörte dies und war ganz verzweifelt. Immer hatte er seine Frau geliebt und nie daran gedacht, sie zu verlassen.

„Mein Leben würde ich gern hingeben, wenn ich sie damit retten könnte“, sprach der Delphin.

Die Freundin tat so, als überlege sie angestrengt, dann sagte sie: „Gegen diese Krankheit gibt es nur ein einziges Mittel, das aber ist schwer aufzutreiben. Es ist ein altes Geheimmittel der Frauen. Wenn sie am Leben bleiben soll, dann muß man ihr ein Affenherz beschaffen, sonst wird sie bestimmt sterben."

Der Delphin erschrak bei diesen Worten. Ein Affenherz! Wie sollte er ein Affenherz beschaffen, wenn nicht von Runzelgesicht? Ratlos und rastlos schwamm er hin und her. Zuletzt aber siegte die Liebe zu seiner Frau, und er machte sich auf zu seinem Freund am Meeresstrand. Langsam und zögernd schwamm er zum Ufer.

„Warum kommst du heute erst so spät, mein Freund?" fragte Runzelgesicht.

Der Delphin wagte ihn nicht anzusehen, aber er sagte ihm, daß ihn etwas bedrücke. Mitleidvoll fragte Runzelgesicht seinen Freund, welche Sorgen er denn hätte. Da sprach der Delphin: „Nun sind wir schon so lange zusammen. Mich bedrückt es einfach, daß ich dir noch nie mein Haus gezeigt, dir meine Frau vorgestellt und dir bei mir ein gutes Mahl bereitet habe."

Daraufhin sagte der Affe, er sei zwar nicht würdig, sich bei ihm zu Hause an seinen Tisch zu setzen, aber wenn es ihm Freude mache, so komme er gern mit ihm.

Da lud der Delphin den Affen ein, auf seinem Rücken Platz zu nehmen. Nichtsahnend stieg Runzelgesicht auf den glatten Rükken des Delphins. Diesem aber war gar nicht wohl bei der ganzen Sache, und er begann, leise sein Ungemach zu bejammern. Der Affe hörte das Gemurmel seines Freundes und fragte ihn, was er da denn rede. Da antwortete der Delphin: „Ich habe großen Kummer, denn meine Frau leidet an einer unheilbaren Krankheit." Da fragte ihn Runzelgesicht, ob er denn schon die Ärzte befragt habe und ob die Zauberer mit ihren Beschwörungen nichts zur Heilung hätten tun können. Da seufzte der Delphin tief und entgegnete: „Ja, ich war bei vielen Ärzten und Zauberern, aber sie sagten mir, meine

Frau werde nur am Leben bleiben, wenn sie ein Affenherz bekomme."

Runzelgesicht war alt und klug, und er erkannte sofort die Gefahr. In seinem Herzen wechselten Furcht und Trauer ab. Er fürchtete, der Delphin wolle ihn seiner Frau wegen umbringen, und er war traurig über die Undankbarkeit des Freundes. Aber weder Trauer noch Furcht konnten ihm seine klaren Gedanken rauben. Schnell rief er aus: „Warum hast du mir das denn nicht gleich gesagt? Mein Herz habe ich doch zurückgelassen. Zu diesem Zweck hätte ich es doch mitnehmen müssen!"

„Ja, wo ist denn dein Herz geblieben?" fragte da der Delphin.

„Nun, auf dem Feigenbaum natürlich. Alle Affen haben ihre Herzen auf den Bäumen. Mein Herz hängt auf dem Feigenbaum. Wenn du es brauchst, dann müssen wir schnell umkehren und es holen."

Der Delphin kehrte sofort um und schwamm mit Runzelgesicht zum Ufer zurück. Mit einem Satz sprang der Affe an Land, kletterte schleunigst auf den Feigenbaum, nahm oben in den Zweigen auf einem Ast Platz und machte es sich dort bequem. Aufatmend dachte er bei sich, daß er dem Tode mit letzter Mühe entkommen war. Aus dem seichten Wasser des Meeres rief ihm der Delphin von unten zu: „Hast du das Herz gefunden? Komm schnell herunter damit! Wir wollen weiter!" Da lachte der Affe bitter und rief: „Von hier bekommst du mich nicht mehr herunter. Ich habe deine List durchschaut. Du bist nicht nur treulos, sondern du bist auch dumm! Denn auch die Affen haben ihr Herz im Körper und nicht auf den Bäumen."

Der Delphin konnte reden und schmeicheln, soviel er wollte, der Affe blieb auf seinem Feigenbaum und hat nie mehr ein Wort mit dem Delphin gesprochen.

Der Delphin wunderte sich sehr über den scharfen Verstand des Affen und schwamm kopfschüttelnd und enttäuscht nach Hause.

Dort angekommen, sah er seine Frau munter und gesund mit ihren Freundinnen plaudern. Er war zwar froh über ihre schnelle Gesundung, aber er ärgerte sich sein ganzes Leben lang über sich selbst, weil er durch eigene Schuld einen guten Freund verloren hatte.

Der Räuber und die Ziege

Vor vielen Jahren lebte einmal ein Mönch, der eine Ziege sein eigen nannte. Eines Tages brauchte er Geld, und er beschloß, die Ziege in der Stadt zu verkaufen.

Er verließ seine Einsiedelei und machte sich auf den Weg zum Markt. Der Weg führte ihn aber durch einen größeren Wald, in dem vier Räuber hausten.

Die Räuber sahen den Mönch mit seiner Ziege entlangkommen und rieben sich die Hände.

„Das wird ein leckeres Mahl geben“, sagte der eine.

„Wir sollten sie ihm nicht mit Gewalt wegnehmen, sondern mit List, denn es ist immerhin ein Mönch“, meinte ein anderer.

Der dritte Räuber entwickelte einen schlauen Plan, und der vierte gab das Zeichen zum Aufbruch.

Alle vier hatten eine besondere Aufgabe übernommen. Der erste von ihnen trat plötzlich aus dem Gebüsch hervor, ging auf den Mönch zu und fragte: „Sag mal, heiliger Mann, wohin führst du denn diesen Affen?“

„Dies ist doch kein Affe, sondern eine Ziege“, sagte der Mönch und schüttelte erstaunt den Kopf.

Nach einer Weile trat ein anderer Räuber aus dem Wald und fragte ihn: „Sag an, wohin gehst du denn mit diesem Esel?“

„Es ist doch kein Esel, es ist eine Ziege“, antwortete der Mönch, besah dabei aber seine Ziege mißtrauisch von vorn bis hinten.

Er war nicht weit gegangen, da trat der dritte Räuber hinter den Bäumen hervor und sagte: „Da führst du aber einen schönen Büffel zum Markt!“

Dieses Mal wurde der Mönch nun doch irre. Führte er wirklich eine Ziege am Strick? War das Tier etwa verhext? Ihm erschien das vierbeinige Wesen bisher als Ziege, einem anderen als Affen, wieder einem anderen als Esel und nochmals einem anderen gar als Büffel. Das ging nicht mit rechten Dingen zu. Der Mönch bekam es mit der Angst zu tun. Am Ende führte er eine Hexe mit sich. Schnell ließ er die Ziege los und kehrte schleunigst um. Das Tier rannte sogleich in den Wald und begann, frisches Waldgras und Blätter abzuzupfen.

Der vierte Räuber war bald zur Stelle, fing die Ziege ein und brachte sie zur Räuberhöhle. Dort warteten die drei anderen Gesellen schon ungeduldig auf ihn. Die Ziege wurde geschlachtet, bald brieten die saftigsten Stücke über dem Feuer.

Die vier Räuber waren stolz darauf, daß ihnen ihr Plan gelungen war. „Sogar den klügsten Mann kann man hereinlegen", sagte der eine. Und die anderen pflichteten ihm bei: „Ja, aber nur dann, wenn mehrere Spitzbuben fest zusammenhalten und ihre Listen nicht durchschaut werden."

Der ungeduldige Brahmane

Einstmals, als Prinz Gautama noch lange nicht der große Buddha war, begab er sich zu einem Brahmanen in die Lehre. Der Brahmane war zauberkundig und konnte mit einem Zauberspruch bei einer bestimmten Stellung der Gestirne sieben kostbare Dinge vom Himmel regnen lassen.

Prinz Gautama, sein Schüler, konnte zwar keine Schätze regnen lassen, aber er besaß Gelassenheit und Geduld, was oftmals wichtiger ist als ein ganzer Schatzregen. Eines Tages nämlich verließ der Brahmane mit Gautama sein Dorf, um in einer anderen Gegend wichtige Geschäfte zu erledigen.

Auf dem Wege dahin kamen sie durch einen riesigen Wald, in dem fünfhundert Räuber ihr Unwesen trieben. Diese Räuber waren bekannt als die „Abschicker", denn sie fingen Leute ein und schickten dann von ihren Gefangenen immer einen ab, der das Lösegeld von zu Hause holen mußte.

Die Bande lauerte auch dem Brahmanen und Prinz Gautama auf und nahm die beiden gefangen. Die Räuber beratschlagten und schickten dann Gautama zurück ins Dorf. Dort sollte er ein ordentliches Lösegeld holen, um damit seinen Lehrer und gleichzeitig sich selbst freizukaufen.

Beim Abschied sagte Prinz Gautama zu dem Brahmanen: „Habt keine Sorge, ich komme in zwei Tagen wieder! Ich weiß, heute nacht stehen die Gestirne äußerst günstig, aber laßt Euch aus Angst und Verzweiflung nicht dazu verleiten, den Zauberspruch aufzusagen. Wenn Ihr den Regen kommen laßt, dann wird Verderben über die Räuber und auch über Euch selbst kommen. Daher seid geduldig und wartet meine Rückkehr ab!"

Mit diesen Worten warnte Prinz Gautama seinen Lehrer und ging dann den Weg zurück, um Geld zu holen.

Als die Dämmerung hereinbrach, fesselten die Räuber den Brahmanen und legten ihn mit dem Rücken auf die Erde. Da sah der Brahmane, wie sich der volle Mond über die Wipfel der Bäume erhob. Er schaute zum Himmel empor und bemerkte, daß das Sternbild aufgezogen war, das den Schatzregen bringen konnte.

„Wenn ich die Schätze herabregnen lasse", sagte der Brahmane zu sich selbst, „dann kann ich mich schnell aus diesen engen Fesseln befreien."

In seiner Ungeduld dachte er nicht mehr an die Worte seines Schülers und rief den Räubern zu:

„He, ihr Räuber, Geld könnt ihr noch in dieser Nacht bekommen, wenn ihr mich freilaßt!"

„Und wie sollte das geschehen?" fragten ungläubig die Räuber.

„Ich lasse Schätze für euch vom Himmel regnen. Dazu muß ich aber mein Haupt waschen, neue Kleider anziehen, mich salben und mit Blumen schmücken und mich allein in eine ruhige und stille Ecke setzen!"

Die Räuber schüttelten zwar ungläubig die Köpfe, aber aus Neugierde und Habsucht lösten sie dem Brahmanen doch seine Fesseln, brachten ihm neue Kleider und führten ihn zu einer blumenübersäten kleinen Lichtung an einem Teich im Walde. Hier ließen sie ihn zwar allein, umringten ihn aber von fern in einem großen Kreis, so daß er nicht unbemerkt entweichen konnte.

Der Brahmane wusch sich das Haupt am Teich, salbte sich, schmückte sich mit Blumen, sah unverwandt eine längere Zeit zum Himmel auf und sprach dann langsam und deutlich seinen Zauberspruch. In diesem Augenblick regnete es siebenerlei Schätze vom Himmel, erlesene Kostbarkeiten, die eines Menschen Auge kaum jemals gesehen.

Die Räuber sahen dies, sprangen herzu, sammelten die Schätze ein, bargen sie in ihren Oberkleidern und machten sich davon. Um den Brahmanen kümmerten sie sich nicht mehr. Da dieser den Weg aus dem Walde in der Nacht nicht mehr finden konnte, lief er einfach hinter den Räubern her.

Da kamen aus dem Walde andere fünfhundert Räuber und nahmen die ganze Bande mit den Schätzen gefangen, da diese sorglos durch den Wald gezogen kam. Die Räubergesellen hatten nur noch an ihre Schätze, aber nicht mehr an ihre Sicherheit gedacht.

„Was wollt ihr denn eigentlich von uns?" fragten die gefangenen Räuber und versuchten, die Schätze unter ihren Kleidern zu verbergen.

„Wir wollen Geld haben, erst dann lassen wir euch frei", sagten diese und holten Stricke hervor, um ihre Gefangenen zu fesseln.

„Ha, wenn ihr Geld wollt, dann braucht ihr nur diesen Brahmanen gefangenzunehmen, er kann Schätze vom Himmel regnen lassen!"

Da ließen die Räuber ihre Gefangenen los und packten den Brahmanen.

„Los, laß es regnen, wir wollen auch Schätze vom Himmel haben", sprachen diese und blickten ihn erwartungsvoll an.

„Ich würde es schon noch einmal regnen lassen, wenn ich könnte, aber erst in einem Jahr werden die Sterne dafür wieder günstig stehen. Ihr müßt euch ein Jahr gedulden, dann will ich den Schatzregen für euch kommen lassen."

„Was, in einem Jahr? Du Schurke von einem Brahmanen! Den anderen holst du Schätze vom Himmel, und wir sollen leer ausgehen", riefen ergrimmt die Räuber, zogen ihre Schwerter und hieben den Brahmanen voller Wut in zwei Stücke. Dann eilten sie den anderen Räubern nach, töteten auch diese und brachten sich in den

Besitz all der Schätze. Zuletzt aber bekamen sie unter sich Streit wegen der geraubten Kostbarkeiten und gingen aufeinander los. In diesem hitzigen Tumult und Gefecht hieben sie so wütend aufeinander ein, daß alle Räuber – bis auf zwei – in derselben Nacht noch umkamen.

Die beiden Überlebenden brachten alle Schätze zusammen, legten sie auf einen Haufen unter einen Busch und freuten sich sehr, daß nun alles ihnen gehören sollte.

Sie hatten inzwischen gewaltigen Hunger bekommen und beschlossen, sich in einem nahen Dorf eine ordentliche Mahlzeit zu besorgen. Einer ging daher los ins Dorf, und der andere bewachte mit seinem Schwert den Schatz.

Auf dem Weg ins Dorf dachte der Räuber mit Neid daran, daß er den ganzen Schatz teilen sollte und beschloß, seinen Spießgesellen zu vergiften. Er besorgte ein schmackhaftes Essen, stillte zuerst sei-

nen Hunger, tat dann Gift in die restliche Mahlzeit und machte sich wieder auf den Rückweg.

Der Räuber, der mit dem Schwert bei dem Schatze saß, dachte unentwegt daran, wie er den ganzen Schatz für sich allein gewinnen könnte, und beschloß, den anderen Räuber kurzerhand umzubringen. Kaum war sein Geselle mit dem Essen angekommen, zog er sein Schwert und spaltete diesen mitten entzwei.

Gierig setzte sich daraufhin der Räuber mit dem Schwert zum Essen hin, aß alles auf und starb kurz hinterher an dem Gift. So kamen alle Räuber ihrer Habgier wegen um.

Nach zwei Tagen kam Prinz Gautama mit dem Lösegeld. Nirgendwo konnte er seinen Lehrer erblicken. Nach längerem Suchen erst fand er ihn, in zwei Teile gehauen, an einer ganz anderen Stelle wieder.

„Er ist meinen Worten nicht gefolgt und hat zur Unzeit Schätze vom Himmel regnen lassen, daher hat er nun den Tod gefunden", dachte Prinz Gautama tief betrübt. Er sammelte dürres Holz, machte einen Scheiterhaufen, bestreute den Toten mit Blumen, zündete das dürre Holz an und blieb mit Andacht dabei, bis der Leichnam verbrannt war.

Wie er nun niedergeschlagen weiterging, fand er allmählich alle toten Räuber im Walde bis auf zwei.

„Ihre Habgier hat sie zu Fall gebracht", dachte er und sann darüber nach, wo wohl die beiden Räuber und all die Schätze geblieben sein könnten, die der Brahmane hatte vom Himmel regnen lassen.

Nach längerem Suchen fand er die Schätze unter dem Busch und die beiden toten Räuber daneben. Einer war in Stücke gehauen, der andere lag mit verzerrtem Gesicht bei der Reisschüssel. Da war es Prinz Gautama klar, daß der Neid auch diese beiden gefällt hatte, den einen durch das Schwert, den anderen durch Gift.

„Eigensinn, Ungeduld und Habsucht haben dem Brahmanen und allen Räubern den Tod gebracht", dachte Gautama, sammelte die Schätze ein, brachte sie nach Hause und konnte mit ihnen lange Zeit den Armen Almosen spenden.

Später wurde er der berühmte Buddha, tat viele verdienstvolle Werke und ging am Ende seines Lebens selbst ins Nirwana ein.

Die goldenen Eier

Es war einmal ein armer Holzfäller. Jeden Tag ging er in den Wald, um Holz zu schlagen. Das Holz verkaufte er auf dem Markt. Er arbeitete hart und verdiente gerade soviel Geld, daß er seine Frau und seine Kinder ernähren und kleiden konnte.

Eines Nachts hatte der Holzfäller einen gar wundersamen Traum. In diesem Traum sah er eine schöne Fee aus dem Loch eines großen Baumes treten. Sie lächelte und winkte ihm zu.

Am nächsten Morgen machte sich der Holzfäller wie gewöhnlich auf und ging hinaus in den Wald. Dabei mußte er immer an seinen Traum denken. Auf dem Wege sprach er leise zu sich selbst: „Die Fee muß irgendwo hier im Walde wohnen. Es muß ein Baumgebiet sein, da ich sie aus einem Baum hervortreten sah."

Er blickte um sich, ob er nicht irgendwo den großen Baum erspähen könnte, den er im Traum gesehen hatte. Nachdem er eine ganze Zeit durch den Wald gegangen war, kam er zu einer kleinen

Lichtung. Da sah er einen riesigen Baum mit dicken Ästen und saftiggrünen Blättern. In seinem mächtigen Stamm klaffte ein großes Loch. Der Holzfäller wußte sofort, daß dies der Baum sein müsse, den er im Traum gesehen hatte. Er war ganz sicher, daß die Fee in diesem Baum lebte.

Von nun an ging der Holzfäller jeden Tag zu dem Baum und legte ein paar kleine Gaben vor ihm nieder. Den einen Tag brachte er ein frisches Ei, den anderen Tag eine Blume oder auch einmal etwas Weihrauch. Oft redete er zu der unbekannten Fee und erzählte ihr von den Vorkommnissen des Tages. Wen wundert es da, daß die Baumfee den Holzfäller liebgewann. Sie beschloß, ihn für seine Verehrung und für seine Gaben zu belohnen.

Eines Nachmittags kam der Holzfäller wieder zu dem Baum, um eine einfache Gabe zu bringen. An der Stelle, wo er das Geschenk niedergelegt hatte, sah er ein Vogelnest mit drei Eiern. Aber es waren keine gewöhnlichen Eier, sie waren alle drei aus Gold! Der Holzfäller war über die Maßen erfreut. Er fiel auf die Knie und dankte der Baumfee gleich hundertmal. Diese Gabe würde sein Leben vollständig verändern. Nun war er reich. Er konnte jetzt seine Schulden bezahlen, ein neues Haus bauen und seine Kinder etwas Ordentliches lernen lassen. Er sammelte die drei Eier auf und kehrte fröhlich nach Hause zurück.

Das Glück währte aber nicht lange, denn ein Habicht stieß von einem Baum herunter und schnappte ihm ein Ei aus den Händen weg. Mit dem Ei in den Fängen flog der Habicht wieder auf und entschwand zwischen den Bäumen. Der Holzfäller hatte das erste Ei verloren. Traurig setzte er seinen Weg fort und hielt die beiden anderen Eier fest in seinen Händen. Es war ein heißer Tag, und der lange Weg hatte ihn durstig gemacht. Als der Holzfäller zu einem Fluß kam, hielt er an, um am Ufer zu trinken. Vorsichtig legte er die beiden goldenen Eier neben sich in das Gras. Er kniete hin und schöpfte das klare Wasser mit seinen Händen. Dabei rutschte er etwas aus und stieß zufällig eines der goldenen Eier ins Wasser. Ein großer Fisch erschien an der Oberfläche des Wassers und verschluckte das Ei, tauchte gleich unter und verschwand mit ihm auf den Grund des Flusses. Der Holzfäller hatte nun das zweite Ei auch verloren. Der Arme war dem Weinen nahe. In den Händen fest verschlossen, drückte er das letzte Ei an seine Brust und rannte nach Hause, so schnell er konnte.

Er brachte es sicher nach Hause und zeigte es voller Freude seiner Frau und seinen Kindern, die alle das goldene Ei bewunderten. Der Nachbar nebenan hörte die lauten Jubelrufe der Kinder.

„Warum ist es da drüben in der Hütte des Holzfällers denn so laut? Die scheinen alle recht aufgeregt zu sein. Da will ich doch nachsehen, was da los ist!" sagte der Nachbar und schlich sich ganz leise an die Hütte heran, sah durch eine Ritze in der dünnen Wand hinein ins Innere und erblickte zu seinem Erstaunen ein goldenes Ei auf der Schlafmatte des Holzfällers. Beim trüben Licht der Öllampe leuchtete das Ei wie der volle Mond.

„Welch ein kostbares Juwel!" dachte er bei sich. „Das möchte ich auch haben!" Nach einiger Zeit sah der habgierige Nachbar den Holzfäller aufstehen und das Ei in seinem Reiskrug verbergen. Als der Holzfäller und seine Familie fest eingeschlafen waren, betrat der Nachbar leise das Haus des Holzfällers und stahl das dritte Ei.

Wie traurig war der Holzfäller nun am nächsten Morgen, als er auch nach stundenlangem Suchen das Ei nirgends mehr finden konnte! Alle seine Träume und Hoffnungen waren zerronnen. Es blieb ihm nichts anderes mehr, als seine Axt zu nehmen, wieder in den Wald zu gehen und Feuerholz zu schlagen.

Als er zum Baum der Fee kam, erzählte er ihr alles, was ihm zugestoßen war. Aber er war zu bescheiden, die Fee um eine neue Gabe zu bitten. Im Gegenteil, er klagte sich selbst an, daß er so sorglos und fahrlässig gewesen sei.

Eines Tages kam der Holzfäller auf dem Nachhauseweg an einem Mangobaum vorbei. Wie er hinaufsah, bemerkte er einige reife Mangofrüchte.

„Ich will meinen Kindern ein paar mit nach Hause nehmen", dachte er, kletterte auf den Baum und begann, die Früchte zu pflücken. Dabei berührte seine Hand ein Vogelnest. Er schaute hinein, und zu seiner großen Freude fand er darin das erste goldene Ei.

„Von Herzen Dank, liebe Fee“, rief er erfreut. Er nahm vorsichtig das Ei aus dem Nest und rannte damit sofort nach Hause. Dort erwartete ihn eine neue Überraschung. Sein ältester Sohn war zum Angeln gegangen und hatte im Fluß einen großen Fisch gefangen. Als seine Frau den Fisch aufschnitt, um ihn zu säubern, sah sie inwendig etwas glitzern. Es war das zweite goldene Ei. Der Holzfäller hatte nun schon zwei der goldenen Eier wieder zurückerhalten.

Er selbst, seine Frau und seine Kinder waren so laut vor Erregung und riefen ihre Freude hinaus, daß viele der Dorfbewohner

zu ihrem Hause eilten und fragten, was denn geschehen sei. Der glückliche Holzfäller hielt nun mit der Geschichte nicht mehr hinter dem Berge und erzählte sie allen ganz genau.

„Ich bin sicher, daß mir das dritte Ei auch bald zurückgegeben wird. Dafür wird die Fee schon sorgen. Sie weiß alles. Sie wußte, welcher Vogel das erste Ei weggeschnappt und welcher Fisch das zweite Ei verschluckt hatte. Sicherlich weiß sie auch, wer das dritte Ei aus meinem Reiskrug gestohlen hat.“

Der Dieb befand sich inmitten der Menge. Als er die Geschichte von den beiden Wundern vernahm, bekam er es mit der Angst zu tun. In derselben Nacht noch schlich er sich zur Hütte des Holzfällers, tastete sich vorsichtig in den Raum und legte das dritte goldene Ei in den Reiskrug. Und so erhielt der Holzfäller auch sein drittes Ei zurück.

Die Eier verkaufte er bald darauf in der Stadt zu einem hohen Preis und wurde ein reicher Mann. Der Baumfee baute er einen Schrein im Walde und vergaß sein ganzes Leben nie, sie immer wieder zu besuchen.

IX. Von klugen und listenreichen Menschen und Tieren

Märchen aus Südostasien

Der Räuber als Statthalter

Vor langer, langer Zeit lebte einmal im Gebiet von Chonbury der schlimme Räuber Tongyu. Weit und breit lebten die Menschen in Furcht vor ihm, denn er war nur auf Raub und Plündern aus und hatte nichts anderes mehr im Sinn.

König Taksin mußte eines Tages nach Rayong ziehen, wo er sich einen neuen Palast gebaut hatte. Dieser Weg führte ihn durch das Gebiet des Räubers. König Taksin kam mit einer großen Heeresmacht gezogen. Der schlaue Tongyu näherte sich voller Ehrfurcht dem König, um Freundschaft mit ihm zu schließen. Auf diese Weise glaubte er, ungestraft davonzukommen. Der König aber merkte bei dieser Unterhaltung, wer vor ihm stand und mit wem er es zu tun hatte. Er sagte ihm auf den Kopf zu, daß er der Räuber Tongyu sei, und er versuchte, ihn endgültig von seinem bösen Treiben abzubringen. Der König bot ihm an, ihn zum Statthalter von Chonbury zu machen, wenn er das Rauben und Plündern aufgäbe.

So gab Tongyu die Wegelagerei auf und wurde Statthalter des Königs.

Viele Jahre widerstand Tongyu der Versuchung. Ein Räuber aber ist ein Räuber. Er fiel zurück in seine alte Bosheit, lauerte wiederum den Leuten auf den Straßen auf und plünderte die Bauern in den Dörfern aus. Bald kam diese Kunde auch zu König Taksin. Er schickte seine Soldaten aus, den Räuber zu fangen und sofort hinzurichten. Die Soldaten fingen ihn zwar, aber sie vermochten nichts gegen ihn auszurichten. Er schien unverwundbar zu sein. Da befahl der Scharfrichter, ihn auf einen spitzen Bambuspfeil zu setzen. So fand der böse Räuber endlich den Tod.

Auf dem Marktplatz von Chonbury, wo der Räuber gestorben war, wuchs bald darauf ein schwarzer Pflaumenbaum. Bald hörte man im Laub des Baumes eine Stimme, die ein Schlafliedchen summte. An solchen Tagen konnte man halb versteckt zwischen den Zweigen eine Kinderwiege sehen. Bald sprach sich herum, daß in der schwarzen Pflaume ein mächtiger Geist hause. Immer wieder kamen Selbstmörder zu dem Baum und hängten sich an den Ästen auf. Der Baum schien verhext zu sein. Wer aber mit der Axt kam, um den Baum zu fällen, der fiel auf der Stelle tot um. Keiner wagte es mehr, die Axt gegen die schwarze Pflaume zu erheben.

Der Geist des bösen Räubers verwandelte sich gar zu einem Dämon. Nachts sahen ihn die Bürger groß und furchterregend über die Dächer der Häuser am Marktplatz tappen. Der Dämon war auf der Suche nach einem Opfer, dem er das Blut aussaugen konnte.

Nach einiger Zeit endlich entdeckten die Bauern, daß das Wettrennen der Wasserbüffel den Dämon ablenkte. Seither veranstalten die Bauern in Chonbury jedes Jahr ein Büffelrennen. Die schrecklichen Taten des Räubers haben die Menschen heute vergessen, aber sie fürchten immer noch die Zaubermacht seines Geistes. Inzwischen haben sie ihm am Markt einen Tempel errichtet, sie opfern dem Geist und nennen ihn ehrfürchtig den Großen Vaterherrn.

Der kluge Richter

Eines Tages ging ein Mann auf eine lange Reise. Neben einigen Waren trug er auch all sein Geld in einer Handtasche mit sich. Nachdem er ein gutes Stück Weges gewandert war, wurde er allmählich müde. Er sah einen schattigen Banjan-Baum am Wege, hielt an, setzte sich nieder, legte sich ins Gras und schlummerte ein. Ein Stündchen wohl mochte er geschlafen haben, als er erwachte. Sofort stand er auf, aber welch ein Schreck, das Geld aus der Tasche war fort! Er drehte die Tasche immer wieder um, suchte auf dem Boden, aber konnte keine einzige Münze mehr finden. Ganz verzweifelt wußte er nicht mehr, was er nun tun sollte. Da legte er sich sogleich wieder unter dem Baum nieder und verweigerte von diesem Augenblick an jegliche Nahrung. Bald fanden die Leute des nahe gelegenen Städtchens den Mann und wollten ihm etwas zu essen geben. Der Wanderer rührte kein Stück an. Die Leute sagten: „Der Banjan-Baum gehört zu uns, dann wird das für das ganze Städtchen eine böse Sache werden." Sie berieten sich und beschlossen, den Fall dem Gericht zu melden.

Der Richter hörte sich alles ganz genau an und ging dann mit den Leuten hinaus vor die Stadt, fand den Mann unter dem Baum liegen: „Warum liegst du hier, und warum willst du denn nicht mehr essen?"

„Ehrwürdiger Richter", sagte der Mann, „ich habe mein Geld aus der Tasche verloren. Während ich hier unter diesem Banjan-Baum Rast machte, ist es mir abhanden gekommen. Als ich aufstand, war meine ganze Geldbörse weg. Ich habe überall nach ihr gesucht, kann sie aber nirgends finden. Ich weiß nicht mehr, was ich machen soll. Anscheinend kann mir niemand helfen."

Da bat der Richter seine Begleiter, einen großen Ast des Banjan-Baumes zu seinem Haus zu bringen. Zur gleichen Zeit gab er seinen Wachsoldaten den Auftrag, im Garten seines Hauses ein großes Loch zu graben. Dann nahm er einen der Wächter beiseite und flüsterte ihm ins Ohr: „Lege dich in das Loch in meinem Garten und verstecke dich unter dem Zweig des Banjan-Baumes. Wenn ich zu dem Baum spreche, dann brauchst du nur diese Worte zu sagen: ‚Es tut mir leid, ehrwürdiger Richter? Bitte, vergib mir! Bitte schlage mich nicht! Ich werde den Dieb für dich finden! Ich werde dir den Namen des Diebes nennen!'"

Die Leute des Städtchens brachten einen großen Zweig des Banjan-Baumes zum Hause des Richters. Die Wachsoldaten legten den Zweig dann über das Loch im Garten. Dann bat der Richter die Umstehenden in seinen Garten und befahl einem der Wächter, den Baum mit einem Stock tüchtig zu schlagen.

Der Wachsoldat, der sich in dem großen Erdloch unter dem Banjan-Zweig gut verborgen hatte, rief laut aus: „Es tut mir leid, ehrwürdiger Richter! Bitte, vergib mir! Bitte schlage mich nicht! Ich werde den Dieb für dich finden! Ich werde dir den Namen des Diebes nennen!"

Was war das? Der Banjan-Baum konnte sprechen? Und er wollte gar dem Richter den Namen des Diebes nennen! Diese Neuigkeit machte schnell die Runde durchs ganze Städtchen.

In dieser Stadt lebte aber ein Bösewicht. Er war es, der dem Mann die Geldbörse gestohlen hatte. Als er nun hörte, daß der Banjan-Baum sprechen kann, erschrak er gewaltig. Er stellte sich schon all die harten Strafen vor, die auf ihn warteten, wenn er als Dieb und Räuber vorgeführt wurde. Da überlegte er nicht lange und beschloß, aus freien Stücken zum Gericht zu gehen und die Geldbörse zurückzugeben. Er gestand dem Richter den Diebstahl und bat um Gnade und Barmherzigkeit.

Auf diese Weise hatte der kluge Richter diesen Fall bald gelöst, und der Geldbeutel konnte seinem Eigentümer zurückgegeben werden.

Der Wanderer bedankte sich überschwenglich und zog fröhlich seines Weges weiter.

Die Piraten von Borneo

Vor vielen, vielen Jahren segelte einmal eine Bande von Piraten von Borneo zu den Rhio-Inseln südlich von Singapur. Auf diesen Inseln wollten sie sich verstecken und ihr ständiges Lager aufschlagen. Der Häuptling der Bande war Kerbau Hitam, genannt der Schwarze Büffel. Er hatte eine sehr dunkle Haut und war ziemlich groß.

„Es ist nicht leicht, hier zu landen", sagte Kerbau Hitam zu seinen Männern. „Der Radscha von Rhio ist sehr vorsichtig und hat auch viele Männer auf seiner Seite. Wir wollen ihn täuschen und uns als Kaufleute von Jahore ausgeben."

„Das ist großartig, das ist ein guter Einfall!" riefen die Leute seiner Bande.

Am nächsten Morgen näherten sich die Piraten mit ihrem Schiff der Küste. Der Radscha wartete schon auf sie. „Woher kommt ihr?" rief er ihnen mit lauter Stimme zu.

„Wir sind Kaufleute von Jahore", rief Kerbau Hitam zurück. „Wir haben gute Batikstoffe und sonstige Kleinigkeiten und möchten dieses Zeug gern verkaufen."

Der Radscha hatte eine hübsche Tochter namens Normah, die war seit einiger Zeit auf der Suche nach gutem Batikstoff für ihr Brautkleid. Im nächsten Monat sollte die Hochzeit sein.

„Das ist in Ordnung", rief der Radscha, „ihr könnt landen!"

Die Piraten landeten auf der Insel und hatten dabei ihre scharfen Waffen gut unter ihren Hemden versteckt. Auf ein kurzes Zeichen des Schwarzen Büffels hin ergriffen sie den Radscha und hielten ihm einen Dolch vor die Brust.

Kerbau Hitam rief den Inselbewohnern zu: „Wenn einer von euch sich auch nur rührt, so töte ich den Radscha!"

Er befahl, alle Männer der Insel in einem Vorratshaus in der Nähe des Radscha-Palastes einzusperren. Der Radscha wurde gefesselt und geknebelt und zu seinem Haus zurückgebracht. Seine Tochter Normah versuchte, wegzulaufen und durch das Hinterhaus zu entkommen, wurde aber sogleich von den Männern Kerbau Hitams eingefangen. Kerbau Hitam faßte sie bei den Haaren und sagte: „Ich suche eine Frau. Möchtest du mich nicht heiraten?" Da schrie das Mädchen so laut, daß Kerbau Hitam befahl, auch sie zu knebeln.

„Sperrt sie zu ihrem Vater in das Zimmer ein", befahl der Häuptling, „sie wird ihren Sinn bald ändern, wenn sie von nun an nur noch Reis und Wasser bekommt."

Die Seeräuber waren zwar einfallsreich, aber sie wußten doch nicht, daß Rahim, der Verlobte Normahs, unten am Hafen Fischernetze ausflickte, als sie landeten. Er hatte alles beobachtet, was am Strand vor sich ging. Ohne eine Minute länger zu warten, sprang er in ein Boot und segelte nach Singapur. Er hatte gesehen, daß er selbst mit seinen Händen nichts bewirken konnte, und so beschloß er, Hilfe aus der Ferne zu holen. Zum Glück waren die Seeräuber so beschäftigt gewesen, daß sie das Boot nicht bemerkt hatten.

Bald landete Rahim auf Tanjong Rhu. Einige Fischer umringten ihn. Als sie seine Erzählung gehört hatten, sagten sie zu Rahim: „Der Herr dieser Insel ist der Temengong, zu ihm mußt du gehen!"

Als der Temengong den Bericht Rahims gehört hatte, sagte er fest entschlossen: „Es ist schrecklich. Den Piraten muß das Handwerk gelegt werden. Ich glaube, wir werden auch Hilfe von unseren chinesischen Freunden bekommen." Und der Temengong brach selbst gleich auf, ging zu den Chinesen und besprach die ganze Sache auch mit ihnen.

Noch vor Morgengrauen verließ eine chinesische Dschunke Singapur mit Kurs auf Rhio. Der Temengong und Rahim hatten sich als Chinesen verkleidet, gleichzeitig waren zwanzig andere Chinesen und deren Vormann an Bord.

Bald erreichten sie die Rhio-Inseln. Zu den Piraten, die die Küste bewachten, rief der chinesische Vormann vom Schiff aus laut hinüber: „Kann ich mit dem Radscha sprechen?"

Kerbau Hitam trat aus der Menge und rief: „Ich bin der Radscha, was wollt ihr denn?"

„Wir sind auf dem Weg nach Singapur. Einer der Seeleute starb auf See. Er bat uns, ihn nicht in den Wogen zu begraben. Er wollte gern in der Nähe des berühmten chinesischen Tempels auf dieser Insel bestattet sein. Über die Bezahlung braucht ihr euch keine Sorge zu machen. Wir haben eine Menge Gold an Bord. Wenn ihr uns erlaubt, hier zu landen, dann werde ich nicht kleinlich sein."

Kerbau Hitam antwortete: „Ich bin einverstanden. Aber ihr müßt mit allen Seeleuten an Land kommen. Meine Männer übernehmen dann die Wache für das Schiff und für das Gold."

Der chinesische Vormann ruderte nun in einem Boot an Land, und mit ihm der Temengong, Rahim und zehn seiner Männer.

Mitten auf dem Boot stand ein großer Sarg. Als sie landeten, trugen sie den Sarg auf ihren Schultern langsam an Land und schritten dem chinesischen Tempel zu.

„Halt!“ rief Kerbau Hitam, „habt ihr irgendwelche Waffen bei euch?“

„Wir sind Kaufleute“, sagte der chinesische Vormann. Kerbau Hitam aber befahl seinen Leuten, die Chinesen zu durchsuchen. Keine einzige Waffe wurde gefunden.

Kerbau Hitam und eine große Bande von Seeleuten sprangen in ein Boot und ruderten sogleich zu der chinesischen Dschunke. Sie wußten nicht, daß noch weitere Chinesen an Bord der Dschunke versteckt waren und auf sie warteten. Bevor Kerbau Hitam und seine Männer überhaupt wußten, was vorging, waren sie schon von den Chinesen gefangen und in der Dschunke eingeschlossen.

Zur gleichen Zeit erreichten die Sargträger den chinesischen Tempel. Vorsichtig ließen die Männer den Sarg zur Erde.

„Jetzt!“ rief der Temengong. Die Chinesen öffneten den Sarg, griffen hinein und bewaffneten sich selbst mit Schwertern, Messern und Pistolen. Sie rannten zum Hause des Radscha, geführt von dem Temengong und von Rahim, und fingen die zurückgebliebenen Seeleute nach kurzem Gefecht alle ein.

„Gottlob seid ihr noch zur rechten Zeit gekommen“, sagte der Radscha, „sie wollten mich und meine Tochter schon töten.“

Rahim befreite Normah. Dann holte er alle Inselbewohner aus dem Vorratshaus, in das sie mit ihr gesperrt worden waren.

Rahim und Normah beschlossen, auf der Stelle zu heiraten.

Der Radscha dankte dem Temengong und den Chinesen für diese gute Tat und vor allem dafür, daß sie ihm und seiner Tochter das Leben gerettet hatten. Er lud sie alle zu einem großen Feste ein.

Am nächsten Morgen segelten der Temengong und die Chinesen mit den Seeräubern nach Singapur zurück. Kerbau Hitam und seine Bande kamen vor Gericht und wurden gehängt. Danach fuhren der Temengong und die Chinesen unter Gesang zu den Rhio-Inseln, um ein großes Fest mitzuerleben.

Der kluge Junge

Vor langer Zeit einmal schlich sich ein Räuber zu einem Dorf und beobachtete die Kinder, die bei den Häusern und am Rande des Waldes spielten.

In einem günstigen Augenblick ergriff der Räuber einen Jungen und verschwand mit ihm im Wald.

In einer fremden Gegend wollte er dann den Jungen mit gutem Gewinn als Sklaven verkaufen.

Er trug das Kind so weit in den Wald hinein, daß es den Weg nach Hause auf keinen Fall mehr finden konnte. Der kleine Junge erkannte wohl, daß er in die Hände eines Räubers gefallen war und wußte, daß nur noch ein Wunder Gottes ihn retten konnte.

Die Last des Jungen wurde für den Räuber allmählich zu schwer, und so nahm er das Kind an die Hand und zog es durch das dichte Gestrüpp hinter sich her. Der Junge stolperte immer wieder über die starken Baumwurzeln am Boden, und die scharfen Gräser schnitten ihm in die Beine. Der Junge dachte bei sich: „Warum soll ich nun laufen? Soll er mich doch tragen!"

Er begann plötzlich zu weinen und zu klagen, warf sich auf den Boden, wälzte sich herum und jammerte, er habe Bauchweh. Der Räuber wollte den Jungen gewaltsam hochziehen, der aber schrie, er könne nicht mehr zu Fuß gehen, die Leibschmerzen seien zu groß.

Der Räuber mußte schließlich nachgeben und nahm den Jungen auf die Schultern. Damit der Junge seine Schmerzen vergaß, begann der Räuber allerlei merkwürdige Geschichten zu erzählen, Geschichten zum Lachen und Staunen und auch solche, die überhaupt keinen Sinn ergaben. Manchmal fing der Räuber eine Geschichte an und wußte schon nach einiger Zeit nicht mehr, wie er begonnen hatte. So kam es, daß am Ende seiner Erzählungen oft von ganz anderen Leuten die Rede war als am Anfang.

Um die Aufmerksamkeit des Jungen zu fesseln, erzählte der Räuber auch von allerlei Riesendingen, die er selbst beim Gehen leicht erfinden konnte.

„Früher gab es einmal einen Baum", sagte der Räuber, „der hatte eine solche Höhe, daß er die ganze Welt überragte. Wenn man alle Bäume auf der Welt abgehauen und aneinandergebunden hätte, dann wäre die Höhe dieses Baumes immer noch nicht erreicht worden."

Der Junge hörte aufmerksam und gespannt zu.

„Früher gab es auch ein Beil von einer solchen Größe", erzählte der Räuber, „das war so groß, daß ein Ende davon sich im Osten befand, wo die Sonne aufgeht, und ein Ende im Westen, wo sie untergeht."

Der Junge hörte schweigend zu.

„Früher hat es auch einen Büffel gegeben, der war so groß und stark, daß die ganze Erde erzitterte, wenn er sich bewegte. Einige Leute meinen, die Erdbeben auf der Welt seien auf die Bewegungen dieses Büffels zurückzuführen, denn das Riesentier lebt heute noch."

Der Junge hörte auch diese Geschichte ohne Widerspruch an.

Der Räuber steigerte sich immer mehr in seine Lügen hinein und fuhr fort: „Früher gab es auch eine Kletterpalme, die war so lang, daß man damit sieben Erdteile und sieben Meere umschlingen konnte. Neben dieser Palme stand ein Haus, das war so hoch, daß man ein Hühnerei vom Dachfenster werfen und lange Zeit warten konnte, bis das Ei auf die Erde fiel. Während des Hinunterfallens schlüpfte ein Huhn aus dem Ei und bis zur Ankunft auf der Erde wuchs ihm ein vollständiges Federkleid."

Der Räuber schöpfte Atem und schien mit seinen Erzählungen fertig zu sein. Da wartete der Junge mit einer Geschichte auf und erzählte von einer riesigen Trommel aus früheren Zeiten.

„Die Trommel hatte ein so großes Trommelfell, daß alle Menschen auf der Welt hören konnten, wenn einer daraufschlug. Ja, die Trommel war sogar im siebenten Himmel zu hören."

Der Räuber unterbrach den Jungen sofort: „Eine solche Trommel kann es nie gegeben haben, denn woher hätten die Leute einen so großen Baumstamm genommen, um sie zu bauen? Und womit vor allem hätte man einen solchen Baum fällen sollen?"

Der Junge blieb gelassen und antwortete: „Nun, zum Bau dieser Trommel hat man den großen Baum genommen, von dem Ihr vorhin erzählt habt, und gefällt hat man den Baum mit dem Beil, dessen eines Ende im Osten und dessen anderes Ende im Westen lag."

Der Räuber entgegnete: „Selbst wenn dieser Baum und dieses Beil vorhanden waren, dann fehlte immer noch das Trommelfell, und, vor allem, womit hätte man es befestigen sollen?"

Da rief der Junge triumphierend: „Man hat den Büffel geschlachtet, von dem Ihr vorhin erzählt habt, aus seiner Haut hat man das Trommelfell gemacht! Befestigt hat man das Trommelfell mit den Fasern der Kletterpalme, die sieben Erdteile und sieben Meere umspannte."

Der Räuber wurde ganz aufgeregt, aber er konnte sich noch nicht geschlagen geben: „Und wo hat man denn diese große Trommel aufgehängt, he, das verrate mir mal!"

Der Junge spuckte auf den Boden und antwortete: „Nun, das ist doch ganz einfach, man hängte sie an dem Hause auf, von dessen Dachfenster man ein Ei warf, das erst so spät auf der Erde ankam, als schon ein Huhn ausgeschlüpft war und bereits alle seine Federn bekommen hatte."

Das war dem Räuber noch nicht vorgekommen. Alles, was er selbst erzählt hatte, hörte er in der Geschichte des Jungen wieder.

Voller Neugierde fragte er den klugen Jungen nun zum ersten Mal nach seinem Dorf, nach seinen Eltern und nach seinen Geschwistern, und er fragte ihn auch, das wievielte Kind er selbst in der Familie sei.

„Mein ältester Bruder besitzt zwei jüngere Geschwister", sagte der Junge, „und mein jüngster Bruder besitzt zwei ältere Geschwister."

Das war zuviel zum Nachdenken für den Räuber. Ganz verwirrt bat er den Jungen, das Rätsel selbst aufzulösen. Der Junge lachte nur und meinte, sie seien drei Brüder, und er selbst sei der mittlere von ihnen.

„Mein ältester Bruder besitzt nämlich zwei Brüder, mich und den jüngsten von uns – und mein jüngster Bruder besitzt auch zwei Geschwister, nämlich mich und den ältesten von uns dreien."

Der Räuber staunte.

Der Junge war ihm zweifelsohne überlegen. Er dachte darüber nach, was dieses Kind in der kommenden Zeit noch alles vorbringen konnte. Er spürte auch, daß ein Kind von solch scharfem Verstand ihn vielleicht in recht große Verlegenheit zu bringen vermochte.

„Der Schaden wird dann größer sein als der Nutzen“, sagte sich der Räuber, machte kehrt und trug den Jungen durch den Wald wieder unversehrt zum Hause seiner Eltern zurück.

Wieder einmal hatte es sich gezeigt, daß Klugheit bei weitem bloße Kraft und Dreistigkeit zu übertreffen vermag.

Das Zwergreh und die Tiger

Kanchill, das Zwergreh, das kleinste aller Rehe, ist kaum größer als ein Kaninchen. Klein, schnell und anmutig, hat es außerdem den Ruf, sehr klug zu sein.

Vor langer Zeit beschloß einmal der Tigerkönig von Java, daß alle Tiere der Insel Borneo ihren Tribut zahlen müßten und vor allem Fleisch zu ihm nach Java zu senden hätten. Der Tigerkönig von Java schickte drei Tiger aus, denen er vertrauen konnte, und zwar nach Borneo. Dort sollten sie den König aufsuchen und ihm seinen Befehl überbringen. Der Tigerkönig von Java war ein großer Esser, ja er war sogar ein Fresser und konnte nie genug bekommen.

Nach einiger Zeit kamen die drei Tiger in Borneo an. Von ihrer langen Seereise unter der prallen Sonne waren sie sehr ermüdet und erhitzt. Sie setzten sich in den Schatten des Dschungels, um sich abzukühlen und auszuruhen. Da sahen sie nun das kleine liebenswerte Zwergreh. Es war Kanchill.

„Wo ist dein König?“ fragten sie das Zwergreh. „Wir haben eine Botschaft für ihn.“

„Ihr seid ja müde und erhitzt, ihr großen Herren. Laßt bitte mich die Botschaft zum König bringen“, sagte Kanchill, ein wenig neugierig und naseweis. Kanchill wollte nämlich allzugern wissen, was das für eine Nachricht sei.

„Unser König, der mächtige Tiger von Java, befiehlt eurem König, jeden Monat eine große Ladung von Nahrungsmitteln zu ihm zu senden, vor allem Fleisch“, sagten die Tiger. „Wenn euer König diesen Befehl nicht befolgt, werden wir die ganze Insel Borneo mit einem blutigen Krieg überziehen. Diesen Krieg werden wir auf jeden Fall gewinnen, denn wir sind sehr stark und mächtig.“

Mit diesen Worten gaben sie Kanchill ein Barthaar ihres Königs und trugen ihm auf, dieses Zeichen dem König von Borneo zu überbringen.

„Unser König zog sich dieses Haar selbst aus dem königlichen Bart", sagten sie mit großer Ehrfurcht, als sie das Haar dem kleinen Zwergreh aushändigten.

Kanchill rannte davon, trug das Barthaar mit sich und dachte bei seinem Lauf durch den Dschungel: „Die Tiger sagten doch Fleisch! Ich bin auch Fleisch, und die meisten meiner Freunde sind auch Fleisch. Das bedeutet also, daß wir in Java von dem Tigerkönig und seinen Untertanen gefressen werden. Was kann ich bloß tun, um uns vor den Tigern von Java zu retten?"

Und wie Kanchill immer weiter durch den Urwald rannte, begegnete es seinem Freund Jamojojo, dem Stachelschwein. Beim Anblick von Jamojojo kam Kanchill ein guter Gedanke.

„Jamojojo, mein Freund, du mußt Borneo retten!" sagte Kanchill. „Schnell, gib mir deinen längsten und stärksten Stachel. Ich werde dir alles später erklären."

Jamojojo zog sofort seinen besten Stachel heraus und gab ihn Kanchill ohne Murren und Fragen.

Den Stachel fest zwischen die Zähne geklemmt, rannte Kanchill den Weg zurück zu dem schattigen Platz in der Nähe der Küste, wo ihn die drei Tiger erwarteten.

„Das hat aber lange gedauert", knurrten die Tiger.

„Meine Herren, ich mußte warten, bis unser großer König von Borneo von seinem Mittagsschlaf aufwachte. Er ist sehr heißblütig und liebt es nicht, gestört zu werden. Er kann fürchterlich wütend werden, und sein Zorn wie seine Stärke sind fürchterlich", sagte Kanchill.

„Ist schon gut", meinten die Tiger. „Was ist aber seine Antwort? Will er uns regelmäßig Fleisch schicken, oder müssen wir gegen ihn kämpfen?"

„Mein Herr, der König, läßt bestellen, daß er sehr erfreut wäre, wenn er endlich mal wieder einen tüchtigen Kampf erleben könnte", sagte Kanchill.

„In der Tat, es ist lange Zeit her, seitdem er die Möglichkeit hatte, gegen einen gleichwertigen Feind zu kämpfen. Er ist so mächtig, daß er über all seine Feinde ringsum triumphiert hat, selbst über Hati, den Räuberelefanten. Mit Freuden lädt er euren König ein, nach Borneo zu kommen und gegen ihn zu kämpfen."

Mit diesen Worten gab Kanchill den drei Tigern Jamojojos Stachel.

„Dies ist ein Barthaar, das sich der König selbst aus seinem königlichen Gesicht gezogen hat. Daran sollt ihr erkennen, daß er große Sehnsucht nach einem wilden Kampf hat. Sehet nur, wie lang, scharf und stark es ist. Bringet es nur vorsichtig eurem König und richtet ihm alle Worte meines Herrn gut aus", sagte Kanchill.

Die drei Tiger hatten solch ein Barthaar noch nie gesehen. Der König von Borneo mußte also stärker als jeder Tiger der Welt sein. Der Anblick des Barthaares flößte ihnen solche Angst ein, daß sie beschlossen, sofort zurückzukehren. Recht aufgeregt verabschiedeten sie sich von Kanchill und reisten mit dem Barthaar, so schnell sie konnten, heim.

Als der Tigerkönig von Java die Botschaft vernahm und als er gar Jamojojos Stachel sah, da dachte er doch, daß es sicherer sei, in Java zu bleiben. Selbst der größte Hunger nach Fleisch konnte ihn nicht mehr dazu bringen, dem König von Borneo einen Kampf anzubieten. Kein Tiger von Java ist seither nach Borneo gekommen, und selbst in heutigen Zeiten wagt sich keiner von Java herüber.

X. Im Teehaus erzählt

Aus fernöstlichen Märchenbüchern

Momotaro – Pfirsichsohn

In den hohen Bergen, weit von allen großen Städten entfernt, lebten einmal in einer kleinen Hütte neben einem Fluß zwei alte Leute. Reich waren sie nicht, aber sie hatten alles, was sie brauchten, und sie waren einander in Liebe zugetan. Ihre einzige Sorge und ihr Kummer war es, daß sie keine Kinder hatten.

An einem Tag im Sommer trug die alte Frau ihren Wäschekorb zum Flußufer, kniete nieder und wusch ihre Wäsche in dem klaren, schnellfließenden Wasser. Als sie fast schon fertig war, sah sie einen riesigen Pfirsich im Wasser schwimmen. Sie watete hinein in den Fluß, griff sich den Pfirsich und brachte ihn voller Freude nach Hause, um ihren Mann zum Abendessen zu überraschen. In der Dämmerung kam der alte Mann von den Feldern nach Hause, wusch seine Füße vor der Tür und setzte sich dann mit untergeschlagenen Beinen auf eine Matte in der Küche und wartete wie gewohnt auf seine Schüssel mit Fleisch und Reis. Da legte ihm seine Frau zu seinem Erstaunen einen wunderschönen Pfirsich auf das niedrige Tischchen. Er wollte die Frucht eben in zwei Stücke schneiden – ein Stück für ihn und ein Stück für seine Frau, da öffnete sich der Pfirsich von allein, und ein lieblicher kleiner Junge sprang heraus.

„Fürchtet euch nicht, liebe Leute", sagte er, „ich bin die Antwort auf eure Bitten und Gebete. Ich bin das Kind für eure alten Tage." Die beiden Alten waren hocherfreut und entzückt und priesen den Himmel. Ihren kleinen Sohn aber nannten sie Momotaro – Pfirsichsohn.

Sommer und Herbst gingen in den hohen Bergen ebenso friedlich dahin wie Winter und Frühling, und in diesen vier Jahreszeiten wuchs Momotaro zu einem gesunden und kräftigen Jungen heran, der weit klüger war als die anderen Knaben seines Alters. Er hatte ein freundliches Gemüt und war die Freude der beiden Alten. So gingen die Jahre dahin, und Momotaro feierte bald seinen fünfzehnten Geburtstag. An einem Tag im Frühling trat Pfirsichsohn vor seine Eltern und sagte: „Viele Meilen weit entfernt von unserm Dorf und Fluß lebt auf einer Insel im Nordöstlichen Meer eine Bande von fürchterlichen Teufeln. Sie kommen in großen Schiffen, zünden die Dörfer an, schlagen die Leute tot, nehmen alles mit sich und entführen selbst unsere jungen Mädchen auf ihre Insel. Jetzt, da ich ein Mann bin, muß ich zu der Insel fahren und unsere Heimat von den Teufeln befreien. Erst dann, verehrte Eltern, kann ich zu euch zurückkommen."

Die alten Leute segneten ihren Sohn, und gleich am nächsten Morgen brach Momotaro auf, nahm einen Dolch und einige Reiskuchen mit und wanderte zu Fuß den Fluß entlang. Über viele Terrassenfelder mit Reis wanderte er, durch Täler voller rosa Kirschblüten und über gewaltige Berge. Schließlich machte er eine kleine Rast, um sich auszuruhen. Plötzlich sprang ein wutschnaubender Hund hinter einem Felsblock hervor und bellte ihn an: „Gib mir deine Reiskuchen und verlasse sofort mein Gebiet!"

Momotaro lachte nur und sagte: „Du kannst mich nicht schrekken, denn ich bin Momotaro und befinde mich auf dem Weg zu den schrecklichen Teufeln, die ich ausrotten will." Sofort entschuldigte sich der Hund und bat inständig: „Laßt mich mitkommen, Herr Momotaro, ich will Euch helfen, den Teufeln den Garaus zu machen." Momotaro gab dem Hund einen Reiskuchen und hieß ihn mitzukommen.

Der Hund lief nun vorneweg, hatte ein wachsames Ohr und schnüffelte die besten Pfade für Momotaro aus. Als sie an einen kleinen Bach kamen, schwang sich ein Affe von einem Zedernbaum herunter, verbeugte sich tief und sagte: „Großer Momotaro, bitte, laß mich mitkommen, ich will gegen die fürchterlichen Teufel kämpfen." Momotaro nickte, und so brachen sie nun zu dritt auf. Der Hund führte sie, und der Affe schwang sich oben in den Bäumen von Ast zu Ast.

Gegen Abend erreichten sie einen kleinen Wald. Als sie sich eine kleine Rast gönnten, flog ein herrlicher goldener Fasan herbei, zupfte Momotaro an der Schulter und fragte ihn, ob er mitkommen dürfe. Der Fasan durfte mitkommen.

Zuletzt erreichte die kleine Truppe die Küste des Nördlichen Meeres. Dort bauten sie ein festes Floß aus Bambusstöcken. Sie teilten sich die letzten Reiskuchen, ließen das Floß zu Wasser und stachen in See. Die Reise auf dem Wasser war lang und beschwerlich. Erst in der Dämmerung des zweiten Tages sahen sie am Horizont

die Insel der Teufel aus der See auftauchen. Sogar Momotaro schauderte es beim Anblick der grimmigen Wälle und der spitzen Zäune, die die Teufelsfestung umgaben. Leise und vorsichtig brachten sie ihr Floß an das Ufer, daß es nicht von der Burg aus gesehen werden konnte. Momotaro versammelte in der Dunkelheit sogleich seine kleine Truppe am Ufer und sagte: „Meine Freunde, das Wichtigste von allem ist das Vertrauen zueinander. Jeder muß für den anderen kämpfen, und zwar ohne Eifersucht!"

Nach diesen Worten des klugen Momotaro krochen sie in der Dunkelheit zu dem hohen spitzen Zaun vor der Festung. Der Hund biß ein Loch in den Zaun, das groß genug war, ihn selbst und Momotaro hindurchschlüpfen zu lassen. Dann verbargen sie sich beide hinter einem riesigen Holztor der inneren Mauer. Inzwischen war der Affe auf die Mauer geklettert und hatte auf der höchsten Spitze Stellung bezogen. Dann flog der Fasan über die Mauer und flog auf den höchsten Turm der ganzen Burg, wo er sofort „ken-ken, ken-ken, ken-ken" zu rufen begann. Dies ist in Japan seit alten Zeiten der Warnruf bei einem Erdbeben. Die erschreckten

Teufel, die in der Festung selbst gerade bei einem Gelage saßen, rannten hinaus in die Dunkelheit, wurden aber von einem Steinhagel empfangen, den der schlaue Affe von der Mauer hinunter auf sie losprasseln ließ. Die Teufel stießen das große hölzerne Tor auf, und da stand Momotaro mit dem Dolch, erstach viele von ihnen, und der Hund biß sie in Arme und Beine. Dann flog der Fasan vom

Turm herunter und hackte ihnen mit seinem scharfen Schnabel die Augen aus.

Als der Morgen graute, war nur noch der König der Teufel am Leben. Er warf sich Momotaro zu Füßen, brach sich die Hörner ab und legte dieses Zeichen der Teufelsmacht vor Momotaro auf die Erde. Da er nun keine Kraft und Macht mehr hatte, ließ ihn Momotaro ziehen.

Als im Osten über dem Meer der Sonnenball erstrahlte, machten sich Momotaro und seine tapferen Gesellen auf den Heimweg und führten neben den Hörnern des Teufels auch viele Schätze aus dem

Teufelsschloß mit sich. Bald langten sie zu Hause bei der stillen Hütte und dem kleinen Flusse an, wo die Eltern Momotaros schon in Sehnsucht auf sie gewartet hatten. Momotaro stellte seine vier Freunde den beiden Alten vor, und diese nahmen den Hund, den Affen und den Fasan mit Freude und Dankbarkeit in der Hütte auf. So lebten sie viele Jahre glücklich zusammen, hoch verehrt von allen Leuten des Landes, das sie von den fürchterlichen Teufeln errettet hatten.

Der Junge, der Katzen malte

Vor langer, langer Zeit lebte einmal in einem kleinen Dorf ein armer Bauer mit seiner Frau, die beide sehr fromme und gute Menschen waren. Sie hatten sehr viele Kinder und hatten Mühe, sie jeden Tag satt zu machen. Der älteste Sohn war erst sechzehn Jahre alt, aber er mußte seinem Vater bei der täglichen Arbeit schon überall helfen. Die kleinen Mädchen, kaum daß sie gehen konnten, halfen der Mutter im Hause. Das jüngste Kind aber, ein kleiner Junge, schien nicht für schwere Arbeit geeignet zu sein. Er war sehr klug, viel klüger als alle seine Geschwister, aber er war so schwach und zart, daß die Leute im Dorf meinten, er werde nie in seinem Leben stark und kräftig werden. Seine Eltern dachten schließlich, es sei besser für den Kleinen, einmal ein Priester zu werden, da er für einen Bauern nun wirklich nicht geschaffen sei.

So gingen sie eines Tages mit ihm zum Dorftempel und baten den alten Priester, ihren Sohn als Schüler anzunehmen und aus ihm einen guten Priester zu machen.

Der Junge lernte sehr schnell, was der alte Mann ihn lehrte, und er war ihm in fast allen Dingen gehorsam. Er hatte nur einen einzigen Fehler, er zeichnete während des Unterrichts immer Katzen, und er zeichnete sie auch dorthin, wohin Katzen nun wirkich nicht gezeichnet werden sollten. War er allein, so zeichnete er Katzen sogar auf die Seitenränder der Bücher des alten Priesters, er zeichnete sie auf die alten Wandschirme des Tempels, an die Mauer und sogar an die Säulen.

Eines Tages, als er wieder einmal eine große Katze auf einen Wandschirm gemalt hatte, sagte der alte Priester zu ihm mit großem Bedauern in der Stimme: „Mein Junge, du kannst nicht länger bei mir im Tempel bleiben. Du wirst nie ein guter Priester werden, vielleicht aber wirst du einmal ein berühmter Maler. Zum Abschied will ich dir noch einen guten Rat geben, den du nie vergessen solltest: ‚Übernachte nicht unter großen Dächern, halte dich an die kleinen!'"

Der Junge wußte nicht, was der Priester mit diesen Worten sagen wollte. Traurig schnürte er sein Bündel. Er wagte auch nicht, den Priester nach dem Sinn seines Ratschlags zu fragen, verabschiedete sich und zog hinaus aus dem Tempel.

Nach Hause wagte er nicht zu gehen, denn er glaubte, sein Vater würde ihn wegen seines Ungehorsams bestrafen. Er wanderte zum nächsten Dorf, zwölf Meilen entfernt, wo ein sehr großer Tempel stand. Der Junge wußte, daß in diesem Tempel mehrere Priester ihren Dienst versahen. So entschloß er sich, zu ihnen zu gehen und sie zu fragen, ob er nicht bei ihnen als Schüler oder Gehilfe bleiben könnte.

Der Junge wußte aber nicht, daß dieser Tempel schon vor längerer Zeit geschlossen werden mußte, weil ein böser Geist dort sein Unwesen trieb. Alle Priester waren geflohen, der Geist hatte von dem Tempel Besitz ergriffen. Einige tapfere Ritter hatten schon versucht, den Geist zu vertreiben, aber sie wurden nie mehr wiedergesehen.

Diese Dinge aber hatte der Junge nie gehört, so strebte er erwartungsvoll dem Dorf entgegen, in der Hoffnung, von den Priestern gut aufgenommen zu werden.

Als er in dem Dorf ankam, war es bereits dunkel, und alle Leute waren schon ins Bett gegangen. Am anderen Ende der breiten Dorfstraße aber sah er den großen Tempel auf einem Hügel stehen. Er sah es genau, es war noch Licht im Tempel. Der kleine Junge konnte nicht wissen, daß der Geist immer ein Licht anzuzünden pflegte, um einsame Wanderer anzulocken, die um ein Nachtlager nachsuchen wollten.

Der kleine Junge ging sogleich zu dem Tempel und klopfte an. Niemand antwortete ihm. Er klopfte wieder und wieder, alles blieb still. Zuletzt stieß er leise gegen die Tür und fand sie zu seiner Freude nicht verschlossen. Er ging hinein und sah eine Lampe brennen, aber er konnte nirgendwo einen Priester entdecken. Er dachte, bestimmt würde gleich ein Priester kommen, setzte sich hin und wartete. Da bemerkte er, daß alles grau vor Staub war und Spinnweben sich darüber spannten.

Er wunderte sich, daß die Priester alles so verstauben ließen, und dachte bei sich, daß sie ganz bestimmt einen Gehilfen gebrauchen könnten.

Was ihn aber am meisten erfreute, das waren einige große Wandschirme, auf die man ganz wunderbar einige große Katzen malen konnte.

Obwohl er müde war, suchte er doch nach einem Malkasten mit Tusche, fand auch einen und begann sogleich, große, übermannsgroße Katzen zu malen, so große, wie er sie noch nie hatte malen können. Allmählich aber wurde er sehr schläfrig. Er wollte sich gerade neben dem Wandschirm niederlegen, als ihm der Ratschlag des alten Priesters einfiel: „Übernachte nicht unter großen Dächern, halte dich an die kleinen!“

Der Tempel war sehr groß und geräumig. Der kleine Junge war ganz allein, er sah sich um und bekam nun doch ein klein wenig Angst in der dunklen Halle. So gedachte er der Worte seines alten Lehrers und beschloß, ein kleines Plätzchen zum Schlafen aufzusuchen. In einem Nebenbau fand er einen kleinen Verschlag mit einer Flügeltür, schlüpfte hinein, schob den Riegel von innen vor, legte sich nieder und schlief auch gleich ein.

Sehr spät in der Nacht erwachte er von einem fürchterlichen Lärm. Schreien und Kreischen war zu hören, es war ihm, als fechte jemand einen verzweifelten Kampf aus. Der Lärm war so schrecklich, daß der kleine Junge nun ganz still dalag und seinen Atem anhielt. Das Licht erlosch, der Lärm wurde noch schrecklicher und durchdringender, ein Pfeifen und Schnauben war zu hören, und schließlich erzitterte der ganze Tempel.

Der kleine Junge wagte sich nicht zu rühren, bis am Morgen die Sonne durch die Ritzen der Flügeltür schien. Er stand leise und vorsichtig auf, machte die Tür ganz langsam auf und spähte hinüber in die Halle. Das erste, was er sah, war das Blut, das den Fußboden der Halle in großen Lachen überall bedeckte. Und dann zuckte er zusammen, denn in der Mitte der Halle lag eine riesige Ratte tot in ihrem Blut, eine Geisterratte, größer als eine Kuh!

Wer konnte diese Ratte getötet haben? Kein lebendes Wesen war zu sehen. Alles war ganz still.

Plötzlich sah der kleine Junge, daß die Schnauzen all der Katzen, die er am Abend vorher gemalt hatte, rot und feucht waren.

Nun erkannte er, daß die riesige Ratte von den Katzen getötet worden war, die er gestern überall groß an die Wandschirme gemalt hatte.

Und nun verstand er auch zum ersten Mal den tiefen Sinn des Ratschlags, den der alte Priester ihm gegeben hatte: „Übernachte nicht unter großen Dächern, halte dich an die kleinen!"

Später wurde aus dem kleinen Jungen ein berühmter Maler. Einige der Katzen, die er gemalt hatte, zeigt man in dem Tempel noch heute den Pilgern und Wanderern.

Der Dank der Kröte

In einem abgelegenen Dörfchen inmitten hoher Berge lebte einmal ein armer Bauer, dessen Frau schon gestorben war.

Mit seiner Tochter Bok-Surry bebaute er ein kleines Stück Land, so daß sie beide zu essen hatten. Bok-Surry war eine gute und brave Tochter, die ihrem Vater half, wo sie nur konnte.

Eines Tages bereitete sie gerade in der Küche das Essen, als sie zu ihren Füßen eine große Kröte bemerkte. Die Kröte schien hungrig zu sein, denn sie bewegte ständig ihre Kiefer hin und her. Bok-Surry hatte Mitleid und stellte der Kröte ein Tellerchen voll Reis auf den Boden. Die Kröte fraß behaglich den Reis und kroch dann in einen Winkel der Küche. Da es draußen schon fror, ließ Bok-Surry die Kröte dort sitzen und verjagte sie auch später im Winter nicht aus ihrem Winkel. Die Kröte hatte richtig beim Bauern und seiner Tochter Wohnung genommen. Kaum erschien Bok-Surry in der Küche, da kam auch schon die Kröte angekrochen und erhielt jedesmal eine Handvoll Reis. Die Kröte wurde bei diesem guten Leben recht dick und groß, so daß sie bald aussah wie ein kleiner Haushund. So ging es jahrelang. Die Kröte blieb auch in den schönen Monaten des Jahres bei den beiden guten Leuten in ihrer Hütte.

Eines Tages legte sich der Vater schwer krank auf sein Lager. Bok-Surry pflegte ihn mit großer Liebe und Sorgfalt, aber die Krankheit wollte nicht weichen. Schließlich wanderte das Mädchen in die weit entfernte Stadt, um einen berühmten Arzt zu holen. Der Arzt kam, untersuchte den Vater und sagte, gegen diese Krankheit helfe nur eine einzige Medizin, die aber sehr teuer sei.

Der Arzt schrieb den Namen der Medizin auf ein Blatt Papier, nickte freundlich und verließ das Haus.

Bok-Surry war ganz niedergeschlagen. All ihre Ersparnisse hatte sie für den Arzt ausgegeben. Womit sollte sie nun auch noch die Medizin bezahlen? Wochenlang grübelte sie und hörte sich um, wo sie etwas verdienen könnte, aber keiner konnte ihr einen Rat geben.

Da erfuhr sie eines Tages, daß in einem Nachbarort die Bewohner eine große Summe Geldes für ein Menschenopfer aufbringen wollten. In einem alten Haus dieses Ortes hauste nämlich ein Unhold, der jedes Jahr ein Menschenopfer verlangte. Bekam er kein Opfer, so brachen Unheil und Mißernten über den Ort herein.

Das Opfer wurde stets gefesselt vor einen Altar im Innern des Hauses geführt und das Tor dann von außen fest verschlossen. Am anderen Morgen war das arme Opfer dann stets verschwunden, und keiner fand jemals wieder eine Spur davon.

Bok-Surry beschloß sofort, sich zu opfern und von der ausgesetzten Summe Geld die Medizin für den Vater zu kaufen. Sie begab sich zu dem Ältesten des Nachbardorfes und bot sich als Opfer an. Die Leute waren überglücklich und zahlten ihr die Summe sofort aus. Die Opferung sollte in einigen Wochen an einem ganz bestimmten Tage stattfinden.

Bok-Surry eilte sofort in die Stadt und kaufte die Medizin. Nach wenigen Tagen schon besserte sich der Zustand des Vaters, das Heilmittel begann kräftig zu wirken, und bald stand er von seinem Lager auf. Eines Tages verließ er wieder völlig gesund das Haus und ging auf die Felder zur Arbeit.

Von der Begebenheit im Nachbardorf und dem bevorstehenden Opfer hatte aber Bok-Surry ihrem Vater kein Wort erzählt.

Als der Tag der Opferung herangekommen war, stand Bok-Surry wie gewohnt auf, kochte das Essen, zog aber ihre guten Gewänder an und sagte zu ihrem Vater, sie gehe zu einer Nachbarin.

Als sie ein letztes Mal in die Küche kam, kroch gerade die Kröte aus ihrem Versteck. Bok-Surry beugte sich hinunter, streichelte das Tier zärtlich und sprach zu ihm leise: „Liebe Kröte, nun sehen wir uns zum letzten Mal. Jetzt mußt du dir ein anderes Zuhause suchen. Ich gehe fort und komme nie mehr wieder!"

Da bemerkte das Mädchen, daß der Kröte ein paar Tränen in den Augen standen. Sie konnte aber keine weiteren Worte zu der Kröte sprechen, denn draußen hörte sie schon, wie ein Wagen über die Straße heranrollte. Sie begriff sofort: Die Leute aus dem Nachbardorf wollten sie abholen.

Damit der Vater nichts bemerkte, verließ sie eiligst das Haus und lief dem Wagen entgegen. Starke Männer aus dem Nachbardorf hoben sie auf den Wagen, fesselten sie, führten sie geradewegs zum

Haus des Unholdes, geleiteten sie vor den Altar im Innern des Hauses und schlossen dann schweigend hinter ihr die Tore.

Bok-Surry machte sich auf alles gefaßt, war aber sehr erstaunt, als sie plötzlich in einer Ecke des Raumes ihre Kröte von zu Hause erblickte. War das treue Tier denn hinter ihr hergekrochen? Die Kröte hob den Kopf, sah mit glühenden Augen zur Decke und ließ ihrem Maul einen dichten gelben Dunst entströmen. Von der Dekke herunter senkte sich blauer Dunst. Man sah es deutlich, die gelben und blauen Dunstschwaden kämpften gegeneinander und suchten sich gegenseitig zurückzudrängen.

Der gelbe Dunst aber war dichter und stärker und stieg bis zur Decke.

Als die ganze Decke in gelben Dunst gehüllt war, erzitterte das ganze Haus wie bei einem Erdbeben.

Bok-Surry fiel in Ohnmacht.

Als die Dorfbewohner früh am anderen Tag die Tore wieder öffneten, konnten sie sich vor Erstaunen gar nicht fassen. Inmitten des Raumes lag eine große tote Kröte und daneben ohnmächtig, aber lebend und unversehrt die brave Bok-Surry. Bald kam das Mädchen wieder zu sich und erzählte allen, was sich in dem Haus ereignet hatte.

Die Dorfbewohner waren überzeugt, daß nun die Macht des Unholds endgültig gebrochen war. Man trauerte allgemein um die Kröte und feierte mit Tänzen und Gesängen das Mädchen, das bereit gewesen war, sich für ihren Vater zu opfern.

In feierlichem Zuge geleitete man es nach Hause. Der Vater aber konnte sich alles gar nicht erklären und meinte, seine Tochter sei bei der Nachbarin über Nacht geblieben und komme jetzt erst zurück.

Die beiden Brüder

Es waren einmal zwei Brüder, die lebten zusammen in einem kleinen Häuschen.

Als es Frühling wurde, ging der ältere Bruder zu einem großen Bauern und verdingte sich als Knecht.

„Ich bin ein großzügiger Mann“, sagte der Bauer, „ich bezahle sehr gut, nämlich neun Taels Silber für eines Jahres Arbeit. Aber wir haben hier eine ganz bestimmte Regel für Knechte und Mägde.

Wenn ich dir eine Arbeit anweise, du sie aber nicht tun kannst, dann ziehe ich dir drei Taels Silber von deinem Jahreslohn ab."

Der ältere Bruder war ein erfahrener Knecht, der alle Arbeiten kannte, die es auf einem Bauernhof zu tun gab. Er willigte ohne Zögern ein.

Die Monate vergingen schnell. Bald brach schon der zehnte Monat an. Der ältere Buder hatte alle Arbeiten bisher aufs beste verrichtet, auf den Feldern, auf der Tenne und in den Ställen. Der Bauer konnte ihm kein Versäumnis nachweisen.

Eines Tages, als der gedroschene Reis draußen in der Sonne trocknete, sagte der Bauer zu ihm: „Es ist jetzt Zeit, das Getreide hereinzuholen. Zuerst aber möchte ich, daß du die Ecken des Kornspeichers bis in den letzten Winkel von der Sonne bescheinen läßt!"

Der ältere Bruder war erstaunt: „Wie kann man das denn machen?"

„Du meinst also", sprach der Bauer, „daß diese Arbeit für dich zu schwierig ist. Hast du diese Arbeit nicht gelernt?"

Der ältere Bruder schüttelte den Kopf.

„Gut", meinte der Bauer, „das bedeutet drei Taels Silber weniger an Lohn!"

Der ältere Bruder biß die Zähne zusammen und arbeitete weiter bis zum elften Monat.

Da befahl ihm der Bauer, den Hofraum zu fegen. In dem Hof standen Fässer, große und kleine, in denen der Bauer im Sommer Lotusblumen zog.

„Vergiß aber nicht, die großen Fässer in die kleinen zu stellen", sagte der Bauer.

Der ältere Bruder war bestürzt: „Wie soll das denn zu machen sein?"

„Ich sehe, du kannst diese Arbeit nicht anpacken, ich ziehe dir nochmals drei Taels von deinem Lohn ab."

Der ältere Bruder ging ganz niedergeschmettert wieder an seine Arbeit und blieb auf dem Bauernhof bis zum letzten Tag des Jahres.

Alle Leute machten sich schon für das Neujahrsfest hübsch und fein, auch in der Familie des Bauern war alles ausgelassen und fröhlich.

Der ältere Bruder aber war tief betrübt. Er tröstete sich ein wenig mit dem Gedanken, daß er immerhin noch drei Taels Silber für eines Jahres harte Arbeit nach Hause bringen könne. Dann wollte er Reis und Brennholz kaufen und seinem Bruder wenigstens ein bescheidenes, aber gutes Mahl zum Neujahrsfest bereiten.

Um die Mittagszeit befahl ihm der Bauer, ein Schwein zu schlachten. Er ging in den Stall, schlachtete ein Schwein und band es hoch. Gerade als er es aufschneiden wollte, kam der Bauer herein in den Stall, stellte sich daneben und sagte: „Schneide mir nun ein Stück Fleisch heraus, das genausoviel wiegt wie mein Kopf. Kein bißchen weniger und kein bißchen mehr."

Der ältere Bruder starrte den Bauern an: „Wie sollte das denn einer fertigbringen?"

„Ich sehe schon, du kannst das nicht, das macht weitere drei Taels Silber. Ich schulde dir für dieses Jahr nicht mehr das Geringste. Du kannst nicht sagen, ich sei hart oder geizig, denn wir haben dies am Jahresanfang so abgemacht."

Zornentbrannt kehrte der Knecht nach Haus zurück und erzählte seinem Bruder die ganze Geschichte.

Der jüngere Bruder tröstete ihn, so gut er konnte. Die beiden verbrachten dann ein sehr kärgliches Neujahrsfest. Sie hatten kein Brennholz für eine warme Stube und kaum genügend Reis, um sich satt zu essen.

Einige Tage später machte sich der jüngere Bruder auf den Weg zu dem Bauern und verdingte sich bei ihm für ein Jahr als Knecht.

Der Bauer sagte zu ihm: „Ich bin ein großzügiger Mann, ich bezahle sehr gut, nämlich neun Taels Silber für eines Jahres Arbeit. Aber wir haben hier eine ganz bestimmte Regel für Knechte und Mägde. Wenn ich dir eine Arbeit anweise, du sie aber nicht tun kannst, dann ziehe ich dir drei Taels Silber von deinem Jahreslohn ab."

„Einverstanden", antwortete frohgemut der jüngere Bruder, „aber wenn ich als Knecht schon zu diesen Bedingungen arbeite, dann müßt Ihr auch nach meiner Regel verfahren. Wenn Ihr nämlich einen Auftrag widerruft und zurücknehmt, den Ihr mir einmal gegeben habt, dann habt Ihr mir einen doppelten Lohn zu zahlen."

Der Bauer dachte einen Augenblick nach, dann ging er auf den Handel ein.

Der jüngere Bruder arbeitete fleißig und stetig, die Zeit verging rasch, und bald war der zehnte Monat angebrochen. Der gedroschene Reis trocknete draußen in der Sonne vor der Scheune.

„Es ist an der Zeit, das Getreide hereinzuholen", sagte der Bauer, „zuerst aber sorge dafür, daß die Ecken der Kornkammer auch etwas von der Sonne abbekommen!"

„Wird gemacht", sprach der jüngere Bruder, holte eine Leiter, kletterte auf das Dach des Kornspeichers und begann, das Dach abzubrechen.

Der Bauer fuhr entsetzt auf und rief ihm zu: „Was machst du denn da oben?"

„Ich sorge dafür, daß die Ecken der Kornkammer auch etwas von der Sonne abbekommen."

„Du ..., du ..., du ...", stotterte erregt der Bauer.

„Ihr habt mir diesen Auftrag selbst gegeben. Nehmt Ihr ihn etwa zurück?"

„Nein!"

Der jüngere Bruder riß das ganze Dach des Kornspeichers ein, aber der Bauer konnte kein Wort sagen, obwohl es ihm fast das Herz brach.

Der jüngere Bruder arbeitete seelenruhig weiter. Eines Tages, im elften Monat des Jahres, befahl der Bauer, den Hofraum zu fegen und die größeren Fässer im Hof in die kleineren zu stellen.

„Wird gemacht", sagte der Knecht, holte einen Hammer und hieb eines der großen Fässer in Stücke.

„Was tust du da?" schrie der Bauer aufs höchste erzürnt.

„Sagtet Ihr nicht, ich solle die größeren in die kleineren Fässer stellen?"

„Du..., du..., du...", stotterte der Bauer erregt und aufgebracht.

„Ihr habt mir diesen Auftrag selbst gegeben. Wollt Ihr ihn etwa zurückziehen?"

Der Bauer knirschte mit den Zähnen: „Nein."

Der Knecht zertrümmerte alle größeren Fässer auf dem Hof, während der Bauer mit zusammengebissenen Zähnen daneben stand. Danach arbeitete der jüngere Bruder fleißig weiter bis zum zwölften Monat. Obwohl die Familie des Bauern vor Wut schäumte, blieb der Knecht heiter und gelassen.

Am Jahresende, um die Mittagszeit, befahl der Bauer dem Knecht, ein Schwein zu schlachten.

Gerade als er dabei war, das aufgebundene Schwein aufzuschneiden, kam der Bauer in den Stall.

„Schneide mir ein Stück Fleisch heraus", sagte er, „das genausoviel wiegt wie mein Kopf, kein bißchen weniger und kein bißchen mehr."

„Wird gemacht", sagte der Knecht, hieb dem Schwein den Kopf ab und reichte diesen dem Bauern.

„Da habt Ihr das Stück!"

Der Bauer wies den Schweinekopf empört zurück. „Wer sagt denn, daß der Kopf eines Schweines genausoviel wiegt wie der eines Mannes? Es scheint so, als ob du diese Arbeit nicht verstehst, was?"

„Nur nicht so voreilig", entgegnete der Knecht, „ich bin mit der Arbeit noch nicht fertig. Nun werde ich euren Kopf abschneiden und beide Köpfe dann wiegen. Dann wird jedermann sehen, daß nicht der geringste Unterschied im Gewicht zwischen beiden besteht."

Mit diesen Worten packte er den Bauern beim Kragen und hob das Beil.

Der Bauer zog seinen Hals ein wie eine Schildkröte.

„Nein, nein, was soll das?" keuchte der Bauer.

„Ihr habt mir den Auftrag selbst gegeben", sagte der jüngere Bruder und hielt den Bauern fest im Genick. Der Bauer bedeckte den Kopf mit seinen Händen. Er zitterte.

Der jüngere Bruder prüfte die Schärfe des Beiles: „Nun schneide ich dir den Kopf ab", kündigte er unheildrohend an.

„Ich nehme den Auftrag zurück", schrie der Bauer, „ich nehme ihn zurück!"

„Doppelten Lohn, wie abgemacht?“

„Ja, doppelten Lohn!“ brachte hilflos, aber erleichtert der Bauer hervor.

Der Bauer brachte achtzehn Taels Silber herbei, übergab sie dem Knecht und entließ ihn vorsorglich sogleich aus dem Dienst.

Der Knecht steckte das Geld vergnügt ein, wanderte fröhlich nach Hause und sagte zu seinem älteren Bruder: „Diesmal hat der Bauer den kürzeren gezogen. Wir können nun ein schönes Neujahrsfest zusammen verbringen.“

Die Abenteuer des kleinen Kamels

Es war einmal ein ganz kleines Kamel, das seine Mutter schon verlassen mußte, als es sich noch kaum allein ernähren konnte, weil es immer wieder süße Milch bei der Mutter trank. Die beiden wurden getrennt, weil der Besitzer hundert Kamele seiner Tochter als Mitgift in die Ehe gab. Die Kamelmutter blieb zurück, das Kleine aber mußte sich auf den Weg machen.

Die Mutter sehnte sich sehr nach ihrem Kind, und das Junge weinte nach seiner Mutter. Nach einigen Tagen Wanderschaft lief es dem Kameltreiber davon, um seine Mutter zu suchen. Durch dichtes Riedgras streifte es, über dornige Steppe stolperte es und über manchen Graben hüpfte es.

„Wie schön wäre es doch bei der Mutter“, sprach es zu sich selbst. „Wie schön wäre es, in ihre Augen zu sehen, die der Sonne und dem Mond gleichen!“

Wie es über die süße Milch nachdachte und von den Küssen der Mutter träumte, gelangte es an einen großen See, der so breit war, daß man auf der anderen Seite kein Ufer sah. Das kleine Kamel war ratlos und wußte nicht, wie es über den See gelangen sollte. Da steckte ein großer Fisch den Kopf aus dem Wasser heraus, lud es voller Mitleid auf seinen Rücken und schwamm mit ihm über den See. Kaum hatte es das Ufer erreicht, da tauchte ein fremder Kameltreiber auf, fing es ein und band es mit einem Strick an den Hals eines großen Kamels. Das Kleine, das zu seiner Mutter nach Hause wollte, weinte herzergreifend. Da empfand das große Kamel Mitleid mit dem Kleinen, zerbiß den Strick und ließ es entkommen.

Das kleine Kamel hatte es nun sehr eilig und hüpfte leichtfüßig über die Steppe dahin, bis es endlich die heimatlichen Weideplätze erreichte.

Die Sehnsucht nach ihrem Kind hatte die Kamelmutter sterbenskrank gemacht. Sie lag im Gras, als das Kleine dahergehüpft kam. Da weinte die Mutter und sagte zu ihrem Kind: „Ich fühle es genau, ich muß jetzt sterben. Vergiß nicht, was ich dir jetzt sage: Drei Tage bleib nach meinem Tod bei mir. Auf meinem Kopf werden dann drei Grashalme wachsen. Diese Halme beiße in drei Stükke und iß sie auf. Dann mache dich auf den Weg nach Norden. Dort lebt dein großer Bruder. Du wirst ihn daran erkennen, daß sein

Körper blendend weiß ist wie der deine, daß seine Mähne besonders lang, aber er selbst nicht sehr groß ist. Bei ihm kannst du bleiben. Bei ihm wird es dir gut ergehen. Aber merke dir genau, unterwegs darfst du nie auf einem Hügel übernachten, auch dort nicht, wo Menschen gelagert haben. Nur an der Südseite des Hügels lege dich schlafen. Hast du deinen Bruder gefunden, so halte dich an seiner Seite und bleibe immer in der Mitte der Herde.“

Nach diesen Worten starb die Kamelmutter mit Tränen in den Augen.

Nach drei Tagen wuchsen drei Grashalme aus ihrem Kopf. Das kleine Kamel zerbiß sie und machte sich auf den Weg zu seinem großen Bruder. Tapfer wanderte es nach Norden. Da es sehr neu-

gierig war, wollte es gern einmal auf einem Hügel übernachten. Dort aber war es windig und kalt. Der Rat der Mutter fiel ihm ein, und es erinnerte sich wieder genau an die Worte.

Da es unternehmungslustig war, wollte es aber auch einmal auf einem Platz nächtigen, wo Menschen gelagert hatten. Dort aber schlichen wilde Tiere herum, die Beute bei dem Lagerplatz witterten. Da erinnerte sich das kleine Kamel wieder an die Ratschläge der Mutter. Am vierten Tag fand das kleine Kamel endlich seinen großen Bruder. Liebevoll wurde das Kleine von ihm aufgenommen und von ihm zu den besten Gräsern geführt. Da das kleine Kamel aber naseweis war, wollte es nicht immer in der Mitte der Herde bleiben und hüpfte schließlich an der Spitze der Herde herum. Da biß das kampflustige Leitkamel das Kleine ins Hinterbein. Die Neugierde trieb das kleine Kamel nun an das Ende der Herde. Dort aber gab ihm der Kameltreiber einen kleinen Schlag mit der Peitsche. Da versuchte das kleine Kamel es an der Seite der Herde. Da aber war es windig, und der Sand stob ihm in die Augen. Nachdenklich ging das kleine Kamel zu seinem großen Bruder zurück und blieb von nun an in der Mitte der Herde. Da gab es saftiges Gras und klares Wasser. Da war es ruhig und friedlich. Da konnte man glücklich sein. Voller Freude und Dankbarkeit dachte das kleine Kamel: „Was die Mutter sagt, das ist richtig!“

XI. Von Völkern in Taiga und Tundra

Sibirische Märchenweisheit

Der Rabe und die Eule

Vor langer Zeit lebten Rabe und Eule noch einträchtig als Freunde zusammen. Gemeinsam suchten sie sich ihre Nahrung, teilten sie brüderlich und hatten keine Not. Beide hatten damals ziemlich weißes Gefieder. Gemeinsam waren sie alt geworden, und allmählich hatte sich in ihrem Alter das Federkleid verfärbt und war so weiß geworden wie der Schnee.

Da sprach eines Tages die Eule zum Raben: „Wir sind beide alt geworden, und unsere Schönheit ist dahin. Alle anderen Vögel besitzen bunte und prächtige Kleider, die einen sind rot angezogen, die anderen schwarz und wieder andere grau. Uns beide kann man aber nur während der kurzen Sommerzeit richtig erkennen." Der Rabe gab ihr recht: „Das stimmt. Wenn wir im Schnee sitzen, sind wir nicht zu erkennen."

Da rückte die Eule mit einem Vorschlag heraus: „Wir sollten uns schön machen. Zuerst du mich, und dann ich dich – einer den anderen."

Der Rabe war sogleich einverstanden. Er riß sich als Pinsel eine Feder aus dem Schwanz und nahm schwarzes Rußfett vom Öllämpchen. Dann bat er die Eule, ganz still zu sitzen.

Die Eule setzte sich auf einen Stein, damit der Rabe um sie herumgehen und mit der Verschönerung beginnen konnte.

Der Rabe trippelte um den Stein herum und tupfte auf jedes Eulenfederchen einen schönen schwarzen Fleck.

„Ich werde sie zu einer Schönheit machen", dachte er sich dabei.

„Wenn sie das Ergebnis meiner Arbeit sieht, wird auch sie sich bemühen, mich zu einem schönen Mann zu machen."

Der Rabe gab sich redliche Mühe und verwandte viel Zeit darauf, die Eule zu einer schönen Frau zu machen. Die Eule wurde dabei allmählich ungeduldig, konnte bald nicht mehr stillsitzen und dachte sich: „Der Rabe quält mich. Bald ist er an der Reihe, dann wird's aber schnell gehen."

Als der Rabe schließlich die Verschönerung beendet hatte, sagte er zu der Eule: „Wunderbar, jetzt siehst du aber hübsch aus! Der Wind muß die Farben erst trocknen, dann kannst du mich verschönern."

Die Eule war einverstanden. Bald hatte der Wind sie getrocknet. Nun bat sie den Raben, sich ebenfalls bequem hinzusetzen. Der Rabe hüpfte auf den Stein.

Da sagte die Eule: „Nein, nein, setze dich neben den Stein. Ich habe etwas ganz Besonderes vor. Du sollst ganz prächtig aussehen! Augen zu! Erst wenn ich es dir erlaube, darfst du sie wieder öffnen!"

Der Rabe setzte sich gehorsam neben den Stein, schloß die Augen und stellte sich vor, welch schöner Vogel er bald sein würde. Die Eule hatte aber inzwischen bereits das Öllämpchen mit dem rußigen Fett ergriffen, war auf den Stein gehüpft und begoß nun den Raben vom Schnabel bis zum Schwanz mit der fettigen Rußbrühe. Im Handumdrehen war der Rabe pechschwarz.

„So, nun laß dich vom Winde trocknen!" sagte die Eule. „Dann erst darfst du die Augen öffnen und dich betrachten. Ich habe nur wenig Zeit gebraucht, um dich schön zu machen, aber jeder wird dich jetzt im Sommer und im Winter bemerken. Jetzt bist du nicht mehr zu übersehen."

„Unglaublich! - Was hast du getan? Du Krallenbiest! Ganz schwarz hast du mich gemacht! Jeder Hase und jede Maus werden mich jetzt schon von Ferne erkennen! Von weitem falle ich jetzt schon auf. Wie soll ich da bloß Beute machen und mich ernähren?"

„Ich sollte dich doch schön machen!" stotterte die Eule da kleinlaut.

Der Zorn des Raben wurde durch diese Worte nur noch gesteigert: „Geh mir aus den Augen, Eule! Ich habe mir soviel Mühe gegeben, um dich schön zu machen. Zu einer wirklichen Schönheit habe ich dich gemacht. Und mich hast du pechschwarz angemalt! Nun werden auch meine Kinder schwarz werden! Mach, daß du fortkommst! Du altes Glotzauge, pack dich!"

Da erschrak die Eule sehr und flog weit vom Raben fort.

Seit jener Zeit hat die Eule ein getupftes Gefieder, und seitdem ist der Rabe schwarz. Die Eule hat bis heute ein schlechtes Gewissen und geht seither dem Raben aus dem Wege.

Die schöne Nachbarin

Es war einmal ein junger Jäger mit dem Namen Tyrkyneku, der in die schöne Gytinnäu, die Freundin seiner Schwester, sehr verliebt war. Gytinnäu wohnte in der Nachbarschaft auf einer kleinen Anhöhe. Tyrkyneku war schüchtern und wagte nicht, mit dem schönen Mädchen auch nur ein Wort zu sprechen. Ging seine Schwester zu der Freundin, so ging er oft mit, trank mit den beiden Tee und schaute Gytinnäu dabei bewundernd an.

Tyrkynekus Schwester sah das wohl und wünschte sehnlichst,

daß ihr Bruder ihre Freundin zur Frau nähme. Wenn sie aber ihrer Freundin davon erzählte, wich diese dem Gespräch aus und gebot ihr zu schweigen.

An den Tagen, an denen Tyrkyneku auf Jagd war, saßen die beiden Freundinnen beisammen und nähten Kleider für ihn. Vernahm aber Gytinnäu seine Schritte vor der Behausung, so rannte sie davon.

Tyrkyneku war darüber sehr traurig. Da er nicht den Mut fand, mit der schönen Gytinnäu zu sprechen, wurde er mißmutig und zuletzt zornig auf sich selbst. In dieser Stimmung sagte er eines Tages zu seiner Schwester: „Ich will an einen anderen Ort ziehen. Pack alle Sachen zusammen! Wir fahren bald los." Die Schwester tat, wie Tyrkyneku ihr geheißen hatte und packte all ihr Besitztum zusammen. Sie zogen los. Voran schritt Tyrkyneku, dann folgte die Rentierherde, und am Schluß des Zuges fuhr der überdachte Schlitten, in dem Tyrkynekus Schwester saß.

Von ihrem Hügel aus sah Gytinnäu den Zug. Sie eilte den Davonziehenden nach und hatte bald den Schlitten am Ende des Zuges eingeholt. Schnell setzte sie sich zu ihrer Freundin auf den Schlitten und bat: „Fahr nicht zu weit weg von hier! Ohne dich bin ich so allein." Tyrkynekus Schwester versprach dies und gab ihr zum Abschied ein Armband aus Glasperlen. Dieses Armband kam von Tyrkyneku. In seiner Schüchternheit hatte er es nicht gewagt, das Geschenk Gytinnäu selbst zu übergeben. Gytinnäu dankte ihrer Freundin und lief wieder nach Hause. Dort mußte sie immer wieder das Armband anschauen und konnte den Blick kaum mehr von ihm wenden. Schweifte aber ihr immer wiederkehrender Blick über die Perlen, so mußte sie an Tyrkyneku denken.

Die stolze Gytinnäu starrte auf das Geschenk: War dies etwa Tyrkyneku selbst?

Sie riß das Perlenband von ihrem Arm und schleuderte es in hohem Bogen den Hügel hinab. Im gleichen Augenblick stürzte Tyrkyneku einen Abhang hinunter. Gerade noch konnte er sich an einem Strauch festhalten. Nur mit Mühe gelang es ihm, wieder nach oben zu klettern und die Rentierherde einzuholen. Da gebot er seiner Schwester haltzumachen. Und sie stellten ihr Zelt nahe am Abhang auf.

Tyrkyneku sagte zu seiner Schwester: „Deine Freundin hat wohl nicht so gerne Schmuck. Vielleicht hat sie Waffen lieber. Schenk ihr ein Messer oder einen Spieß!"

Gytinnäu kam bald schon zu Gast und blieb bis tief in die Nacht hinein bei ihrer Freundin. Als sie Abschied nahmen, gab Tyrkynekus Schwester ihr ein kleines, aber scharfes Messer mit. Dies war ein gutes Schnitzmesser, man konnte aber auch Fisch damit schneiden. Zur Nacht oder bei Jagden konnte man es leicht auf der Brust bewahren.

Gytinnäu kam nach Hause und sah sich das Messer genau an.

Und wieder kam ihr der Gedanke: Sollte dies etwa wieder Tyrkyneku sein? Und sie schleuderte das Messer den Hügel hinab.

Tyrkyneku kam wenig später von der Jagd nach Hause und sagte zu seiner Schwester: „Deine Freundin hat keine Vorliebe für Waffen. Wir schenken ihr am besten etwas für ihre Behausung.“ Beim nächsten Besuch Gytinnäus bereitete die Schwester Tyrkynekus wiederum Tee und reichte ihn auf einem hölzernen Tablett der Freundin. Das Tablett war mit vielerlei schönen Mustern und Linien verziert.

Gytinnäu – man sah es – gefiel das Tablett sehr.

„Nimm das Tablett, es gehört dir“, sagte Tyrkynekus Schwester, „vielleicht kannst du es brauchen.“

Gytinnäu bedankte sich und nahm das Geschenk an. Abends, in ihrer Jaranga, betrachtete sie immer wieder die vielen schönen Muster und Linien.

Plötzlich kam ihr der Gedanke: Ist dies vielleicht wiederum Tyrkyneku? Sie ergriff das Geschenk und warf es sofort ins Feuer.

Als Gytinnäu nach einiger Zeit wieder zu ihrer Freundin zu Besuch kam, stand Tyrkyneku sofort auf, verließ den Raum und ging auf die Jagd. Gytinnäu wunderte sich sehr darüber. Auch bei ihrem nächsten Besuch brach Tyrkyneku sofort auf, blickte sich nicht einmal um und ging fort. Und jedes Mal, wenn Tyrkyneku das schöne Mädchen in die Jaranga treten sah, verließ er die beiden und ging seiner Wege. Gytinnäu war neugierig geworden und fragte die Freundin: „Dein Bruder läuft ja davon, wenn er mich sieht. Was ist nur mit ihm los?“

Tyrkynekus Schwester wußte es nicht und konnte ihrer Freundin keine Antwort geben.

Die Tage gingen dahin. Da nahm Gytinnäu eines Tages ihre Freundin beiseite und bat sie, ihrem Bruder zu sagen, daß sie nun gewillt sei, seine Frau zu werden. Die Freundin war froh und glücklich und überbrachte ihrem Bruder sogleich die gute Nachricht.

Tyrkyneku aber antwortete: „Sage deiner Freundin, im Feuer ist meine Liebe zu ihr verbrannt."

Der Rabe Welwymtilyn

Der Rabe Welwymtilyn hatte die Sonne verschluckt und lag mit dickem Bauch auf der Erde. Ohne Unterlaß stürmte und schneite es, weil der Rabe Welwymtilyn die Sonne in seinem Bauch hatte.

Da sprach Ememkut zu seiner Tocher Klükenewyt: „Mach dich auf, suche den Raben Welwymtilyn und rufe ihn zu mir!"

Klükenewyt fuhr mit dem Schlitten los und suchte den Raben. Als sie ihn fand, saß eine Frau bei ihm und sprach zu Welwymtilyn: „Steh auf, hier ist jemand und möchte dich sprechen."

Der Rabe fragte: „Wer denn?"

Die Frau sagte zu ihm: „Klükenewyt, die Tochter des Ememkut."

Der Rabe entgegnete: „Kr-kr-kr! Das fehlt mir gerade noch! Kr-kr-kr!"

Das Wetter schlug nicht um. Tag und Nacht stürmte und schneite es. Als Klükenewyt nach Hause kam, fragte ihr Vater: „Wo steckt der Rabe?"

Klükenewyt antwortete: „Der Rabe wollte mich nicht anhören. Er sagte bloß: ‚Das fehlt mir gerade noch!'"

Da sagte Ememkut zu seiner Tochter Inianawyt: „Kämm dir das Haar schön und fahr zum Raben Welwymtilyn!" Die schöne Inianawyt kämmte ihr Haar recht hübsch und machte sich fein.

Draußen im Sturm setzte sie sich auf den Schlitten und kam zu Welwymtilyn. Inianawyt sprach zu Welwymtilyn: „Rabe, steh auf! Du warst nun lange genug krank. Jemand will dich abholen."

„Wer denn?"

„Inianawyt."

Der Rabe sah auf und war entzückt von dem Mädchen. Vor Freude und Wohlgefallen lachte er aus vollem Halse: „Hahaha!" Und bei seinem Hahaha spie er die Sonne aus der Kehle.

Der Himmel hellte sich auf, der Schneesturm hörte auf zu toben.

Welwymtilyn sprach zu Inianawyt: „Ich komme mit zu deinem Vater."

Da fuhren sie zu zweit los. Unterwegs sagte Inianawyt zu Welwymtilyn: „Fahr voraus!"

Inianawyt nahm eine lange spitze Stange und spießte mit ihr den Raben auf, damit er nie mehr die Sonne verschlucken, der Himmel allzeit klar bleiben sowie kein Schneesturm toben kann.

So brachte Inianawyt den Raben Welwymtilyn, auf die Stange gespießt, zu ihrem Vater.

Die Herren der See

Vor langer Zeit lebten zwei bettelarme Leute, Mann und Frau. Sie hungerten tagein, tagaus und wußten gar nicht mehr, wie gutes Essen riecht. Schwemmte das Meer einen toten Fisch an Land, so nahmen sie ihn mit nach Hause und bereiteten sich davon eine Mahlzeit.

Die beiden hatten ein Töchterchen. Mit den Jahren wuchs das Kind heran. Ein schönes Mädchen war bald aus ihm geworden.

So lebten sie zu dritt am Meer und mußten mit dem vorliebnehmen, was das Wasser und die Erde ihnen gab. Der Winter ging, der Frühling kam. Kein Bissen war mehr im Hause. Der Hunger wuchs mit den Tagen. Der alte Mann ging ans Meer und schritt am Ufer auf und ab. Er hoffte, wenigstens ein totes Seetier im Sand zu finden. Überall suchte er, aber nichts fand er. Da ließ er sich auf einen Steinblock am Ufer nieder, stützte den Kopf in beide Hände und sagte voller Sorge und Gram: „Was soll ich bloß meiner Frau und Tochter zu essen bringen? Wie kann ich ohne Nahrung nach Hause gehen?"

Lange saß er so da und blickte mit trüben Augen aufs Meer. Unheimlich war an diesem Tage das Meer anzusehen. Wie in einem riesigen Kessel brodelte das Wasser. Mit einem Male warf das Meer einen großen Wal ans Ufer. Daraufhin sprangen sechs Seelöwen, die

Herren des Meeres, an den Strand und zerhackten den Wal mit ihren Säbeln. Dann verschwanden sie wieder in den Wogen und tauchten in die Tiefe. Der alte Mann hatte sich hinter einem Stein versteckt und wagte kaum zu atmen. Vorsichtig schlich er sich an den toten Wal heran. Neben dem Wal lag der Säbel eines Seelöwen.

„Das Meer schenkt mir großes Glück", dachte der alte Mann und schnitt mit dem Säbel ein Stück Fleisch von dem Wal ab. Dies brachte er seiner Frau nach Hause. Den Säbel hatte er auch mitgebracht, den verwahrte die Alte in einer Kiste. Bald hatte sie Feuer gemacht; sie kochte das Walfleisch und gab ihrem Mann und der Tochter zu essen. Nun konnten sie alle ihren Hunger stillen. Nach dieser Mahlzeit legten sich die beiden alten Leute schlafen. Die Tochter aber verließ leise das Haus.

Am nächsten Morgen erwachten die beiden Alten, fanden aber zu ihrem Entsetzen die Tochter nicht in ihrem Bett. Überall suchten sie, im Haus, ums Haus und weit in der Umgebung -- und am Meer. Da weinten sie bitterlich: „Wo ist unsere Tochter geblieben?"

Als sie zu ihrer Behausung zurückkamen, saß das schöne Kind auf den Stufen. Mit eigenartig traurigen Augen blickte ihnen ihre Tochter entgegen.

„Mein Kind", sprach die Mutter, „wir haben dich überall gesucht, wo bist du bloß gewesen?"

Die Tochter aber schien die Sprache verloren zu haben, sie rang stumm die Hände und konnte kein Wort hervorbringen. Alle drei gingen ins Haus, keiner von ihnen aber konnte schlafen. Wortlos würgten sie an ihrem Kummer. Da erhob sich auf einmal die Tochter, ging zur Tür, schritt über die Schwelle und war im selben Augenblick verschwunden. Nie mehr kehrte sie zurück in ihr Elternhaus. Der Winter ging. Der Frühling kam. Der alte Mann streifte am Ufer des Meeres entlang und fand wieder jenen Stein, auf dem er gesessen hatte, als es den Wal an Land spülte. Er setzte sich auf den Stein und blickte hinaus aufs Meer. Dabei dachte er an seine verschollene Tochter und sprach voller Trauer: „Ach, kämst du wieder zu mir, mein Kind, meinetwegen sogar vom Meeresgrund." Da wallte und wogte das Meer wie damals. Unheimlich war das Meer anzusehen. Wie in einem riesigen Kessel brodelte das Wasser.

Und aus den Wellen stiegen plötzlich sechs Seelöwen, sechs Herren des Meeres.

Der Alte rieb sich seine Augen, denn er sah, er sah es ganz deutlich: Auf dem Rücken eines Seelöwen ritt seine Tochter, sein Kind.

Der Alte konnte kaum Worte finden. Er fing zu zittern an. Dann rief er klagend in den Wind: „Mein Kind, mein Kind, kommst du zu mir vom Meeresgrund? Kannst du reden, so sprich zu deinem Vater, sprich dies eine Mal! Oder bist du zum Schweigen verdammt?"

„Nein", sprach die Tochter, „heute kann ich reden. Höre, Vater! Du hast den Zorn der Seeherren auf dich gezogen, weil du ihren Säbel damals mit nach Hause genommen hast. Deshalb bin ich gefangen bei den Seeherren. Geh nach Hause, grüße die Mutter und erzähle ihr alles. In einem Jahr aber komme wieder zu diesem Stein!"

Der alte Mann ging wie benommen nach Hause. Dort sprach er zu seiner Frau: „Die Seeherren haben unsere Tochter geholt. Sie lebt als Gefangene bei ihnen. Nach einem Jahr erst darf ich sie wiedersehen. Aber ob sie wirklich zurückkommen wird? Ich weiß es nicht."

Der Winter ging. Der Frühling kam. Der alte Mann ging zum Meer und setzte sich bangen Herzens auf den Stein. Lange saß er da und schaute hinaus aufs Meer. Klagend rief er dann in den Wind: „Mein Kind, mein Kind, du hast es versprochen, steig herauf zu mir vom Meeresgrund!"

Da rollte eine gewaltige Woge ans Ufer. Und hinter der Woge tauchte ein Seeherr auf, und auf seinem Rücken ritt die Tochter des Alten. Dicht trat sie zu ihm heran ans Ufer.

Der Alte rieb sich seine Augen, denn er sah, er sah es ganz deutlich: Die Tochter war noch schöner geworden und ihr Haar noch länger. Auf ihren Armen trug sie ein kleines Kind, das lächelte dem Alten zu. Die Tochter herzte das Kind an ihrer Brust und sprach:

„Mein Vater, ich bin die Frau eines Seeherrn geworden. Dies ist unser Sohn. Sage der Mutter, sie brauche sich nicht mehr zu grämen, es geht mir gut. Du aber gräme dich auch nicht! Komme auch nicht mehr an diesen Strand. Mich wirst du nicht mehr sehen! Ihr werdet nun keine Not mehr leiden. Ich werde euch immer tote Robben schicken. Wenn ihr Fleisch wollt, so kommt an den Strand! Ihr braucht nichts zu fürchten dabei, ihr könnt kommen und essen!"

Nach diesen Worten setzte sie sich wieder auf den Rücken des Seeherrn, tauchte mit ihm in die Wellen ein und verschwand in den Tiefen des Meeres.

Der alte Mann machte sich tränenüberströmt auf den Heimweg. Zu Hause berichtete er schluchzend seiner Frau:

„Ein Seeherr hat unsere Tochter zur Frau genommen. Sie haben einen Sohn, ein liebes Kind. Nie mehr wird sie zu uns zurückkommen. Sie sagt, du sollst dich nicht mehr grämen, ihr gehe es gut. Und sie sagte, die Not bei uns habe nun ein Ende."

Die Worte der Tochter gingen in Erfüllung. Das Meer gab ihnen alles, was sie brauchten. Ging der alte Mann an den Strand, so fand er jedesmal eine tote Robbe. So erfuhren die beiden alten Leute, wie gute Speisen riechen. Immer hatten sie fettes Robbenfleisch, daran konnten sie sich stärken.

Lange Jahre lebten die beiden Alten noch, aber ihre Tochter sahen sie nie mehr wieder.

Die schöne Ajoga

Es war einmal im hohen Norden ein Bauer namens La mit seiner Frau. Die beiden hatten eine wunderschöne Tochter, die sie Ajoga nannten. Die Leute sagten, Ajoga wäre das schönste Mädchen weit und breit in den Lagern der Nomaden. Zum alten La und zu seiner Frau sagten die Leute: „Was habt ihr doch für eine schöne Tochter! Noch nie und nirgends haben wir ein Mädchen gesehen so schön wie Ajoga."

Ajoga hörte, was die Leute redeten. Da wurde sie zuerst sehr stolz, dann eitel und hoffärtig, zuletzt hochmütig. Den ganzen Tag betrachtete sie sich selbst. Hingerissen betrachtete sie ihr Angesicht in einem blankgeputzten Kupferbecken. Und wenn ihr Spiegelbild ihr aus dem Wasser entgegenschaute, konnte sie sich bald gar nicht mehr davon losreißen. Und da sie sich an ihrem Ebenbild gar nicht sattsehen konnte, fand sie auch keine Zeit mehr zum Arbeiten. Sie meinte auch, Arbeit könnte ihrer Schönheit schaden.

Die Leute bemerkten dies und sagten: „Ajoga ist faul geworden!" Der alte La und seine Frau mußten schließlich alle Arbeit allein besorgen und mußten sich mühen von früh bis spät.

Eines Tages sagte die Mutter zu Ajoga: „Hol mir Wasser, Töchterchen."

Ajoga aber wehrte ab: „Ich könnte dabei in den Fluß fallen, liebe Mutter."

„Dann halte dich an einem Strauch fest, Töchterchen."

„Der Strauch ist viel zu schwach, liebe Mutter!"
„Dann such dir einen starken, Töchterchen!"
„Der Strauch zerkratzt mir die Hände, liebe Mutter!"
„Zieh dir Fausthandschuhe an, Töchterchen!"
„Sie werden zerreißen, liebe Mutter", antwortete Ajoga und betrachtete sich dabei in dem blanken Kupferbecken, sie fand sich ungewöhnlich und über alle Maßen schön. Sie dachte bei sich: „Ach, wie schön ich bin, viel zu schön, um Wasser zu holen."

Die Mutter sagte: „Wenn die Handschuhe zerreißen, nimm Nadel und Faden und stopfe sie zu."
„Die Nadel könnte abbrechen, liebe Mutter."
„Dann nimm eine dicke Nadel, Töchterchen."
„Da stech' ich mich in den Finger, liebe Mutter."
„Nimm deinen Fingerhut aus festem Leder, Töchterchen."
„Der Fingerhut wird durchlöchert oder zerreißt, liebe Mutter."

Dieses Gespräch hatte das Nachbarsmädchen gehört. An dieser Stelle mischte es sich ein und sagte zu Ajogas Mutter: „Komm, laß mich Wasser holen." Das Mädchen ging zum Fluß und holte Wasser.

Ajogas Mutter rührte nun einen Teig an, knetete ihn und machte daraus Fladen. Die Fladen wurden dann auf der glühendheißen Herdplatte gebacken.

Als Ajoga die Fladen sah, rief sie: „Gib mir einen Fladen, liebe Mutter!"

Die Mutter aber antwortete diesmal ihrer faulen Tochter: „Die Fladen sind heiß, du verbrennst dir die Finger daran, Töchterchen."
„Ich zieh' mir die Handschuhe an, liebe Mutter!"
„Die Fausthandschuhe werden feucht, Töchterchen."
„Ich werde sie hinterher in der Sonne trocknen, liebe Mutter!"
„Die Sonne macht sie brüchig, Töchterchen."
„Dann werde ich sie tüchtig walken, liebe Mutter!"
„Die Hände werden dir weh tun, Töchterchen. Warum willst du dir so große Mühe machen und deiner Schönheit schaden? Ich gebe den Fladen lieber dem Mädchen, dem die Hände nicht zu schade zur Arbeit sind."

Die Mutter nahm einen Fladen und reichte ihn dem Nachbarsmädchen. Als Ajoga dies sah, wurde sie zornig und lief aus dem Haus. Sie rannte zum Fluß hinunter, setzte sich ans Ufer und betrachtete ihr Spiegelbild im Wasser.

Das Nachbarsmädchen kam hinterher, kaute mit Behagen und ließ sich den Fladen schmecken. Ajoga lief das Wasser im Mund zusammen. Sie schaute das Mädchen an, und ihr Hals wurde länger und länger.

Da sagte das Nachbarsmädchen: „Hier, nimm den Fladen, ich gebe ihn dir gern."

Da erbleichte Ajoga vor Wut, sie geriet außer sich vor Zorn, und sie spie das fleißige Mädchen an. Sie ballte die Fäuste, fuchtelte wild um sich und wollte eben mit den Händen zum Schlage ausholen, da verwandelten sich ihre Arme plötzlich in Flügel.

„Von dir will ich ga-ga-gar nichts!" schrie sie in wilder Wut.

Dabei achtete sie aber nicht auf den Uferrand, fiel kopfüber ins Wasser – und verwandelte sich dabei in eine Gans.

Da schwamm sie nun auf dem Fluß umher und rief: „Ga-ga-ga, ach, wie schön bin ich! Ga-ga-ga, ach, wie schön bin ich! Ga-ga-ga!"

Sie schwamm den Fluß hinauf und hinunter. Sie schwamm und rief so lange, bis sie das Sprechen verlernt und alle Worte vergessen hatte. Nur ihren Namen vergaß sie nicht. Nie sollte man sie mit einem anderen verwechseln können. Und so ruft sie bis auf den heutigen Tag, sobald sie einen Menschen erblickt:

„Ajo-ga-ga-ga! ... Ajo-ga-ga-ga!"

Strahlende Sonne und kalter Mond

In uralten Zeiten lebte einmal ein Geschwisterpaar auf Erden, Bruder und Schwester. Sie sorgten ganz für sich allein, denn ihre Eltern waren früh verstorben. Da beide gut füreinander sorgten, litten sie keine Not.

Eines Tages aber wollte der Bruder auf Wanderschaft gehen, um sich die Welt anzuschauen. Sein Zelt und das Land ringsum waren ihm nämlich längst bekannt, er wollte sehen, was für Völker anderswo hausten und welches Leben sie führten.

So zog er fort und wanderte durch viele Länder. Und er sah fröhlich auf zur Sonne, die am Himmelszelt leuchtete.

Die Sonnenfrau hoch oben am Himmel, die sich schon lange einsam fühlte in ihrer Höhe, gewahrte den Wanderer und dachte bei sich: „Ein schöner Mann ist es, der da unten auf der Erde geht und mich anschaut! Ja, so einen Mann wollte ich schon lange haben! Den will ich mir heraufholen! Aber er ist unten auf der Erde, und ich leuchte am Himmelszelt. Wie fange ich dies bloß an?"

Da bat die Sonnenfrau den Himmel um Rat, wie sie den Mann am besten zu sich holen könnte. Sie erhielt den Ratschlag, den Mann zu rauben, denn ihre Arme reichten bis zur Erde.

Jeden Morgen beim Erwachen streckte sie ihre Strahlenarme

aus, streckte und dehnte sie und goß mit ihnen Licht und Wärme über die Erde.

Der Mann, der von den Gedanken der Sonnenfrau nicht das geringste ahnte, schritt munter seines Weges dahin. Da streckte die Sonne verlangend die Arme nach ihm aus.

Dem Mann wurde immer heißer, so daß er zu sich sagte: „Diese Hitze macht müde!" Und erleichtert ließ er sich im kühlen Grase nieder. Da reckte und dehnte und streckte die Sonnenfrau ihre langen Strahlenarme, umfing mit ihnen den geliebten Mann und hob ihn zu sich hoch in den Himmel.

Der Mann lebte eine gute Woche im Himmel bei der Sonnenfrau, dann sagte er zu ihr: „Ich bin ein Erdenmensch. Diese Höhe kann ich nicht ertragen. Laß mich wieder auf die Erde hinunter!" Dabei dachte er an seine Schwester, die unten allein zurückgeblieben war. Er sehnte sich nach ihr und war um ihr Wohlergehen besorgt.

Die Sonnenfrau erwiderte: „Warum willst du denn auf die Erde zurück? Früher dachtest du: ‚Wie schön hat es doch die Sonne hoch oben am Himmel!' Und du wolltest gerne wissen, was dies für eine Frau sei. Nun bist du endlich bei mir, und jetzt willst du wieder zur Erde."

Der Mann blieb bei seinem Wunsch und sagte: „Laß mich nur gehen. Ich habe auf der Erde unten etwas vergessen, das hole ich nur und komme dann zurück!"

„Nein, nein", bat die Sonnenfrau, „bleibe bei mir! Du wirst sonst nicht zurückkommen. Die Erde ist kalt, und auf ihr hausen böse Geister, die dich zerfleischen."

Der Mann aber hörte nicht auf sie. Er drängte immer stärker auf die Erfüllung seines Wunsches: „Laß mich fort! Laß mich zur Erde! Ich komme wieder!"

Die Sonne wurde sehr traurig und konnte kaum ihre Tränen zurückhalten.

„Du kommst nicht wieder. Ich weiß es genau. Böse Geister werden dich zerfleischen. Und ich – ich werde so einsam sein wie zuvor!"

Die Sonne sah ein, daß sie ihn nicht umzustimmen vermochte. Da gab sie nach. Der Mann versprach, in kurzer Zeit wiederzukommen.

„Ziehe denn fort“, sagte die Sonne mit Kummer in der Stimme. „Das einzige, was ich habe, gebe ich dir: Wetzstein und Kamm zum Schutz gegen die bösen Geister.“

Der Mann freute sich sehr und sagte beruhigend: „Weine nicht, Sonne, deine Sorge ist umsonst. Ich komme bestimmt zurück!“

Die Sonnenfrau rief ein Flügelroß herbei, hieß den Mann aufsteigen und gab ihm Wetzstein und Kamm. Das Flügelroß trug ihn rasch und sicher dahin. Keiner weiß, wie lange sie durch die Lüfte flogen. Vielleicht waren es zwei, vielleicht aber auch drei Jahre. Dann sah er sein Gehöft unten liegen, kreiste noch eine Zeitlang in der Luft und landete dann wohlbehalten vor seinem Zelt.

Während der Mann sich bei der Sonne am Himmel aufgehalten hatte, war jedoch unten auf Erden die böse Hexe Chosjadam zu seiner Schwester geschlichen, hatte sie kurzerhand aufgefressen und sich ihre Gestalt angeeignet.

Der Mann, der sein Flügelroß an einen Baum angebunden hatte, eilte in sein Zelt. Da saß – wie er meinte – seine Schwester, und ihre Freude über die Wiederkehr ihres Bruders schien sehr groß zu sein. Sie nahm einen Kessel, lief zum Fluß, holte Wasser, hängte den Kessel übers Feuer, kochte und gab dem Heimgekehrten zu essen. Sie war überaus emsig und beschäftigt, so daß der Mann nicht bemerkte, daß sie hinausschlich, dem Flügelroß einen Hinterfuß abhackte und ihn mit in den Kochtopf warf. Dann setzte sie sich zum Bruder ans Feuer, und beide erzählten und waren fröhlich und zufrieden. Dabei fiel der Blick des Bruders auch auf den Pferdefuß, der aus dem Topf ragte.

Im selben Augenblick wußte er, daß nicht seine liebe Schwester vor ihm saß, sondern die böse Chosjadam. Er riß den Pferdefuß aus dem Topf, rannte zu seinem Roß und wollte der Hexe entkommen. „Nur weg von diesem Ort des Verderbens“, so dachte der Mann und klebte den abgehackten Fuß wieder schlecht und recht an den Stumpf. Dann sprengte er los. Die Chosjadam jagte hinter ihm her. Durch Felder und Wälder ging die wilde Jagd.

Das Roß mit dem kranken Fuß keuchte. Immer wieder strauchelte es. Unter Schmerzen brach es schließlich zusammen. Der Mann konnte ihm nicht helfen. Er mußte sich nun auf seine eigenen Beine verlassen und rannte weiter. Hilfesuchend schaute er zum Himmel. Die Sonnenfrau blickte voller Weh und Kümmernis zur Erde hinab und sah, wie die Chosjadam ihrem Geliebten schon auf den Fersen war und ihn zu packen versuchte. Da fiel dem Mann die Gabe der Sonnenfrau ein: der Wetzstein. Er holte zum Wurfe aus und schleuderte ihn weit hinter sich. Der Stein fiel auf die Erde, und ein mächtiger Berg wuchs aus dem Boden und trennte die Chosjadam von dem Verfolgten. Die Hexe schnaubte vor Wut, schleuderte die Steine weg und begann, sich mit ihren Zähnen durch den Berg zu fressen.

Der Mann rannte weiter. Die Chosjadam aber hatte schon den Berg durchnagt, kam wie der Wind hinter dem Gehetzten her, holte ihn bald ein und wollte ihn packen.

Da erinnerte sich der Mann an die zweite Gabe der Sonnenfrau: den Kamm. Er riß ihn aus seiner Tasche und warf ihn über die Schulter. Im selben Augenblick wuchs ein Wald hoch, so dicht und finster, daß niemand hindurchkommen konnte, nicht zu Fuß und schon gar nicht zu Pferd. Die Hexe aber knickte die Bäume wie Grashalme und trat wütend das Unterholz nieder. Der Mann hatte einen kleinen Vorsprung und hastete weiter. Es war durchdringend kalt, er war hungrig und seine Kräfte schwanden dahin.

Die Chosjadam hatte sich durch das Waldesdickicht einen Pfad geschlagen, war schon dicht herangekommen und streckte die Hand nach dem Manne aus. Die Sonnenfrau sah, daß die böse Chosjadam sich gleich des Mannes bemächtigen und ihn entführen würde.

Um ihm zu helfen, streckte sie ihre Strahlenarme aus und ergriff ein Bein des Mannes. Aber es war schon zu spät. Die Hexe hatte sich bereits in sein anderes Bein verkrallt.

Sonnenfrau und Hexe zogen und zerrten nun an dem Mann, jede nach einer anderen Seite. Die Sonne zog ihn empor zum Himmel, die böse Chosjadam zog ihn zur Erde. Und so rissen sie ihn in zwei Teile.

Die Sonnenfrau trug des Mannes Hälfte schnell zum Himmel, aber dieser Hälfte, die ihr zugefallen war, fehlte das Herz. Alles versuchte sie, um dem Toten wieder Leben einzuflößen. Aber es war vergebens. Wenn es an ein oder zwei Tagen schien, als ströme Leben in den Körper, dann starb er am dritten Tag wieder dahin, wurde welk und leblos. Sie wandte alle ihre Künste an, sogar ein glühendes Kohlestück setzte sie ihm an Stelle des Herzens in die Brust. Der Mann lebte auf, doch die Lebensglut erlosch nach einer Woche.

Die Sonnenfrau weinte bittere Tränen und verzweifelte fast vor Kummer. „Nun weiß ich nicht mehr weiter", seufzte sie. „Ich habe getan, was ich konnte! Nimm deinen Platz nun ein auf der anderen Himmelsseite! Am längsten Tag des Jahres nur werden wir uns kurz in die Augen blicken, sonst aber werden wir uns nicht mehr sehen. Mein Kummer wäre sonst zu groß!" Mit diesen Worten schleuderte sie mit gewaltigem Schwung die leblose Hälfte des Mannes weit fort, hinüber auf die andere, die finstere Himmelsseite. Dort wurde er zum hellen Mond. Kalt und blaß zieht er seither seine Bahn, denn kein lebendiges Herz schlägt in seiner Brust.

Das ganze Jahr über können sich Sonne und Mond nicht sehen, nur am längsten Tag des Jahres werfen sie sich einen kurzen Blick zu. Die andere Hälfte des Mannes aber, in der das Herz schlägt, die behielt Chosjadam, die Hexe.

Die Herrin des Feuers

Vor langen, langen Zeiten wohnten die Selkupen in vier Gehöften in einer Nomadensiedlung.

Eines Tages brachen alle Männer auf in den Wald, um zu jagen. Die Frauen und Kinder blieben in den Gehöften zurück.

Die Jäger blieben mehrere Tage im Walde. Aus einem der Gehöfte ging am dritten Tag eine Frau Holz holen, hackte es klein und wollte dann kochen. Sie trug die Holzscheite in das Gehöft, warf sie ins Herdfeuer, nahm ihr kleines Kindchen zu sich und setzte sich mit ihm ganz dicht ans wärmende Feuer. Dort gab sie ihrem Kind die Brust. Mutter und Kind umfing wohlige Wärme, und lustig knisterten die brennenden Scheite im Herdfeuer. Da stob ein Funke empor, fiel auf den Hals des Kleinen und versengte ihm die Haut. Das Kind begann zu weinen.

Die Mutter sprang auf und schimpfte und schalt das Feuer: „Was fällt dir ein? Ich gebe dir Holz zu essen und du machst mein Kind weinen! Mit der Axt werde ich dich zerhacken! Mit Wasser werde ich dich begießen! Auslöschen werde ich dich!"

Die Frau legte das Kind in die Wiege, ergriff die Axt und hackte auf das Feuer ein. Dann nahm sie den Wasserkessel und goß Wasser in die Glut.

„So, jetzt kannst du versuchen, mit Funken meinen Sohn zu versengen!" Und voller Genugtuung setzte die Frau hinzu: „Zum ersten Mal bist du jetzt völlig erloschen! Kein Fünkchen ist mehr zu sehen! Es ist aus mit dir!"

Die Glut war erloschen. Das Feuer, das immer brannte, war ausgegangen. Es wurde kalt und dunkel. Bald weinte das Kind vor Kälte, denn es fror und zitterte. Die Mutter besann sich wieder, ging zum Herd und wollte Feuer anmachen. Wie sie sich aber auch mühte, wie sie auch in die schwarzen Holzscheite hineinblies – kein Fünkchen war mehr da, kein Feuerchen war zu entfachen.

Der kleine Sohn fror erbärmlich und schrie immer heftiger und lauter. Die Mutter sprach beruhigend auf ihr Kindchen ein: „Ich laufe schnell zum Nachbargehöft, hole Feuer und zünde unseres wieder an!"

Schnell eilte sie zum nächsten Gehöft. Kaum hatte sie die Tür geöffnet, als das Feuer erlosch. Sie trat an den Herd, aber keine Glut war mehr zu sehen. Die Frauen mühten sich sehr und bliesen kräftig in die Asche, aber kein Fünkchen glühte auf.

Die Mutter rannte in ein anderes Gehöft. Noch hatte sie die Tür kaum geöffnet, als das Feuer schon erlosch. Sie trat in dieses Gehöft gar nicht erst ein, schloß rasch die Tür und lief zum nächsten. Dasselbe geschah, kaum hatte sie ihren Fuß in die Tür gesetzt, als das Feuer auch schon erlosch.

Die Frau war verzweifelt, dachte an ihr Kind und wollte in ihr Gehöft zurückkehren. Aber sie bog noch in einen kleinen Seitenpfad ein und rannte zur Wohnung ihrer Großmutter, dort brannte Feuer. Beim Gehöft der Großmutter angekommen, öffnete sie rasch die Tür und trat über die Schwelle. Da fauchte das Feuer, Rauch quoll hervor – und es erlosch.

„Was ist denn das?“ schimpfte die Großmutter. „Du kommst zu mir, und da erlischt das Feuer! Was hast du getan? Hast du vielleicht in deinem Herd das Feuer beleidigt?“

Nun waren alle Gehöfte dunkel. Überall war es finster und kalt. In der ganzen Siedlung war das Feuer erloschen. Niemand vermochte es mehr anzuzünden. Die Frau begann zu weinen.

„Komm“, sagte die Großmutter, „wir gehen in deine Wohnung. Ich will sehen, was du angerichtet hast.“

Dort hörten sie schon das Kind jammern und weinen. Sie traten nun zu zweit in den finsteren, kalten Raum.

„Gib mir Schwefelholz!“ sagte die Großmutter und versuchte, Feuer zu entfachen. Alles war vergebens. Da hockte sich die Großmutter still vor den Herd und spähte ins Dunkel. Ganz allmählich erkannte sie im finsteren Herd die Umrisse einer alten Frau. Die Alte war nur auszumachen, weil sie – ganz undeutlich und kaum erkennbar – wie Feuer glomm.

Da vernahm die Großmutter die Stimme der Alten: „Was willst du von mir und wozu strengst du dich an? Deine Enkelin hat mich tief beleidigt.“

Die Großmutter sprach: „Noch weiß ich nicht, was hier vorgegangen ist!“

Da sprach die Alte mit ergrimmter Stimme: „Sie hat mein Gesicht mit Eisen zerhackt und meine Augen mit Wasser übergossen. Ich weiß nicht, warum das törichte Weib dies getan hat!“

Da fuhr die Großmutter erzürnt auf: „Weh uns, weh! Ich sagte immer schon, daß diese Spinne noch Dinge anstellen wird, die uns Unheil bringen! Herrin der Feuerflammen, verzeihe uns, grolle nicht uns allen, gib uns Feuer!“

Die Herrin des Feuers aber schwieg.

Lange bat und flehte die Großmutter. Da endlich begann sie zu sprechen: „Ich werde euch Feuer geben. Aber diese Frau muß mir ihren Sohn opfern. Die Flamme wird dann aus dem Herzen des Kindes aufspringen. So werdet ihr das Feuer dann immer hüten. Ihr werdet stets daran denken, daß das Feuer aus dem Herzen eures Kindes kommt.“

Die Mutter weinte und klagte voller Verzweiflung. Die Großmutter aber sprach: „Wie können wir weiterleben? Alle sieben Stämme haben deinetwegen das Feuer verloren? Gib deinen Sohn her!“

Die Mutter opferte ihren Sohn. Die Herrin des Feuers sprach: „Von heute an werden alle Selkupen wissen, daß man Feuer nicht mit Eisen schüren darf. Nur in höchster Not darf man es vorsichtig mit Eisen berühren. Dies aber muß die Herrin des Feuers erlauben. Ihr sieben Stämme, merkt euch, was ich euch gesagt habe."

Nach diesen Worten berührte sie das Holz leicht mit einem Finger. Die Flammen schlugen empor. Da nahm die Herrin des Feuers das Kind in ihre Arme und verschwand mit ihm in der Flammenglut.

Die Großmutter sprach zu ihrer Enkelin: „Nach vielen, vielen Jahren werden die Menschen noch davon erzählen, wie du das ausgegangene Feuer durch dein großes Opfer neu entfacht hast."

Die Katze und das Schaf

Ein alter Mann und eine alte Frau hielten sich einmal eine Katze und ein Schaf. Eines Tages sprach der Alte zu seiner Frau: „Ein guter Braten wäre für uns das richtige. Komm, laß uns das Schaf schlachten."

Dies hatte die Katze gehört, sie lief zum Schaf und berichtete: „Die Alten wollen dich töten, sie haben Lust auf Fleisch bekommen." Da erschrak das Schaf gewaltig; die Katze aber sagte: „Komm, laß uns schnell in den Wald laufen, so kannst du dich retten."

Schaf und Katze liefen von zu Hause fort und kamen in einen dunklen Zedernwald.

Am Abend sagte die Katze zum Schaf: „Am sichersten sind wir auf den Bäumen. Laß uns auf eine Zeder klettern, dort wollen wir übernachten."

„Auf Bäume klettern", erwiderte das Schaf, „das kannst du wohl gut. Wie aber soll ich auf eine Zeder kommen?"

„Wenn du unten bleibst", sagte die Katze, „dann frißt dich der Bär. Schau her, wie man klettert. Du brauchst es mir nur nachzumachen."

Kaum hatte sie das letzte Wort ausgesprochen, da saß sie auch schon oben auf dem Baum.

Das Schaf hatte es sehr schwer. Zuerst stellte es sein rechtes Vorderbein auf den untersten Ast, dann das linke Bein auf den nächsten – und so erklomm das Schaf mit viel Mühe tatsächlich die Zeder.

Oben auf dem Baum versteckte es sich wie die Katze im Geäst. Katze und Schaf hatten sich kaum in den Ästen verborgen, da kam ein großer Bär dahergetrottet. Am Fuß der Zeder machte er halt, legte sich zur Nachtruhe nieder und schlief bald ein.

Da flüsterte die Katze dem Schaf ins Ohr: „Jetzt, schnell! Laß dich hinabfallen und mache dabei ein großes Geschrei. Wichtig ist, daß du fürchterlichen Lärm machst!"

Das Schaf tat, wie ihm die Katze geheißen. Mit lauten Bäbä-Rufen ließ sich das Schaf hinabplumpsen. Geradewegs fiel es auf den Rücken des mächtigen Bären. Der Bär war wie gelähmt vor Schreck und wagte sich nicht von der Stelle zu rühren.

Da sprang mit einem Satz die Katze vom Baum und durchbiß mit ihren scharfen Zähnen die Gurgel des Bären. So tötete die Katze den Bären. „Jetzt setze dich auf den Bären", sprach die Katze, „so kannst du ihn am besten bewachen. Ich laufe schnell nach Hause und hole unseren Alten!"

Die Katze lief zu den Alten nach Hause, miaute, trippelte unruhig im Hause hin und her und schaute dabei immer zur Tür. Die Frau bemerkte dies und sagte zu ihrem Mann: „Die Katze will uns etwas sagen. Sie war bestimmt mit dem Schaf unterwegs und will dich zu ihm führen. Du solltest mit ihr gehen, Alter."

Der Mann brach auf und ging der Katze nach, die immer ein kleines Stückchen vor ihm auf dem Wege herlief.

So erreichten sie den Wald mit den Zedern. Das Schaf, das rittlings auf dem toten Bären saß, zitterte am ganzen Leibe, denn es fürchtete, geschlachtet zu werden.

Staunend sah nun der Alte das lebende Schaf auf dem toten Bären. Da freute er sich sehr. Auf einem Schlitten holten die beiden Alten das Fleisch des Bären noch am gleichen Tag nach Hause.

Jeden Tag konnten sie jetzt Fleisch essen, soviel sie nur wollten. So blieb das Schaf am Leben. Mit dem alten Mann und der alten Frau aber leben Katze und Schaf noch heute in guter Eintracht und Freundschaft.

Das Geschenk des Kranichs

Ein Enkel lebte einst bei seiner Großmutter in einer kleinen Hütte. Mit leeren Händen kehrte er eines Tages von der Jagd heim und sagte: „So geht es nicht weiter! Wir müssen Getreide ansäen!"

Die Großmutter meinte: „Wenn du säen willst, dann säe!"

Der Enkel brach auf und säte auf einem Stück Land Getreide an. Wie er später wieder auf seinen Acker geht, sieht er, daß die Saat schon recht gut steht. Da eilt er nach Hause zur Großmutter und sagt zu ihr: „Unser Brot wächst schon!"

Nach einiger Zeit ging der Enkel ein drittes Mal zu seinem Acker. Da hatte irgendein Tier das Getreide bis auf die Wurzeln abgefressen!

Zur Großmutter zurückgekehrt, sagte der Enkel: „Da hat doch irgendein Tier unser Getreide bis auf die Wurzeln abgeweidet!"

Daraufhin legte der Enkel eine Schlinge am Rande des Ackers aus und ging wieder nach Hause. Ein Weilchen wartete er, dann ging er wieder hinaus zum Acker, um nachzusehen, ob schon etwas in der Schlinge stecke. Kaum daß er hinkommt, sieht er einen Kranich in der Schlinge flattern.

Der Enkel nahm einen Knüppel und fuhr den Kranich an: „Du hast also mein Brot gefressen! Darum wirst du jetzt totgeschlagen!" Der Kranich flehte den Enkel an: „Schlag mich nicht tot! Was hast du davon, wenn du mich totschlägst? Wenn du mich am Leben läßt, so werde ich dir Reichtum schenken!"

Der Enkel entgegnete: „Wenn ich dich loslasse, fliegst du davon, und bald ist keine Spur mehr von dir zu sehen!"

„Nein, nein", sprach der Kranich. „Ich mache dir eine Spur, so daß du mir folgen kannst."

Der Enkel ließ daraufhin den Kranich fliegen und ging nach Hause. Daheim sprach er zur Großmutter: „Ein Kranich war es, er hat unser Getreide gefressen. Ich habe ihn in einer Schlinge gefangen und wieder freigelassen."

Die Großmutter fragte: „Warum hast du ihn denn freigelassen?"

„Er hat mir Reichtum versprochen, wenn ich seiner Spur nachgehe."

Nach diesen Worten machte sich der Enkel auf den Weg. Er ging immer der Spur des Kranichs nach, einen weiten Weg, bis er plötzlich vor einer kleinen Hütte stand. Der Enkel trat ein. In der Hütte saßen ein Mann und eine Frau. Die beiden standen auf, als der Enkel eintrat und brachten viele gute Dinge auf den Tisch, alles, was es an guten Dingen unter dem Himmel gibt: gefrorenen Speck, ausgelassenes Fett, gegorenen Honigtrunk und Bier. Dann setzten sich alle drei an den Tisch und aßen und tranken. Nach dem Essen fragte der Mann den Enkel: „Du bist also gekommen, Enkel?"

„Ja, ich bin gekommen!" entgegnete der Enkel.

Da stand der Mann auf, ging in den Winkel der Hütte und holte ein Eichhornsommerfell hervor. Dies gab er ihm mit folgenden Worten: „Nimm dies Fell und gehe nach Hause. Das ist alles, was ich habe. Daheim gib es deiner Großmutter, damit sie es gut aufbewahre."

Der Enkel nahm das Eichhornsommerfell und machte sich auf

den Heimweg. Zu Hause gab er es seiner Großmutter. Dann legten sich beide schlafen.

Beim Erwachen frühmorgens reckt und streckt sich der Enkel. Wie er seinen Arm herausstreckt, stößt er an etwas Warmes. Und wie er sein Bein herausstreckt, stößt er auch da an etwas Warmes. Wie er aufspringt, sieht er, wie seine ganze Hütte mit Tierfellen angefüllt ist, so daß nicht einmal Raum für eine Ruderspitze bleibt. Lauter Tierfelle, eines wärmer als das andere! Vor der Hütte aber waren Knechte bei der Arbeit, um ihm ein Haus und eine Scheuer zu bauen!

Kaum war es hell am anderen Tage, als sich auch schon der Stadtfürst bei ihnen einstellt. Der Stadtfürst sprach zum Enkel: „Höre, gib mir doch ein wenig Mehl!"

Der Enkel gab es ihm. Der Stadtfürst setzte sich hin und sagte alsdann: „Enkel, gib mir dein Eichhornsommerfell!"

Was blieb da dem Enkel anderes übrig, er gab ihm das Fell.

Der Tag ging vorbei. Der Enkel und die Großmutter legten sich schlafen. Beim Erwachen frühmorgens reckt und streckt sich der Enkel. Wie er seinen Arm herausstreckt, da beißt ihn grimmige Kälte. Und wie er sein Bein herausstreckt, da wäre es ihm fast erfroren. Wie er aufsteht und hinausgeht, sieht er vor der Hütte keinen Knecht bei der Arbeit, und keiner baut ihm Haus und Scheuer. Da machte sich der Enkel auf und ging noch einmal der Spur des Kranichs nach zu dem Mann in der kleinen Hütte.

„Du bist aber schnell wieder da! Was hast du denn mit dem Fell gemacht, das ich dir gegeben habe?" fragte der Mann den Enkel.

Der Enkel schwieg. Daraufhin ging der Mann in den Winkel seiner Hütte und holte ein Mardersommerfell. Dies gab er ihm. Der Enkel nahm das Fell, ging nach Hause und legte sich schlafen. Beim Erwachen frühmorgens reckt und streckt sich der Enkel. Wie er seinen Arm herausstreckt stößt er an etwas Warmes. Und wie er sein Bein herausstreckt, stößt er auch da an etwas Warmes. Da springt er auf und sieht, wie seine Hütte gefüllt ist mit schwarzen und roten Pelzen, gefüllt mit Biberfellen, Marder- und Zobelfellen, so daß nicht einmal mehr für eine Ruderspitze Raum ist. Vor der Hütte aber arbeiten wieder Knechte und bauen ihm ein Haus und eine Scheuer.

In einigen Tagen machte sich wieder der Stadtfürst zu ihnen auf den Weg. Die Leute kündigten ihn schon an, als er noch weit weg war: „Der Stadtfürst kommt, der Stadtfürst kommt!"

Der Enkel aber fuhr die Leute an: „Was schreit ihr so? Kommt er zu euch oder zu mir?"

Da kam auch schon der alte Stadtfürst an, trat ein und bat wieder um etwas Mehl. Der Enkel gab es ihm. Der Stadtfürst machte sich auf den Heimweg. Bereits am nächsten Tag aber war er wieder da. Er wußte, was er wollte. Er forderte das Mardersommerfell, dann ging er nach Hause.

Der Enkel und die Großmutter aber legten sich schlafen. Beim Erwachen frühmorgens reckt und streckt sich der Enkel. Und wie er seinen Arm herausstreckt, da beißt ihn grimmige Kälte. Und wie er sein Bein herausstreckt, da wäre es ihm fast erfroren. Wie er da aufsteht und hinausgeht, sieht er, daß seine Behausung wieder nur eine elende, kleine, leere und rußige Hütte ist. Und keine Spur war mehr von den Männern, dem Haus und der Scheuer zurückgeblieben.

Der Enkel überlegte nicht lange. Geradewegs ging er ein drittes Mal zu dem Mann, zu dem die Kranichspur ihn führte.

„Warum kommst du denn schon wieder hierher?“ fragte ihn der Mann.

Der Enkel antwortete ihm: „Ich bin gekommen, weil ich schon wieder nichts mehr habe.“

Als er dies hörte, wurde der Mann sehr zornig und sagte: „Alles Gute, Reichtum und Überfluß habe ich dir verschafft. Wenn du dies alles nicht zu schätzen weißt, so geh nur und tue, was du willst!"

Als der Enkel sich schon wieder zur Heimreise anschickte, rief ihm der Mann plötzlich zu: „Bleib hier und lauf nicht gleich davon!"

Dann ging er in den Winkel der Hütte, holte eine Vielfraßklaue und gab sie dem Enkel.

„Geh mit dieser Vielfraßklaue zum Stadtfürsten und bitte ihn, dir Mehl da hineinzutun. Der Stadtfürst wird dir darauf dann sagen: ‚Was willst du denn mit so wenig anfangen? Ich gebe dir lieber einen ganzen Sack voll Mehl.' Den Sack nimm auf keinen Fall an, sondern sage nur: ‚Dies reicht mir völlig aus!' Wenn du dann merkst, daß das Mehl in der Kammer immer weniger wird und bald nichts mehr da ist, wird der Stadtfürst dir den Mardersommerpelz und auch das Eichhornsommerfell wiedergeben wollen. Dann nimm sogleich die Felle, schütte das Mehl wieder in die Kammer und geh nach Hause!"

Der Enkel begab sich ohne Umwege zum Stadtfürsten. Die Knechte des Stadtfürsten sahen ihn schon von weitem kommen. Da fingen sie an zu schreien: „Der Enkel kommt, der Enkel kommt!"

Der Stadtfürst eilte hinaus und sagte zu seinen Knechten: „Er kommt zu mir und nicht zu euch!"

Als der Enkel angekommen war, fragte ihn der Stadtfürst: „Was brauchst du?"

Der Enkel antwortete ihm: „Ein wenig Mehl könnte ich gebrauchen!"

Der Stadtfürst entgegnete: „Wenn du's brauchst, kann ich dir Mehl geben! Hast du ein Gefäß mitgebracht?"

„Das habe ich", sagte der Enkel und zog die Vielfraßklaue heraus, als sie in die Mehlkammer gingen.

Der Stadtfürst sah die Klaue und sagte: „Was willst du denn mit so wenig anfangen? Ich gebe dir lieber einen ganzen Sack voll Mehl!"

„Nein, nein", sagte der Enkel, „dies reicht mir völlig aus!"

Dann begannen sie, Mehl in die Vielfraßklaue zu füllen. Sie schaufelten, bis die Mehlkammer fast leer war, aber es sah aus, als wäre in der Klaue noch so gut wie nichts drin.

Als der Stadtfürst dies sah, rief er aus: „Nun ist es genug! Du nimmst mir ja meinen ganzen Vorrat an Mehl aus der Kammer! Ich gebe dir lieber wieder deinen Mardersommerpelz und dein Eichhornsommerfell, aber laß mir mein Mehl hier!"

Der Enkel schüttete daraufhin das Mehl wieder in die Kammer und ging mit den Fellen nach Hause. Es wurde schon dunkel, als er ankam. Der Enkel und die Großmutter legten sich schlafen.

Beim Erwachen frühmorgens reckt und streckt sich der Enkel. Wie er seinen Arm herausstreckt, stößt er an etwas Warmes. Und wie er sein Bein herausstreckt, stößt er auch da an etwas Warmes. Wie er aufspringt, sieht er, wie seine ganze Hütte mit Tierfellen und Zobelpelzen angefüllt ist, so daß nicht einmal Raum für eine Ruderspitze bleibt. Warme Felle, eines kostbarer als das andere! Vor der Hütte aber arbeiten und hämmern die Männer, bauen ihm ein Haus und eine Scheuer und packen gleich mit hinein, was es an guten Dingen und Speisen unter dem Himmel gibt.

Und so leben Enkel und Großmutter in Reichtum und Überfluß bis auf den heutigen Tag.

XII. Die Geister der Ahnen

Märchen aus Australien und der Südsee

Der Vogel Kukkaburra

Eines Tages lag eine schwarze Schlange auf einem warmen Stein und sonnte sich. Über ihr auf einem Baum saß der Vogel Kukkaburra und beobachtete die Schlange. Der braungrüne Kukkaburra war es, der im Felde die Mäuse fing, ebenso die Eidechsen und die Schlangen. Da er gerade eine fette Maus verzehrt hatte, war er satt. Er konnte also die Schlange in Ruhe beobachten, da er sie an diesem Tage als Beute nicht mehr brauchte.

Da sah er, wie eine Bachstelze auf den Stein zu der schwarzen Schlange flog und keck hin und her hüpfte. Die Schlange tat so, als schlafe sie. Die Bachstelze pickte einige Käfer und hüpfte immer

näher an die Schlange heran. Gähnend, so schien es, öffnete die Schlange ihr großes Maul. Vielleicht hielt die Bachstelze die Zunge der Schlange für einen langen Wurm, wer will es wissen, sie lief geradewegs in den Rachen der Schlange hinein.

Das ist die List der Schlangen, dachte der Kukkaburra.

Nach einer Weile drehte sich die Schlange, krümmte und wendete sich, dann lag sie wieder still. Nicht lange dauerte es, dann schlängelte sie sich um den Stein, dehnte sich und zog sich wieder zusammen, als hätte sie einen Krampf. Nun schnappte sie gar nach Luft und es war Kukkaburra, als huste die Schlange.

Da sperrte sie wieder weit das Maul auf, und herausgetippelt kam die Bachstelze mit einem Frosch im Maul. Der Frosch war die letzte Mahlzeit der Schlange gewesen.

„Wer hat je schon eine Bachstelze gesehen, die einen Frosch im Innern einer Schlange fing?"

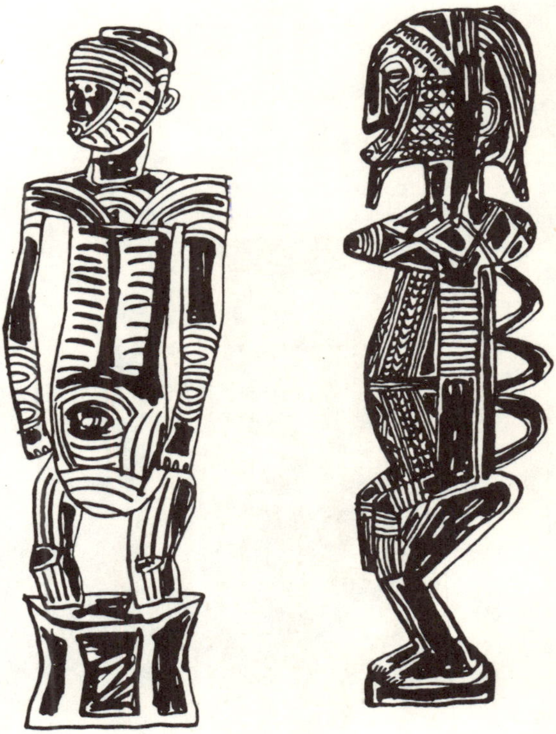

So mußte Kukkaburra nun staunen, und er überlegte sich, was geschehen wäre, wenn er die Schlange hinterher gefressen hätte, in der Zeit, bevor sie zum zweiten Mal ihr Maul öffnete.

„Dann hätte ich, Kukkaburra, im Magen eine Schlange gehabt, diese eine Bachstelze und diese einen Frosch!"

Über die Vorstellung mußte Kukkaburra so lachen, daß er gar nicht wieder aufhören wollte. Das Lachen hört sich manchmal wie ein Kichern an, ist aber weit zu hören.

Wenn Menschen den Kukkaburra lachen hören, dann kichern und lachen sie auch.

Wie das Krokodil ins Wasser kam

Eines Tages machten die Dämonen eine weite Reise in einem Einbaum. Am Abend zogen sie den Einbaum an Land und übernachteten in der Nähe des Ufers. So machten sie es mehrere Tage lang.

In der Nacht schlugen einmal die Wellen so stark gegen den Einbaum, daß er sich vom Boden löste und allmählich ins Wasser glitt. Die Wellen und Wogen schaukelten den Einbaum dann so heftig hin und her, daß ihm Füße wuchsen, daß er vorn ein Maul bekam und hinten einen Schwanz und daß er zu schwimmen begann. So war das Krokodil in der Nacht im Wasser entstanden, ohne daß die Dämonen etwas davon ahnten.

Am Morgen suchten sie ihr Boot am Flußufer, fanden es aber nicht. Sie dachten, es sei ins Wasser geglitten und dann untergegangen. So tauchten sie am Ufer ins Wasser oder wateten hinein.

Das Krokodil hatte aber bereits Hunger bekommen, packte viele von ihnen, zog sie unter Wasser und fraß sie auf. Die Dämonen wußten nun, daß sie es mit einem gefährlichen Tier zu tun hatten.

„Wir müssen einen neuen Einbaum bauen", sagten sie zueinander und hatten bereits ein Auge auf einen Baumstamm, der am Ufer lag, geworfen. Als sie näher kamen, rutschte der Baumstamm von selbst ins Wasser. Da wußten sie, wie das gefährliche Tier aussah. Sobald es aus dem Wasser auftauchte, warfen sie mit ihren Speeren nach ihm. Das Krokodil aber hatte eine Lederhaut, und die Speere prallten ab.

Da holte sich ein junger Dämon ein Bambusrohr zum Atmen, tauchte hinab in den Fluß. Dort fand er das Krokodil, wie es inmitten all der Schädel und Knochen lag. Es schlief. Schnell fesselte er das Krokodil mit starken Lianen und zog es an die Oberfläche. Die Dämonen töteten das Tier und hatten so einen guten Festschmaus.

Das Krokodil hatte aber bereits Eier gelegt, und deshalb gibt es Krokodile bis auf den heutigen Tag. Ruht aber eines von ihnen am Ufer, so sieht es aus wie ein alter braungrauer Baumstamm.

Der Geist von den Inseln

Eines Abends fuhr ein Fischer hinaus aufs Riff, um zu fischen. An solchen Abenden rief er stets seinen Freund, damit er ihn begleite und ihm helfe. So hatte er auch an diesem Abend nach seinem Freund Ausschau gehalten und ihn gerufen. Diesen Ruf hörte ein Tamburan, ein böser Geist. Der Tamburan nahm schnell die Gestalt des Freundes an, bestieg das Boot und fuhr mit hinaus aufs Riff. Der Geist war unersättlich und hatte schon vielen Menschen die Fische weggenommen. So war es auch an diesem Tage. Als der Fischer das erste Netz einholte, warf er die Fische über die Schulter seinem Freund zu, der sie auffangen sollte. Das machten die beiden immer, denn so konnte man am besten arbeiten.

Der Tamburan fing die Fische auf und aß sie sofort hinter dem Rücken des Fischers auf. Als sie wieder näher zum flachen Wasser kamen und der Fischer einen guten Fang herausholte, gab er das volle Netz an seinen Freund weiter. Der böse Geist aber schlang die Fische sofort hinunter. Auf diese Weise verzehrte der Tamburan noch mehrere Netze voll der besten Fische. Als der Fischer ihm zwei Langusten zuwirft, zermalmt der Geist die Schalen der beiden Tiere zwischen seinen Zähnen.

Dieses Knirschen und Krachen aber hörte der Fischer und wußte sofort, daß er einen Geist in seinem Boot hatte. Er ließ sich aber nichts anmerken, warf nochmals sein Netz aus, diesmal aber an einer Korallenbank, daß es zerriß.

Der Fischer sprang aus dem Boot und rief: „Warte ein Weilchen, ich hole eine Liane aus dem Wald, um das Netz zu flicken!"

Zuerst ging er ganz langsam, um keinen Verdacht zu erregen. Kaum war er aber im Wald angekommen, als er auch schon zu laufen anfing. Es galt, dem Geist schnell zu entkommen. Er wußte, bald würde der Geist ihn verfolgen und töten, wenn er sich jetzt nicht in Sicherheit bringen konnte.

Da versperrte ihm ein Baumstamm den Weg. Er sprang über ihn hinweg und rief ihm zu: „Bring den zu Fall, der mich verfolgt!"

Da hing eine Dornenliane von den Bäumen quer über den Pfad.

Er schlüpfte unter ihr hindurch und rief ihr zu: „Halte den fest, der mich verfolgt!"

Keuchend jagte der Fischer durchs Unterholz und erblickte einen hohen Baum mit einem langen, glatten Stamm. Behend kletterte der Fischer den Stamm hoch und riß unter sich die Rinde in langen Streifen los. Sofort trat ein klebriger Saft aus dem Stamm heraus. An diesem Saft sollte der Verfolger festkleben.

Kaum hatte der Fischer die hohe Baumkrone erreicht, als auch schon der Tamburan aus dem Unterholz auftauchte. Sofort erblickte er den Fischer in der Baumkrone, nahm die Stimme des

Freundes an und rief: „Du wolltest doch nur eine Liane holen, komm herunter, laß uns weiterfischen, es ist noch tiefe Nacht!"

Der Fischer aber rief: „Bald wird es hell, dann wirst du machtlos. Du hast mich getäuscht! Wenn es Tag ist, werde ich mich rächen!"

Da verschwand der Geist und schlüpfte in ein kleines Loch im Erdboden. Der Fischer wartete, bis es ganz hell war, dann kletterte er vom Baum und holte aus dem nächsten Dorf viele Leute herbei.

Mit Stöcken und Stangen bohrten und stießen sie dann in das Loch hinein, um den Geist herausholen zu können.

Da kam eine Ameise aus dem Loch und sagte: „Da unten sitzt ein Geist, tief in der Erde!"

Die Leute brachen die Erde weiter auf, da kommt eine zweite Ameise und sagt: „Wenn ihr einen Geist sucht, so steckt der noch tief in der Erde!" Die Leute schwitzten und keuchten, aber im Laufe der Zeit kamen nur zwei weitere Ameisen aus dem Loch, die berichteten beide, der Geist sitze noch tief unten.

Mit einem Male aber fuhr der Geist aus dem Erdloch.

Die Leute warfen sich mit Geheul auf ihn und schlugen ihn mit Knüppeln nieder.

„So geht es einem, der anderen Leuten die Fische und Langusten wegfrißt", sagte der Fischer.

Mit ihren Knüppeln hatten die Leute den bösen Geist erschlagen. Die Männer holten einen Stock und banden ihn daran fest, um ihn ins Dorf schaffen zu können. Der Stock aber zerbrach, und so wie der erste, so der zweite und dritte. Da trat ein kleiner Junge hervor und sagte: „Der Baum Dingaring hilft gegen jeden Zauber!"

„Er spricht die Wahrheit", sagten die Leute und gingen auf die Suche nach dem Baum Dingaring. Sie fanden ihn und brachen einen Ast ab.

An diesen Ast banden sie den Tamburan und schafften ihn ins Dorf.

Dort wurde ein großes Fest gefeiert. Man schnitt dem toten Geist den Bauch auf. Da fielen in großer Menge Fische heraus, große und kleine und zuletzt auch die beiden Langusten.

Man briet alles und schlachtete zwei Tage lang. Das gab einen großen Schmaus. Das ganze Dorf und alle Leute aus der Umgebung feierten den Sieg über den Geist von den Inseln, der schon viel Unheil angerichtet hatte.

Das Ei der Seeschwalbe

Vier Häuptlinge versammelten sich einmal an einem steilen Felsen, um Eier der weißen Seeschwalbe zu suchen. Tief unter der steilen Felsenwand entdeckten sie ein Nest, in dem eines der begehrten Eier lag. Die Männer hatten aber kein Seil, so waren sie erst einmal ratlos, wie sie da hinuntergelangen sollten.

Hinunterklettern war zu gefährlich, denn man konnte abstürzen und ins Meer fallen, in dem sich die Haifische tummelten. Da beschlossen sie, eine Kette zu bilden. Einer sollte sich oben an einem Baum festhalten, so daß der unterste die Eier aus dem Nest holen konnte.

Der jüngste der Häuptlinge stieg sofort auf einen Baum, hielt sich an einem Ast fest und machte den Anfang der Kette. Der oberste der Häuptlinge sollte das Ei greifen. Als von unten der Ruf ertönte: „Gleich habe ich das Ei", da dachte der jüngste Häuptling bei sich: „Jetzt oder nie! So schnell kann ich nie oberster Häuptling werden“, und er rief hinunter: „Ich kann es kaum mehr halten. Was bekomme ich, wenn ich nicht loslasse?“

Der oberste Häuptling erschrak. „Halt fest, du sollst auch das Ei haben!“ rief er von unten, und seine Hand begann zu zittern.

Der junge Häuptling aber, an seinem Aste sicher hängend, rief noch einmal: „Es wird mir immer schwerer! Was werde ich, wenn ich nicht loslasse?“

Der oberste Häuptling ganz unten über dem Nest sah bereits das Silberweiße in den Augen der Haie und rief: „Du wirst oberster Häuptling, halt fest!“

„Dann hol das Ei und kommt alle schnell herauf!“ rief der junge Häuptling.

So kam es, daß durch Schläue ein Mann in jungen Jahren schon oberster Häuptling wurde. Der alte Häuptling aber, der seinen Rang an den jungen abgetreten hatte, erhält immer noch das beste Stück von der Jagdbeute. Alle Männer wissen nämlich, daß er seinen Häuptlingsrang durch die Furcht vor den Haien verlor. Und Furcht vor den Haien haben sie alle.

Die Seegurke

Die Fische und die Vögel waren nie gut aufeinander zu sprechen und erklärten eines Tages einander den Krieg. Gemeinsam bestimmten sie einen Tag für den Kampf.

Beide Seiten trafen sich an einem flachen Riff, auf dem sich auch die Vögel niederließen.

Der Kampf begann, und die Vögel trieben die Fische weit ins Meer zurück. Eine Seegurke hatte vom Meeresboden aus durch das klare Wasser alles mit angesehen und rief: „Bravo, ihr tapferen Vögel, bravo!“ Da kamen aber die Fische wieder angeschwommen und trieben die Vögel von dem Riff.

Da rief die Seegurke: „Bravo, ihr tapferen Fische, bravo!“

Die Vögel wußten nun ebensowenig wie die Fische, zu welcher Seite die Seegurke eigentlich halte. Beide Seiten aber erkannten, daß es Feigheit war, sowohl die einen als auch die anderen zu loben. Seither sagt man von einem Menschen, der feige ist, „er hat zwei Mäuler wie eine Seegurke“!

Feige Leute führen doppelsinnige Reden, das weiß man.

Sieht man sich aber die Seegurke an, so hat sie ein Maul vorne und ein Maul hinten.

XIII. Und da sprachen die Tiere zueinander

Das afrikanische Märchenerbe

Die Wette

Eines Tages hielt der Hase nach saftigen Gräsern Ausschau und kam an den Meeresstrand. Voller Neugier betrachtete er die Wogen und Wellen und war nicht wenig erstaunt, als ein Wal auftauchte. Ein so großes Tier hatte er noch nie gesehen, das war ein Ungetüm, als wenn sich ein riesiger Elefant im Wasser wälze.

Der Hase war sogleich zu einem Schabernack aufgelegt und rief: „Heda, komm näher ans Ufer, ich muß dich etwas fragen!" Der Wal schwamm näher ans Ufer heran, und der Hase fragte ihn, ob er wisse, daß ein Hase stärker sei als das größte Wassertier. Der Wal prustete vor Lachen, als er den kleinen Kerl mit seinen langen Ohren am Strand sitzen sah.

„Hör zu", sagte der Hase, „ich hole ein großes und starkes Tau und binde dies an einem Ende an deinem Schwanz fest. Das andere Ende wickle ich mir um den Leib. Dann kann es losgehen, jeder zieht! Ich suche mir vorher einen guten Standort und dann, Freundchen, dann ziehe ich dich aus dem Wasser!"

Der Wal ging zum Scherz auf den Spaß ein. Der Hase holte eine starke Leine und band sie am Schwanz des Wales fest. Mit der Leine selbst verschwand der Hase zwischen den Gräsern. Er suchte sich aber keinen Standort, um selbst zu ziehen, sondern lief zum Elefanten und rief ihm zu:

„Na, du lederner Geselle mit dem kleinen Schwanz, hast du

überhaupt Kraft und Gewalt? Wollen wir wetten, daß ich dich von der Stelle ziehe? Komm her, wir gehen zum Strand, ich ziehe dich ins Wasser, dann kannst du ein schönes Bad nehmen!"

Der Elefant hatte nichts weiter zu tun und ging lachend auf den Vorschlag des Hasen ein. Gutmütig trottete er mit dem Hasen zum Meeresstrand.

„Bleib hier stehen, ich binde dir jetzt das Tau um!" rief der Hase und schlang das große Tau um den Leib des Elefanten.

„Ich suche mir am Wasser zwischen den Gräsern einen guten Standort, von dem aus ich am besten ziehen kann", rief der Hase dem Elefanten zu und war schon verschwunden.

Der Hase versteckte sich unter einem großen dicken Grasbüschel am Strand und rief so laut er konnte: „Schön stillhalten, erst wenn ich rufe ‚Los!', wird gezogen!"

Der kluge Hase hatte den Elefanten hinter der Uferböschung aufgestellt, so daß er den Wal im Wasser nicht sehen konnte, und auch der Wal hatte keine Ahnung von dem Elefanten.

Mit einem Male rief der Hase „Los!", und der Wal im Wasser und der Elefant zwischen den Bäumen zogen, was die Kräfte hergaben.

„Ja, das ist doch nicht möglich", sagte sich der Wal.

„Wie kommt denn so etwas?" fragte sich der Elefant, und beide zogen, daß das Seil sich spannte und – zerriß.

Der Wal schoß mit einem großen Plumpser und Platscher zurück ins Meer, der Elefant aber fiel auf den Rücken und lag schließlich erschöpft zwischen den Büschen.

Der Hase überschlug sich vor Lachen, lief an den Strand und lachte den Wal aus, der nun mit großen Augen den kleinen Hasen ansah und kein Wort herausbringen konnte.

Dann lief der Hase zum Elefanten und trieb seinen Spott mit ihm.

Der Wal ist bis zum heutigen Tag stumm vor Staunen, aber auch der Elefant wackelt zur Begrüßung jedesmal mit den Ohren, wenn er einen Hasen sieht.

Der Affe und das Chamäleon

Der Affe und das Chamäleon gingen einmal miteinander auf Wanderschaft. Nach einiger Zeit kamen sie zu einem Palmenwald und fanden dort einen Krug mit Palmwein, den ein Mann bis zur Mittagszeit versteckt hatte. Das köstliche Getränk wollten sich die beiden nicht entgehen lassen, und so trank der Affe einen mächtigen Schluck daraus. Das Chamäleon konnte den Krug nicht so gut ansetzen und war auch sonst sehr bescheiden, deshalb nahm es nur einen kleinen Schluck.

Der Affe riß ihm den Krug gleich wieder weg und schlürfte und schmatzte und trank fast den ganzen Krug leer.

Als sie in der Ferne einen Mann kommen sahen, nahmen die beiden schnell Reißaus und rannten eilends den Weg entlang. Es war der Mann, dem der Krug gehörte. Als er sah, daß der Krug nicht mehr an seiner alten Stelle stand und fast leer getrunken war, sah er nach den Spuren der Diebe und nahm sofort die Verfolgung auf.

Bald hatte er die beiden Diebe eingeholt und fragte sie geradewegs, wie ihnen der Palmwein gemundet habe. Die beiden stritten alles ab, und der Affe sagte: „Wenn du mißtrauisch bist, dann mußt du nachweisen, daß einer von uns betrunken ist!"

Der Mann ließ die beiden vor sich hergehen und beobachtete sie genau und hochaufgerichtet, das Chamäleon aber torkelte nebenher und setzte wackelig und tollpatschig ein Bein vor das andere. Man konnte wirklich glauben, das Chamäleon sei betrunken.

„Na, wer ist hier der Dieb?" rief der Affe und blinzelte hinterlistig dem Mann hinter ihm zu. Der Mann packte daraufhin das

Chamäleon und schrie: „Das ist der Dieb, er wankt ja besoffen die Straße entlang."

Er walkte das Chamäleon mit seinem Stock ordentlich durch und ließ es nach vielen Warnungen und Ermahnungen wieder laufen. Das Chamäleon schwieg, merkte sich alles aber gut.

Nach einer Weile kamen sie zu einem abgeernteten Feld, auf dem Unkraut verbrannt werden sollte. In großen Haufen hatten es die Leute zusammengeworfen und hatten schon einen Eimer Glut bereitgestellt.

„Laß uns hier ein lustiges Feuerlein machen!" schlug nun das Chamäleon vor.

„Bist du wahnsinnig!" herrschte der Affe das Chamäleon an, „das Feld gehört nicht uns, bald werden die Leute kommen!"

Das Chamäleon aber stieß den Eimer um und zündete den ersten Haufen voller Unkraut an, dann rannte es mit einem brennenden Büschel zu den anderen Haufen und setzte sie auch schnell in Brand.

Wie die Flammen emporschlugen und beizender Rauch über den Feldern lag, kamen auch schon die Leute angelaufen und erwischten die beiden Übeltäter zwischen zwei brennenden Haufen.

„Habt ihr das Unkraut angezündet?" wollten die Leute von dem Affen und dem Chamäleon wissen.

„Alles brannte schon, als wir ankamen", log der Affe.

„Womit hätten wir die Haufen denn anzünden sollen?“ fragte das Chamäleon.

„Da stand doch ein Eimer mit Glut bereit“, entgegneten die Leute.

„Wir haben keinen Eimer gesehen!“ riefen beide wie aus einem Munde.

Die Leute glaubten den beiden aber nicht und blieben mißtrauisch.

„Da braucht ihr aber Beweise!“ sagte das Chamäleon. „Mißtrauen allein genügt nicht! Ihr braucht doch nur unsere Pfoten anzuschauen. Wer von uns beiden das Unkraut wirklich angesteckt haben soll, der müßte ja auch schwarze Pfoten haben!“

Die leuchtete den Leuten ein und sie sahen sich daraufhin die Pfoten der beiden Herumtreiber an. Nun haben Affen ja von Haus schwarze Pfoten, die oft so schwarz sind, daß man meinen könnte, sie seien mit Ruß beschmiert. Ein Chamäleon aber hat helle und rosige Pfötchen.

„Nun seht ihr genau, wer den Heuhaufen angesteckt hat“, sagte das Chamäleon und trat entrüstet einen Schritt zur Seite, als ob es mit dem Affen nichts zu tun haben wollte.

Da verprügelten die Leute den Affen tüchtig und jagten ihn schimpfend von ihren Feldern. „Ein kluges Tier!“ sagten sie aber zueinander und zeigten anerkennend auf das Chamäleon.

Der Affe aber hatte seine langverdiente Abreibung bekommen.

Das undankbare Krokodil

Eines Tages stieg ein Krokodil aus dem Fluß und lief zu den Feldern ins Getreide. Da kamen Männer vorbei, die auf der Jagd waren.

Das Krokodil suchte ein Versteck und entdeckte einen Bauern, der gerade auf seinem Felde arbeitete.

„Hilf mir, Bauer, rette mein Leben!“ rief das Krokodil.

Der Bauer war ein guter Mensch und deckte sein Gewand über das Krokodil.

„Hast du ein Krokodil gesehen? Da führen Spuren vom Fluß hierher in die Felder!“ fragten die Jäger den Bauern.

Der Bauer tat, als ob er nichts gesehen hätte und sagte dann zu dem Krokodil: „Du kannst wieder aufstehen, die Männer sind weg!“

Da bat ihn das Krokodil: „Die Männer können aber wiederkommen. Trag mich doch zum Fluß und kehre hierher erst zurück, wenn ich im Wasser bin!“

Der Bauer war ein guter Mensch, und er trug das Krokodil zum Fluß.

Er ließ sich dann auch noch überreden, das Krokodil bis ins Wasser zu begleiten.

Da fühlte sich das Krokodil nun völlig sicher, warf sich gierig herum und packte den Bauern bei einem Bein, um ihn ganz in den Fluß zu ziehen und zu fressen.

Der Bauer schrie so laut um sein Leben, daß der Schakal herbeieilte. Der Schakal erkundigte sich, was da vor sich ging und hörte von dem Bauern, daß das Krokodil ihn verschlingen wolle.

„Und das, obwohl ich ihm eben das Leben gerettet habe“, sagte der erschrockene Bauer.

Der Schakal hieß beide aus dem Fluß steigen und hielt als Richter sogleich die Verhandlung ab. Da erzählte der Bauer die ganze Geschichte vom Anfang bis zum Ende, und die Undankbarkeit des Krokodils kam klar zutage. Der Schakal fällte das Urteil:

„Bauer, hole sofort dein Messer und schlachte das Krokodil, es gehört dir, denn es muß jeder hart büßen, wenn er eine Wohltat mit Undankbarkeit vergilt."

Der Bauer schlachtete das Krokodil und brachte das Fleisch seiner Frau. Da hatten sie beide eine gute Mahlzeit. Die Haut aber trug der Bauer in die Stadt und verkaufte sie dort an einen Buchbinder.

Der Tag der Krönung

In den ältesten Zeiten wurde einmal der Hund zum König gewählt.

Da waren alle gekommen, um mitzufeiern, selbst aus den entferntesten Dörfern waren die Leute angereist. Der Hund sollte feierlich in sein Amt eingeführt werden.

Die Stammeshäuptlinge waren da, die Trommler und Flötenspieler und die Diener, die den feingeflochtenen Thron bereitstellten. Eine grobgeflochtene Matte wurde auf ein gesäubertes Stück Erde gebreitet, dann legte man darüber feingeflochtene Bastmatten, dann einen Teppich, der kunstvoll geflochten war. Darauf stellte man den Thron – und nun konnte seine Majestät, der Hund, Platz nehmen.

Man holte den Königshut hervor, ebenso den Königsmantel, der mit Silber durchwirkt war, und die Ringe.

Der König wurde angekleidet und mit allen Zeichen königlicher Macht ausgestattet.

Die Frauen gingen an die Zubereitung des Festessens. Viele Hühner wurden gerupft und viele Ziegen geschlachtet. Seine Majestät der Hund hatte bei all den vielen Vorbereitungen Hunger bekommen, und ihm knurrte ordentlich der Magen, als er die vielen ausgenommenen Hühner in Körben vor sich sah.

Als die Tänzer Aufstellung nahmen und er sich unbeobachtet glaubte, hüpfte Seine Majestät schnell vom Thron, schnappte sich eine saftige Hühnerbrust und lief damit in den Busch.

„Was ist das?" riefen die Leute, „eben haben wir den Hund zum König ausgerufen – und jetzt stiehlt die Majestät eine Hühnerbrust und läuft damit in den Busch. Diese Regierungszeit fängt ja gut an."

Der Hund war nirgends mehr zu entdecken.

„Wir haben ihn zwar gewählt, aber wir haben noch nicht vor ihm getanzt", sagten die Leute und zerstreuten sich alle.

„Hund bleibt Hund", sagten die Frauen zueinander, und die Männer meinten, einen Dieb und Flüchtigen könne man nicht mehr als König anerkennen. So verlor der Hund durch Diebstahl seinen Anspruch auf den Thron bereits am Tag der Krönung.

Der Löwe und die Schildkröte

Die Tiere im Wald kamen eines Tages zusammen und veranstalteten einen großen Wettlauf. Vier kostbare Elefantenzähne waren der Preis.

„Mitmachen, Mitlaufen, Gewinnen!" So hallte es durch den Wald, und die Affen trommelten es in die letzte Ecke. Man hatte eine übersichtliche Rennstrecke abgesteckt, und es galt, diese Strecke recht oft hin- und herzulaufen. Wer die Strecke auch nur einmal mehr als die anderen an diesem Tage laufen konnte, der sollte der Sieger sein.

Der Löwe kam erst am Mittag an, als die anderen Tiere schon recht ermattet immer längere Pausen machten und aus dem Rennen bereits ausschieden. Insgeheim überlegte er schon, wie er das seltene und teure Elfenbein am besten in sein Lager befördern könne, denn er war überzeugt, daß er bis zum Abend die meisten Läufe auf der Strecke machen würde.

Der Löwe trat zum Rennen recht hochmütig an und sprach zu den Tieren am Startplatz: „Das Elfenbein gehört mir!"

Da kam aus dem Gebüsch die Schildkröte angekrochen und sagte: „Oh, ich habe die Ehre, mit dem Löwen um die Wette zu laufen!"

„Du mit mir?" lachte der Löwe, „die Schildkröte läuft mit dem Löwen um die Wette, das hat es im Walde ja noch nie gegeben!"

„Erst der Lauf, dann der Spott!" sagte die Schildkröte und benutzte die allgemeine Heiterkeit und Aufregung, dem Löwen heimlich auf den Rücken zu kriechen.

Der Löwe rannte, legte einen Lauf nach dem anderen zurück und hatte keine Ahnung, wen er auf dem Rücken trug.

„Nun, wo bist du denn geblieben, kleine Angeberin", sagte der Löwe, blieb stehen, holte tief Atem und wollte sich zum Spaß einmal umsehen. Da rief die Schildkröte: „Nicht stehenbleiben, weiterlaufen, gleich habe ich dich eingeholt!"

Der Löwe zuckte zusammen, denn nun glaubte er, die Schildkröte sei schon dicht hinter ihm auf der Rennbahn und so rannte er schnell weiter. Dies wiederholte sich mehrere Male, bis der Löwe sich übernahm und kurz vor dem Ziel zusammenbrach.

Die Schildkröte rutschte schnell von seinem Rücken herunter und kroch unter Grashalmen und Gebüschen einen guten Meter vor den Löwen hin.

„Was, du kommst jetzt erst?" fragte sie erstaunt und sagte ruhig und gelassen: „Ich bin schon lange da!"

Warum die Affen auf Bäumen leben

Eines Tages ging eine Wildkatze auf die Jagd, aber sie konnte nichts finden und erhaschen. Da legte sie sich nieder, um etwas auszuruhen.

Die Fliegen ließen sie aber nicht in Ruhe und setzten sich auf ihren Rücken, ja sogar auf ihre Nase.

Als ein Affe vorbeikam, bat sie ihn, herzukommen und ihr die Fliegen wegzufangen. Der Affe setzte sich neben die Katze und fing sehr geschickt eine Fliege nach der anderen.

Die Katze aber war sehr müde und schlief bald ein.

Da Affen immer zu Dummheiten aufgelegt sind, faßte der Affe

den Schwanz der Wildkatze und band ihn an dem Baum fest, an dessen Stamm die Katze sich niederlegt hatte. Dann rannte der Affe davon und erzählte den Streich seinen Freunden. Nach einer Stunde wachte die Wildkatze auf und sah, was der Affe mit ihr gemacht hatte.

Eine vorbeifliegende Turteltaube hatte Mitleid und befreite die Wildkatze, die ihr zuvor versprechen mußte, ihr nichts zu tun und sie auch später nicht mehr zu jagen.

Die Wildkatze sann auf Rache, ging nach Hause und sagte zu ihren Freunden: „Dem Affen werde ich es besorgen! In fünf Tagen wird dieser Bösewicht sein Wunder erleben. Ich bleibe von nun an fünf Tage zu Hause. Und ihr erzählt überall, ich sei schwer krank. Am fünften Tag verbreitet ihr weit umher, ich sei gestorben. Und dann sagt ihr, die Beerdigung finde abends bei Sonnenuntergang statt."

Am fünften Tage legte sich die Wildkatze auf den Rücken und streckte alle viere von sich. Alle Tiere kamen zum Begräbnis und nahmen am Tanz zu Ehren der Toten teil, auch der Affe.

Plötzlich aber springt die Wildkatze auf und will sich auf den Affen stürzen. In dem großen Durcheinander und in der allgemeinen Aufregung kann sich der Affe aber retten und klettert auf einen Baum.

Hier war er nun in Sicherheit. Da er aber die Wildkatze fürchtet, lebt er seither auf den Bäumen und kommt ganz selten herunter. Alle anderen Affen tun es ihm gleich – bis auf den heutigen Tag.

XIV. Amerikas indianischer Märchenschatz

Der kluge Hase

In einem kalten Land, weit jenseits des Meeres, wo Eis und Schnee viele Monate im Jahr die Erde bedecken, lebte einmal ein kleiner Hase, dessen Vater und Mutter schon tot waren. Der kleine Hase wurde von seiner Großmutter aufgezogen, aber die beiden waren arm und hatten kaum genug zu essen. Um zu arbeiten, war er noch zu jung und die alte Frau schon zu alt, so litten sie an manchem Tage gar großen Hunger. Eines Tages, als dem kleinen Burschen einmal wieder der Magen knurrte, fragte er seine Großmutter, ob er nicht zum Fluß gehen dürfe, um einen Fisch für ihr gemeinsames Frühstück zu besorgen. Die alte Frau lachte und meinte, wie denn ein so junger Hase einen Fisch fangen könne.

„Und selbst, wenn wir einen Fisch hätten", meinte sie, „woher sollten wir denn überhaupt Feuer nehmen, ihn zu kochen oder zu braten?"

Der kleine Hase gab nicht nach, bis die alte Frau ihm zeigte, wo das Netz hing, und wie man es am Fluß auswerfen müsse.

„Bringt er auch keinen Fisch heim, so bringt er vielleicht etwas anderes", sagte die alte Frau zu sich selbst, denn auch sie hatte sehr großen Hunger.

„Zuerst fange ich einen Fisch, dann hole ich Feuer für uns", rief der kleine Hase und hüpfte fröhlich davon; denn er war noch sehr jung und kannte die Schwierigkeiten nicht, die mit dem Fischen und Feuermachen verbunden waren.

Bald merkte er, wie mühevoll es war, allein das Netz über die Felder und durch die Büsche zu schleppen, aber er kam wohlbehalten am Fluß an und fand auch jene Stelle, an der es oft vor Fischen nur so wimmelte.

Das Tauwetter hatte eingesetzt, der Fluß führte viel Wasser, und der kleine Hase warf das Netz aus. Dann kehrte er in seine Behausung zurück, tat aber in der Nacht vor Aufregung kaum ein Auge zu und rannte gleich bei Sonnenaufgang hinüber zum Fluß.

Welche Überraschung! Das ganze Netz war voller Fische, fast in jeder Masche hatte sich ein dicker Fisch verfangen. Der kleine Hase konnte das Netz überhaupt nicht herausziehen, so schwer war es. Da warf er einige Fische ins Wasser zurück, andere versteckte er unter einem großen Stein am Ufer, zog dann das Netz heraus, rollte es auf und machte sich mit großer Beute auf den Heimweg.

„Schnell, schnell", rief er der Großmutter zu, „putze sie inzwischen, ich gehe Feuer holen – bei den Leuten jenseits des Flusses."

Die alte Frau starrte ihn entsetzt an, als sie dies hörte, denn kaum war einer lebendig wiedergekommen, der es versucht hatte, bei den Leuten im Zelt Feuer zu stehlen.

Zuletzt aber dachte sie, er hat die Fische gebracht, wer weiß, ob er nicht auch Feuer bringt – und versuchte es daher nicht, ihn an seinem Vorhaben zu hindern.

Der kleine Hase nahm die Fische aus dem Netz, wickelte es ganz zusammen, nahm das Netz zwischen die Zähne und rannte zum Fluß hinüber. Bald stand er vor dem großen Wasser und wußte nicht, wie er über den Fluß gelangen konnte. Da erinnerte er sich an die Worte eines Zauberspruchs, die er einmal von einem Zauberer am Fluß erlauscht hatte. Er wiederholte die Worte und da hörte er in wenigen Minuten ein Grunzen und Blasen, mitten im Fluß schossen Wassersäulen in die Höhe, und fünfzehn gewaltige Wale kamen herangeschwommen. Die Wale legten sich mit den Köpfen und Schwänzen so aneinander, daß er von einem zum anderen ganz leicht hinüber ans andere Ufer hüpfen konnte. Er gab den Walen ein Zeichen, daß er sie nun nicht mehr brauche, und sie schwammen davon.

Der kleine Hase setzte sich in den Sand, ruhte sich etwas aus und sah den davonziehenden Walen nach. An dem Ufer aber spielten zufällig gerade einige Kinder, hatten den Hasen erspäht und kamen auf Zehenspitzen näher. Ein Junge schlich sich weiter vor, packte den Hasen bei den Ohren und rannte mit ihm heim zu den Zelten. Wie der Hase auch zappeln mochte, der Junge hielt ihn fest bei den Ohren.

„Wir werden ihn braten", sagte die Mutter des Jungen im Zelt, „setze ihn erst einmal in diesen Korb, bis das Feuer tüchtig brennt."

„Wir schlachten ihn am besten gleich", sagte der Vater des Jungen und warf einige große Scheite ins Feuer.

Der Hase spähte in seiner Todesangt aus dem Korb und suchte ein Loch im Zelt, durch das er bei günstiger Gelegenheit entweichen konnte. Da entdeckte er die Öffnung oben an der Spitze des Zeltes. Er hatte immer noch das zusammengerollte Fischernetz im Maul, rollte es nun an einem Ende etwas auf und wünschte sich sehnlichst, daß ein Funken auf das Netz fallen sollte. Das Feuer knisterte und prasselte und im nächsten Augenblick barst in der Glut ein brennender Klotz und ein großes, flammendes Holzstück wurde mitten ins Zelt geschleudert, so daß die Leute schnell zur Seite springen mußten. Die Funken stoben in alle Richtungen, und einer davon fiel auch auf das Netz und entzündete es an einer Masche.

Der Hase sah dies, schoß aus dem Korb und mit einem tollen Satz durch das obere Loch aus dem Zelt.

In Windeseile rannte er zu dem Fluß, verfolgt von Männern, Frauen und Kindern.

Die Wale zurückzurufen blieb ihm nun keine Zeit. Er nahm einen Anlauf, sprang hoch in die Luft und landete sicher und wohlbehalten drüben am anderen Ufer. Als er sah, daß er nun vor seinen Verfolgern sicher war, trottete er frohgemut zu seiner Großmutter nach Hause.

„Sagte ich dir nicht, daß ich Feuer bringen würde", meinte der Hase lachend und hielt ihr das Netz hin, das nun an einem Ende tüchtig aufflammte.

„Und wie bist du über das Wasser gekommen?" fragte erstaunt die alte Frau.

„Oh, ich bin einfach hinübergesprungen", sagte der kleine Hase.

Da wagte ihn seine Großmutter nicht mehr weiter zu befragen, denn nun sah sie, daß ihr kleiner Enkel viel klüger und weiser war als sie selbst.

Der Freund mit den treuen Augen

Ein alter Indianer spürte eines Tages, wie seine Kräfte weniger wurden. Er legte sich ins Gras und sah die Wildgänse ziehen.

„So wie diese Wildgänse davonziehen", sagte er zu sich selbst, „wirst auch du bald davonziehen!"

In der Nacht blickte er auf zu den Sternen, und er wußte, bald würde er sie viel näher sehen können, viel größer und schöner, wenn er in den ewigen Jagdgründen allen Geheimnissen näher sein könnte.

Die Kinder des alten Mannes waren längst aus der Gegend weggezogen und hatten anderswo ihre Zelte errichtet. Nur einige Male waren sie in den vergangenen Jahren mit den Enkeln bei ihm vorbeigekommen. Da war Kinderlachen um ihn gewesen. Danach war er dann wieder um so einsamer. Der alte Mann war bereit, Abschied zu nehmen. Ohne sich umzusehen, bestieg er an einem hellen Morgen sein Kanu und stieß vom Ufer ab. Hatte er doch niemand mehr, der ihn brauchte und keinen Menschen, der sich um ihn sorgte!

Die Sonne blinkte auf dem Wasser des grünen Flusses, auf dem sein Boot nun trieb. Langsam glitten die Ufer vorbei, die er kannte. Dann wurde die Strömung schneller. Der alte Mann hatte das Paddel eingeholt und das Kanu schwamm auf die großen Wasserfälle zu, hinter denen für alle die ewigen Jagdgründe lagen, die so wie er sich auf diesem Flusse treiben ließen. Tagelang ging es stromabwärts, vorbei an dunklen Wäldern, auf deren weitausladenden Ästen große Vögel saßen.

Da vernahm sein Ohr mit einem Male ein dumpfes Brausen und Donnern. Dann war ein weithin hallendes Dröhnen und Zischen zu hören. „Bald werde ich in den ewigen Jagdgründen sein", dachte der alte Mann bei sich – und da wurde sein Boot auch schon in jagender Fahrt dahingerissen und trieb auf hohe Felsen zu, zwischen denen es dann jäh hinunterschoß in die Tiefe.

Eine milchigweiße Gischtwolke umfing ihn, dann schwanden ihm die Sinne. Nach langer Zeit – so kam es ihm wenigstens vor – schlug der alte Mann die Augen auf. Vor ihm dehnten sich unendliche Weiten mit hohem saftigem Präriegras. Große Büffelherden weideten friedlich und Prärieblumen blühten. War es Nacht, war es Tag?

Über ihn spannte sich ein wunderbares Sternenzelt. Die Sterne waren viel näher als früher und leuchteten stärker, als der alte Mann es je erlebt hatte. Da gab es keinen Zweifel mehr: Er war in den ewigen Jagdgründen angekommen.

Zwei Krieger in festlichen Gewändern traten zu ihm.

„Wir haben dich erwartet", sagten sie und geleiteten ihn zu einem großen weißen Zelt, das inmitten zahlloser kleinerer Zelte stand.

„Bist du denn allein gekommen?" fragte ihn einer der Krieger. „Hast du nicht deinen Freund mitgebracht?" fragte der andere.

„Ich war lange allein! Niemand hat sich um mich gekümmert!" sagte der alte Mann.

Die beiden Krieger lächelten und fragten ihn: „Und wer steht hinter dir?"

Der alte Mann drehte sich um und wollte seinen Augen nicht trauen. Da saß wahrhaftig sein Hund, naß und am ganzen Körper voller Wunden und Schrammen. Aus seinen treuen Augen blickte er seinen Herrn nun freudig an.

„Er ist dir gefolgt bis zu den großen Wasserfällen und darüber hinaus bis hierher zu den ewigen Jagdgründen!“ sagte einer der beiden Krieger.

„Und an ihn habe ich bei meinem Abschied von zu Hause gar nicht gedacht“, sagte der alte Mann voller Reue.

„Er war dir aber der treueste Freund“, antwortete der zweite Krieger, „und er soll es auch hier bleiben.“

Der weiße Hirsch

Im Land der Ahornbäume war der Winter vergangen und der Frühling ins Land gezogen. Alle Kinder kamen aus ihren Wigwams hervor und freuten sich, nur Wabi und sein kleines Schwesterchen Kato waren traurig und weinten. Die Stiefmutter hatte sie aus dem Haus gewiesen und hatte gesagt, sie seien schon groß und könnten nun für sich selbst sorgen.

So zogen die beiden in den tiefen Wald. Stellenweise verlor sich ihr Weg fast ganz im Dickicht. Das kleine Mädchen fürchtete sich sehr und hielt die Hand seines Bruders umklammert, es zitterte am ganzen Leib.

Immer wieder meinten die beiden, im Dämmerlicht wilde Gesichter und schreckliche Fratzen zu sehen. Plötzlich blieb Kato stehen und zeigte auf die Erde. Deutlich war der Abdruck scharfer Hufe zu erkennen: Ein Hirsch war vor ihnen auf diesem Weg gegangen. Sie folgten der Spur und merkten bald, daß der Wald immer heller und heller wurde. Plötzlich standen sie auf einer Lichtung bei einer mächtigen Eiche.

„Ich habe großen Durst!“ sagte der kleine Wabi. Kaum hatte er das ausgesprochen, da füllte sich vor ihren Füßen die Hirschspur auf dem Boden wie ein kleiner Brunnen mit kristallklarem Wasser. Wabi freute sich und kniete nieder, um zu trinken.

„Brüderchen, trink lieber nicht“, sagte Kato, als fühle sie eine unsichtbare Gefahr, „dies ist gewiß kein gewöhnliches Wasser; wer weiß, was es für ein Zaubertrunk sein mag!“

Wabi aber achtete nicht auf Katos Warnung, kniete sich hin und trank. Kaum hatte er seine Lippen benetzt und den ersten Zug getan, da wuchs aus seinem Kopf ein Geweih, und in wenigen Augenblicken war er zu einem großen weißen Hirsch geworden. Kato fuhr erschrocken auf, war ganz ratlos und entsetzt, und versuchte dann, mit ihren kleinen Händen ihm das Geweih abzunehmen. Wie sie auch daran rüttelte, das Geweih war fest verwachsen, Wabi war zu einem Hirsch geworden. Kato weinte, sprach dem Brüderchen Trost zu, aber es half nichts. Die lange Wanderung hatte das Mädchen müde gemacht, bald konnte es die Augen nicht mehr offenhalten und legte schließlich ihr Köpfchen an das weiche Fell des Hirsches, der sich selbst auf dem Moosboden des Waldes niedergelegt hatte.

Mehrere Stunden hatte sie tief und fest geschlafen, das Fell des Hirsches war weich und der Atem des Tieres warm. Um die Mitternachtsstunde erwachte Kato. Im Laub der hohen Eiche rauschte der Wind. Da vernahm Kato oben in dem Wipfel der Eiche klar und deutlich eine menschliche Stimme. Es klang, als sagte jemand: „Jetzt bin ich die beiden endlich los ..."

Kato erschrak. Dies war die Stimme ihrer Stiefmutter. Angestrengt lauschte sie in den Wind. Da hörte sie die folgenden Worte:

„Wabi kann keiner mehr helfen! Denn diese Eiche kann keiner fällen. Solange die Eiche steht, bleibt Wabi ein Hirsch. Niemand wird es gelingen, diesen Baum umzuhauen! Ha, ha, ha, niemand!"

Kato zuckte bei diesen Worten zusammen, blickte angestrengt hinauf in die gewaltige Eichenkrone, schlief aber dann vor Müdigkeit wieder ein.

Am Morgen rieb sie sich die Augen und erinnerte sich genau, was sie in der Nacht gehört hatte. Sie beschloß bei sich, Wabi kein Wort davon zu erzählen. Wie aber sollte sie die riesige Eiche wohl fällen? Das war für ein kleines Mädchen unmöglich, das sah sie bald ein.

So konnte sie nichts anderes tun, als einen Wigwam aufzustellen und auf Hilfe zu warten.

Der weiße Hirsch blieb bei ihr. Am Morgen schritt er mit hochgerecktem Geweih über die Lichtung, suchte saftige Gräser und kam am Abend wieder zu Kato zurück.

Mehrere Tage hatten sie schon so zusammen im Wald gelebt, als einmal um die Mittagszeit Kato laute Stimmen vernahm. Sie blickte aus dem Wigwam und sah den weißen Hirsch in großen Sätzen aus dem Wald über die Lichtung springen. Mehrere Jäger schossen Pfeile nach ihm und liefen ebenfalls auf die Waldwiese. Der Hirsch machte bei der Eiche halt und suchte Schutz bei Kato, die sogleich vor ihn sprang, um ihn zu schützen. Die Indianer ließen ihre Bogen sinken und kamen vorsichtig näher.

„Vater!" Kato hatte in einem der Jäger ihren Vater erkannt.

„Kato!" Der Mann war außer sich vor Freude.

„Sag, wie kommst du hierher, und wo ist Wabi?" Kato zeigte auf den weißen Hirsch und erzählte ihrem Vater und den Jägern, was sie alles erlebt hatten. Die Indianer lauschten gespannt und hörten sich die Geschichte des kleinen Mädchens sehr aufmerksam an. Kaum hatte Kato den letzten Satz gesprochen, da sahen sich die Männer an, packten ihre Tomahawks und machten sich daran, die Eiche zu fällen. Die Splitter und die Späne flogen ab, doch die Eiche war so stark, daß sie nichts ausrichten konnten.

„Hier hilft nur das Feuer", sagte einer der Indianer, und sie entschlossen sich, den Stamm durchzubrennen. Holz und Reisig wurden um die Eiche aufgehäuft und der Stoß dann angezündet. Bald schlugen hohe Flammen an der Eiche hoch, das Feuer kreiste um den Stamm und fraß sich tief in ihn hinein. Mit einem Male krachte es gewaltig, die Krone begann zu schwanken. Die Eiche fiel.

Als es krachte und der Baum niederstürzte, stand plötzlich ein Knabe inmitten der Männer. Aus dem weißen Hirsch war wieder Wabi geworden.

Bruder und Schwester waren vereint.

Als diese Verwandlung geschah, quoll plötzlich schwarzer Rauch aus dem prasselnden Feuer hervor, und die Klageschreie eines Nachtvogels erhoben sich aus dem Rauch. Die Jäger blickten empor und sahen eine große schwarze Eule aus dem Qualm aufsteigen und im Urwald verschwinden. „Eine Hexe, eine böse Hexe!" riefen die Indianer erschauernd. Da sprach Wabi leise in die Dunkelheit hinein:

„Das war unsere Stiefmutter. Sie war eine böse Zauberin und hat nun ihre gerechte Strafe. Nie mehr kann sie jetzt Menschengestalt annehmen und muß fortan bei den bösen Geistern im Wald leben. Sie ist nun für immer eine Eule, eine große, schwarze Eule."

Popocatepetl und Ixtaccihuatl

In dem Lande, in dem die Priester vor dem Regengott Tlaloc tanzten und dem Sonnengott Huitzilopochtli opferten, lebte einmal Popocatepetl, den man seit früher Jugend auch nur Popo nannte.

Popo war ein stattlicher junger Mann, gewandt bei der Jagd und tapfer im Kampf, aber er war arm.

Eines Tages erblickte Popo die Tochter eines großen Häuptlings und entbrannte in Liebe zu ihr. Das Mädchen hieß Ixta, war über die Maßen schön, und es hatte so feine Hände, daß man meinte, zarte Blätter einer wundersamen Blüte würden sich entfalten.

Der Vater Ixtas wollte seine Tochter dem Sohn eines einflußreichen Häuptlings zur Frau geben. Zu seinem Ärger bemerkte er sehr bald die Zuneigung Popos zu Ixta, und er sah auch, wie seine Tochter diese Zuneigung immer mehr erwiderte.

Die beiden Liebenden trafen sich nur heimlich und kurz, denn Ixta wollte ihren Vater nicht erzürnen.

Eines Tages aber riet die schöne Jungfrau ihrem Liebhaber, sich ein Herz zu nehmen und bei ihrem Vater um ihre Hand anzuhalten.

Popo trat vor den großen Häuptling und bat um Ixta.

Da stieß der Häuptling dreimal mit seinem Stab auf die Erde und sprach zu Popo: „Wenn du mir ohne Lohn treulich in allen Kriegen drei Jahre dienst, dann will ich dir meine Tochter zur Frau geben."

Popo war hocherfreut, nahm Abschied von Ixta und zog mit einer Reihe von Gefährten in den Kampf. Bald kamen sie in ferne Lande, besiegten viele Gegner und nahmen sie gefangen.

Die schöne Jungfrau zu Hause war mit ihren Gedanken stets bei Popo, den sie liebte und dem sie Treue geschworen hatte. Als sie ein Jahr lang nichts von ihrem Geliebten hörte, senkte sie den Kopf, und es war so, als ob ein Baum seine Blätter nach der Regenzeit fallen läßt. Als Ixta nach zwei Jahren immer noch nichts von Popo hörte, wollte sie oft nicht mehr essen, und man wurde an ein Reh erinnert, das in Gefangenschaft die Nahrung verweigert.

Als nach drei Jahren immer noch keine Kunde von Popo zu ihr gedrungen war, fiel die Sehnsucht wie ein verzehrender Gluthauch in der Zeit der Dürre über Ixta. Tagelang rührte sie kein Essen mehr an und verlor ihre Kräfte. Als dann auch ihr Vater oder ein einziger Krieger in seinem Gefolge ihr nicht die geringste Nachricht über Popo geben konnten, fiel sie in schweres Fieber, wurde todkrank und starb.

Als dann die blütengleiche Jungfrau auf die Totenbahre gelegt wurde, ertönten Hörner und Flöten vor der Stadt: Die siegreichen Krieger kehrten heim und mit ihnen Popo. Die Krieger führten in ihrem Zuge viele Gefangene mit sich.

Popo bemerkte bald, wie die Menschen an seinem Wege die Blikke senkten, wenn er beglückt und erwartungsvoll in ihre Augen sah. Da ahnte er, daß etwas Schlimmes geschehen war. Bald konnten es ihm die Leute nicht mehr verheimlichen, daß seine geliebte Ixta aus Sehnsucht nach ihm gestorben war. Dies traf ihn wie ein Keulenschlag.

An der Bahre Ixtas fiel er nieder und legte den Kopf auf die Brust der Toten. So verharrte er lange in namenlosem Schmerz. Ixtas Vater bat er dann, den Leichnam seiner Verlobten auf einem hohen Berg bestatten zu dürfen, um ihrer Seele den Weg zur Welt der Götter leichter zu machen.

Als Popo mit fast übermenschlicher Anstrengung die entseelte Ixta auf der Spitze eines sehr hohen Berges niedergelegt hatte, fiel dichter Schnee auf die Tote und deckte sie zu wie ein großes Leichentuch.

Popo selbst aber konnte sich von seiner toten Geliebten nicht lösen. Er wollte stets in ihrer Nähe sein, in die Welt der Menschen wollte er nicht mehr zurückkehren.

So stieg Popo auf den benachbarten, etwas höheren Berg, um von dort aus ewige Wache zu halten. Bald aber hatte der Schnee auch sein Haupt bedeckt.

Der Schnee fiel dichter und dichter und wehte den sterbenden Wächter mehr und mehr zu.

Bis zum heutigen Tage aber sieht man, wie der treue Popocatepetl über die schlafende Jungfrau – Ixtaccihuatl – wacht und sie beschützt.

Der Kolibri als Flötenspieler

Der Kolibri mit seinem bunten Gefieder war immer noch Junggeselle, weil er so stolz und wählerisch war. Das Papageienweibchen war ihm zu schwatzhaft, die Eule war ihm zu schlafäugig, der Hornero zu schmutzig, kurz, er hatte an jedem Vogel etwas auszusetzen und fand keine passende Frau. Da nahm er sich ein Herz und flog ins Indianerdorf. Dort spähte er alles aus, sah sich überall um und entdeckte schließlich ein wunderschönes Mädchen, das in einer kleinen Hütte am Ende des Dorfes wohnte.

In ihre langen schwarzen Haare hatte sie sich eine leuchtende Blüte des Urwaldes gesteckt. In dieses Mädchen verliebte sich der Kolibri und beschloß, um ihre Hand anzuhalten.

Da er so klein war, hatte er doch einige Bedenken, gleich vor die Auserwählte hinzutreten.

„Ich muß ihr auf Anhieb gefallen", sagte er sich, „also muß ich sie ganz für mich einnehmen, daß sie gleich ihr Jawort gibt."

Der Kolibri flog nach langem Nachdenken zur Nachtigall und lieh sich von ihr eine Flöte. Tief im Urwald begann er zu üben. Lange, sehnsüchtige Lieder blies der Kolibri auf der Flöte, dann wieder ausgelassene Triller und lockende Rufe. Mit der Nachtigall konnte er sich zwar nicht vergleichen, aber er spielte mit viel größerer Hingabe, denn ein Verliebter allein kann in seine Lieder jene Farbe bringen, die die Geliebte betört. Mehrere Tage übte er, dann erst war er mit sich zufrieden.

Heimlich flog er zum Dorf und setzte sich auf das Dach der Hütte, in dem das schöne Mädchen wohnte.

Dieses lauschte ergriffen dem Flötenspiel, das nun begann. Spät erst schlief es ein in dieser Nacht, so lange hörte es dem Flötenspiel des Kolibri zu.

In der zweiten Nacht war es ganz verzaubert von dem Spiel, und in der dritten Nacht fragte es verwundert: „Wer bist du denn bloß, und warum spielst du so schön vor meiner Hütte?"

„Ich möchte, daß du meine Frau wirst", sagte daraufhin der Kolibri und sein Herz zersprang ihm fast vor Freude. Das Flötenspiel hatte gewirkt, das wußte er nun.

„Und wo wohnst du?" fragte das schöne Mädchen weiter.

„Kommst du denn zu mir, wenn ich dir dies verrate?" rief der Kolibri.

„Ja, natürlich, ich komme, wenn du es willst."

„Dann komme doch gleich morgen zur Mittagsstunde zu mir, ich wohne bei der ersten Palme im Wald."

„Abgemacht", rief das Mädchen und war sehr neugierig welcher Liebhaber da auf sie warten würde.

Der Kolibri baute inzwischen schon sein Nest aus und polsterte es mit flaumigen Federn und weichen Gräsern. Genau zur Mittagsstunde am anderen Tage kam das Mädchen in den Wald und schaute sich suchend bei der ersten Palme um.

Der Kolibri konnte kein Wort mehr hervorbringen, als er ihre Schönheit nun ganz aus der Nähe sah. Er hüpfte in sein Nest, fand dort seine Stimme wieder, aber nun wollte er die geliehene Flöte doch nicht hervorholen und konnte daher nur leise piepsen.

Da sah ihn das schöne Mädchen in seinem Neste sitzen und sagte:

„Ach, kleines Vöglein, wenn du nur kein so winziges Häuschen hättest, dann würde ich bei dir bleiben, denn mein Bräutigam hat mich vergessen, er wollte hierher zur ersten Palme kommen."

Dann kehrte das Mädchen enttäuscht ins Dorf zurück.

Der Kolibri übt immer noch auf seiner geliehenen Flöte und ist weiterhin auf der Suche nach einer Frau.

Lucia und die Schlange

Vor langer, langer Zeit lebte in einem Dorf am Fuß der Berge einmal eine alte Frau mit ihrer Tochter Lucia. Die beiden waren sehr arm und lebten das Jahr über fast nur von Weizenbrei. Eines Tages sandte die Mutter Lucia zum Fluß, um die Körner zu waschen, die sie zum Mittagessen zubereiten wollte. Auf dem Rückweg fand Lucia eine kleine gelbe Schlange, nahm sie auf und beschloß, sie bei sich zu Hause als Lieblingstier zu behalten.

Zu Hause fand sie einen kleinen irdenen Topf und machte darin ein Nest für ihren Liebling. Jeden Abend fütterte sie die kleine Schlange mit Brotkrumen und anderen Überresten von ihrer Mahlzeit. Die Schlange gedieh und wurde bald so groß, daß Lucia sich nach einem Weinkrug umsehen mußte, damit das Geschöpf darin Platz finden und weiterwachsen könnte.

Eines Tages sagte die Schlange zu Lucia: „Ich bin nun zu groß für dieses Nest und werde bald weggehen. Ich weiß, du kannst es nicht mehr schaffen, mich jeden Tag zu füttern."

Lucia war bei diesen Worten der Schlange sehr aufgeregt, denn sie hatte das Tier liebgewonnen. Die Schlange tröstete sie: „Weine nicht, ich werde dir ein Geschenk hinterlassen, damit du nie mehr arm sein mußt in deinem Leben. Reibe deine Finger auf meinen Augen! Wenn du in Zukunft deine Hände wäschst und sie tüchtig schüttelst, werden Goldstücke von deinen Fingerspitzen fallen." Lucia legte ihre Finger, wie ihr geheißen, auf die Augen der Schlange, und nachdem diese das Haus verlassen hatte, wusch das Mädchen ihre Hände in einem kleinen Wasserbecken. Zu Lucias größtem Erstaunen formten sich aus den Wassertropfen an ihren Fingerspitzen Goldstücke. „Liebe Mutter, komm schnell! Schau, da ist Gold! Jetzt können wir zum Markt gehen und alles kaufen, was wir nötig haben. Wir werden nie mehr arm sein!"

Mutter und Tochter behielten ihr neugefundenes Glück als ein Geheimnis für sich. Alles spricht sich in der Welt nun einmal schnell herum, und so hörte auch der König des Landes von der alten Frau und ihrer Tochter mit der Zauberkraft.

„Wenn ich dieses Mädchen heirate", dachte sich der König, „werde ich noch reicher sein." Er ließ aus der Nachbarschaft eine alte Hexe kommen und fragte sie, ob sie etwas über das Mädchen mit all dem Gold wisse. „Wenn du sie findest, werde ich dich gut bezahlen", sagte der König. Die alte Hexe kannte die Mutter von Lucia, eilte sofort zu dem kleinen Häuschen am Fuße der Berge und sagte ihr, daß der König mit ihrer Tochter sprechen wolle.

Lucias Mutter war von dieser Nachricht gar nicht entzückt, aber die Hexe versicherte ihr, daß sie Lucia sicher zu dem König geleiten und auch wieder nach Hause bringen werde. Nun hatte aber die Hexe selbst eine Tochter, die in Lucias Alter war und die sie auf ihrer Reise begleitete. Als sie an den Fluß kamen, ergriff die Hexe Lucia beim Hals, riß ihr die Augen aus und warf sie in den Fluß.

Im Schloß überzeugte die Hexe den König, daß ihre häßliche Tochter das Mädchen mit der Zauberkraft sei, und so wurden alle Vorbereitungen für die Hochzeit am nächsten Tag getroffen.

Der König heiratete die Tochter der Hexe und dachte dabei nur an all das Gold, das er bald besitzen werde. Als sich am Abend vor dem Essen die Königsbraut ihre Hände wusch, geschah aber gar nichts. Der König wurde argwöhnisch und fragte sie, warum keine Goldstücke von ihren Fingerspitzen fielen. „Ich habe meine Zauberkraft verloren, seitdem ich ins Schloß gebracht wurde“, antwortete die junge Königin. Der König konnte nichts machen und mußte mit ihr im Schloß leben, denn er war nun ihr Mann und konnte sie nicht wieder wegschicken.

In der Zwischenzeit hatten einige Fischer die hilflose Lucia im Flusse aufgefischt und sie an Land gebracht. Sie brachten sie zu ihren Wohnhöhlen, wo sie ihr sorgfältig die Augen verbanden. Sie gaben ihr zu essen und bereiteten ihr auch ein Bett zum Schlafen. So blieb Lucia bei den Fischern. Als sie eines Tages die Höhle ausfegte, hörte sie eine laute Stimme: „Lucia, warum bist du denn hier?“ Lucia erkannte sofort die Stimme ihrer Lieblingsschlange, trat aus dem Haus und fühlte die Schlange nun ganz in ihrer Nähe. „Die alte Hexe riß mir meine Augen aus und warf mich in den Fluß. Die Fischer, die hier leben, retteten mich. Den Weg nach Hause kann ich nicht mehr finden, weil ich nicht mehr sehen kann.“ Die Schlange erwiderte: „Du hast mich genährt und lange Jahre Sorge für mich getragen, nun will ich auch dir helfen.

Schließe deine Augen, reibe deine Finger auf meinen Augen und öffne deine Augen. Kannst du mich jetzt sehen?“

„Oh, ja, ich sehe dich“, rief Lucia voller Freude und lachte. „Setze dich auf meinen Rücken, dann trage ich dich zu deinem Dorf“, sprach die Schlange. Lucia schrieb ein paar Worte auf einen Zettel und erklärte darin den Fischern, was vorgefallen war.

Nach längerer Zeit erreichten sie das Dorf und Lucia glitt vom Rücken der Schlange herab. „Hab Dank, mein Liebling“, rief Lucia und rannte, was sie konnte, zu dem Häuschen, wo sie gelebt hatte. Ihre Mutter war überglücklich, sie wiederzusehen. „Ich dachte schon, du wärest für immer verschollen. Setz dich nieder und erzähle mir, wo du gewesen bist!“ rief sie aufgeregt. Lucia setzte sich nieder und erzählte ihrer Mutter alles über ihr Schicksal, über die Fischer und über die Riesenschlange, die sie wieder nach Hause gebracht hatte. In kleinen Dörfern kommen Neuigkeiten schnell herum, so hörte schon nach wenigen Tagen der König von Lucias Heimkehr. Dabei wurde ihm klar, daß die Hexe ihn betrogen hatte. Er beschloß, so schnell wie möglich Lucia zu treffen.

In der folgenden Woche lud er alle Leute von den umliegenden Dörfern zu einem Festmahl ein. Alle kamen sie und setzten sich an die reichgedeckten Tische. Da wurden Spanferkel aufgetragen, Rindfleisch und Fasane, Wein und die herrlichsten Früchte. Nach dem Essen wurden Schüsseln zum Händewaschen gebracht. Lucia tippte ihre Fingerspitzen in das Wasser, rieb sie ein bißchen und schüttelte dann die Tropfen ab. Die Wassertropfen verwandelten sich in glänzende Goldstücke.

Der König hatte alle Gäste sorgfältig beobachtet, vor allem aber Lucia. Er trat vor sie hin und fragte sie nach ihrer erstaunlichen Zauberkraft. Als sie ihm die Sache mit der Schlange erzählte und ihm berichtete, was die Hexe ihr angetan hatte, wurde der König so zornig, daß er sofort seinen Wachen befahl, die Hexe und ihre häßliche Tochter in ein finsteres Gefängnis zu werfen.

Gleich danach fragte der König Lucias Mutter um Erlaubnis, ihre schöne Tochter heiraten zu dürfen. Die Mutter Lucias stimmte mit Freuden zu, und so wurde jetzt eine großartige Hochzeit vorbereitet. Alle Leute waren glücklich. Aber die Hexe und ihre häßliche Tochter wurden nie mehr gesehen.